Toy Boy

Bettina Conci

Toy Boy

33 Geschichten über grandiosen Sex,
heiße Affären und ungewöhnliche Beziehungen
zwischen Frauen und ihren jüngeren Männern

Schwarzkopf & Schwarzkopf

Ich bin zu alt, um nur zu spielen,
Zu jung, um ohne Wunsch zu sein.
»Faust I«, Johann Wolfgang von Goethe

Inhalt

Liebe Leserinnen und Leser!

Vivienne Westwood, Madonna, Shakira, Eva Longoria, Halle Berry und natürlich die alterslose Demi Moore sind Trendsetterinnen. Ihr gemeinsamer Nenner ist (oder war) ihr Partner. Jüngere Männer sind gefragter denn je, der Toy Boy scheint den schwulen besten Freund zunehmend als Lifestyle-Accessoire abzulösen. Oder gab es diese ungewöhnliche Konstellation immer schon, und man hat nur nicht darüber gesprochen?

Eines steht fest: Noch immer sorgt eine Beziehung zwischen einer reifen Frau und einem deutlich jüngeren Mann zumindest für Erstaunen, wenn nicht gar für Missbilligung. Gegen diese Vorurteile habe ich angeschrieben. Auf meiner Suche nach Frauen, die wie ich zu einem jüngeren Partner gefunden haben und bereit waren, davon zu erzählen, stieß ich auf zahlreiche selbstbewusste, attraktive Frauen in den besten Jahren und ebenso viele Männer, die genau das an ihnen schätzen.

Mein Fazit: Beziehungen mit jüngeren Männern funktionieren und scheitern genauso oft wie solche zwischen gleichaltrigen Partnern. Allerdings stellen Paare mit umgekehrtem Altersunterschied ihre Beziehung öfter infrage. Daran kann eine Liebe zerbrechen oder wachsen. Zerbrechen wie bei Lorena, deren Freund sich eine Jüngere suchte, oder wachsen wie bei Heidi, die von ihrem »Toy Boy« den romantischsten aller Heiratsanträge (und kurz darauf ein Kind) bekam.

Was Frauen an jüngeren Männern fasziniert und umgekehrt, ist nicht nur für »Betroffene« unterhaltsam. Ich empfand es als großen Vertrauensbeweis, dass ich Einblicke in die Gefühlswelt von 32 Menschen erhielt und hoffe, mit den gesammelten Geschichten einen unterhaltsamen Einblick in dieses ganz spezielle Beziehungsmodell geben zu können.

Bettina Conci
im Frühjahr 2011

PS: Alle Namen in diesen Geschichten sind geändert. Etwaige Namensähnlichkeiten sind reiner Zufall.

Für Verena Del Bello,
die als Erste an mich geglaubt hat

Der will doch nur spielen!

Lisa (34), Cafébesitzerin, Weilheim,
über
Fabian (23), Verkäufer, Weilheim

Nahezu sämtliche Verkäufer und Verkäuferinnen der Innenstadt gingen in meinem Café ein und aus, fast täglich traf man sich hier auf einen schnellen Kaffee oder zu einer geselligen Runde Klatsch und Tratsch. Ich hatte mich damals, vor ungefähr sechs Jahren, mit einem Grüppchen von Stammgästen angefreundet, mit denen ich auch außerhalb meiner Arbeitszeit viel unternahm. Wir gingen am Wochenende zusammen aus oder unternahmen gemeinsame Shoppingtouren. Lockere Freundschaften entstanden, und ab und zu kam ein neues Gesicht dazu, das mit großem Hallo in unsere lustige Runde aufgenommen wurde. Ein besonders auffallender Neuzugang war Fabian. Dieser siebzehnjährige Sonnyboy erregte meine Aufmerksamkeit nicht nur, weil er verdammt gut aussah mit seinen dunklen Augen, den braunen Haaren und dem durchtrainierten Körper, sondern auch, weil er unverhohlen mit mir flirtete. Die Damen aus meiner Clique nahmen dies unter großem Gekicher und Getuschel zur Kenntnis. Sie fanden es wohl süß, wie mir dieser Junge, der auf den ersten Blick noch ziemlich grün hinter den Ohren zu sein schien, den Hof machte. Ich fand es eher etwas befremdlich. Ich bin mir meiner Reize durchaus bewusst, aber wenn ich von einem elf Jahre jüngeren Typen angebaggert werde, drängt sich mir unweigerlich die Frage nach dem Warum auf. Es ist ja nicht so, dass Fabian keine Jüngere abgekriegt hätte, ganz im Gegenteil. Er wollte nur nicht.

So lehnte er eines Tages lässig an der Theke, als alle anderen schon gegangen waren. Auf meine Frage, ob er denn nicht zur Arbeit müsse, lächelte er nur verschmitzt und fragte mich, ob ich denn nicht Lust hätte, mal etwas mit ihm allein zu unternehmen. Ich war so perplex, dass ich zusagte, obwohl mich eine leise Stimme in meinem Hinterkopf warnte und mich an meinen Freund erinnerte, mit dem ich seit zwei Jahren zusammen war. Mein Misstrauen wurde durch Fabians Finger nicht besänftigt, die meine Hand nur ein paar Sekunden länger als nötig berührten, als er seinen Kaffee bezahlte. Was zum Teufel ging hier vor?

Verwirrt ging ich an diesem Abend nach Hause. Ich konnte meinem Freund nicht in die Augen schauen, und erst in diesem Moment merkte ich, dass Fabian mir wohl doch etwas mehr unter die Haut gegangen war, als ich mir selbst einge- stehen wollte. Die Gespräche mit ihm, der Spaß, den wir beim Ausgehen hatten, die flirtenden, aber – noch – un- schuldigen Blicke, die wir uns zuwarfen, das alles hatte mich nicht kaltgelassen. Es lag mir nicht, mit dem Feuer zu spielen, und die herzlichen Unterhaltungen und der jungenhafte Charme, mit dem mich dieser Kerl ständig bombardierte, hatten mich verwirrt. Ich konnte meine Augen nicht mehr vor der Tatsache verschließen, dass ich tatsächlich Feuer gefangen hatte. Nur: Wollte ich meine Beziehung dafür aufs Spiel setzen?

Ich kannte mich selbst nicht wieder, in mir hatte sich eine Abenteuerlust breitgemacht, die mich befremdete und zugleich unheimlich reizte.

Zu meinem eigenen Erstaunen stellte ich fest: Ich wollte. Und so suchte ich eine Aussprache mit meinem Freund Peter, der mich als die bodenständige, liebe Lisa kannte, die mir selbst bisher aus dem Spiegel entgegengeblickt hatte. Ich kannte mich selbst nicht wieder, in mir hatte sich eine Abenteuerlust breitgemacht, die mich befremdete und zugleich unheimlich reizte. Ihm zu sagen, was der eigentliche Grund dafür war, dass ich Schluss machte, brachte ich nicht übers Herz. Also nahm ich eines Abends meinen wenigen Mut zusammen und murmelte während eines unserer zahlreichen faden Couch-Abende: »Wir müssen reden.« Alarmiert schaute Peter mich an. Den verhassten, ausgelutschten Satz hatte ich mit voller Absicht gewählt. Ich wollte es hinter mich bringen. Deshalb holte ich tief Luft und schwafelte von Lebensvorstel- lungen, die nicht übereinstimmten, Gefühlen, die zur Routine geworden seien, ich brachte sogar den Klassiker »Es liegt nicht an dir«, abgerundet von einem vagen »Es funktioniert einfach nicht mehr«, und erschlich mir so unter seinen ungläubigen Blicken den Weg in die Freiheit. Feige, ich weiß. Aber auch Peter war so feige, mich gehen zu lassen. Er fragte nämlich nicht nach dem wahren Grund, hakte nicht nach, versuchte nicht einmal, mich zurückzugewinnen. Nicht, dass es etwas genützt hätte.

Warum ich meinem Freund nicht die Wahrheit gesagt habe? Es ist schwierig genug zu beichten, dass man sich in einen anderen verknallt hat, da wollte ich mich nicht auch noch zum Hugo machen, indem ich mich als »alte Frau auf der Suche nach dem zweiten Frühling« outete. Jedenfalls nicht sofort.

Bevor ich zu meinem Date mit Fabian antrat, sondierte ich erst mal die Lage. Christina, eines der Mädels aus unserem gemeinsamen Freundeskreis, klärte mich über seine bewegte Vergangenheit auf: »Der Fabian, der hat es faustdick hinter den Ohren«, erzählte sie genüsslich, »seine Ex, die war nämlich ganze 25 Jahre älter als er. Tolle Frau, aber halt doch in fortgeschrittenem Alter.« Sie musterte mich abschätzig: »Du siehst auch jünger aus, als du wirklich bist. Pass bloß auf, dass du ihm nicht auf den Leim gehst.« Ich verdrängte die Frage, ob eine freundliche Gesinnung oder der pure Neid aus ihr sprach.

Unser erstes richtiges Date war eine harmlose Verabredung im städtischen Schwimmbad, mit einem nicht mehr ganz so harmlosen Ende. Ich brachte Fabian nach Hause, weil er zwar gerade 18 geworden war, aber noch keinen Führerschein hatte, und amüsierte mich über diesen Umstand. Gespielt zerknirscht ließ er meine Frotzeleien über sich ergehen, bis es ihm wohl reichte. Vor seiner Haustür kam es zu einem wilden Herumgeknutsche, und die Tatsache, dass ich eben kein verknallter Teenie mehr war, machte die Situation, in der wir uns wie ebensolche verhielten, umso aufregender. Er war ein guter Küsser und spielte wild mit seinem Zungenpiercing an mir herum, was ich etwas albern fand, aber doch genoss. So schön eine langjährige Beziehung nämlich ist, heiße Zungenküsse landen irgendwann auf dem verstaubten Dachboden der Erinnerung. Abgelegt unter »Dinge, die wir früher einmal gemacht haben, heute aber nicht mehr tun«. Warum eigentlich? Mit Fabian war das alles neu, unverbraucht, aufregend, und da ich wusste, dass diese Zeit nie wiederkehren würde, beschloss ich, sie einfach zu genießen und mich darauf zu freuen, was da noch kommen würde.

Als wir bald darauf unsere erste gemeinsame Liebesnacht miteinander verbrachten, war ich hin und her gerissen zwischen Lachen und Weinen. Wir hatten bei mir zu Hause herumgesessen und über dieses und jenes gequatscht, und es war uns bereits beiden klar, dass Fabian an diesem Abend nicht nach Hause gehen würde. Voller Vorfreude malte ich mir aus, wie es wohl sein würde mit meinem ersten so viel jüngeren Lover, als er mich endlich in die Arme nahm. Da kratzte mich etwas am Ausschnitt. Ungläubig schaute ich an ihm herab und gluckste: »Du rasierst dir die Brusthaare?« Er grinste breit: »Nicht nur die, Süße.« Oh mein Gott. Sein selbstsicherer Gesichtsausdruck ließ vermuten, dass er erwartete, dass ich gleich in Ohnmacht fallen würde vor Wollust, und der Gedanke ließ mich laut losprusten. Zum Glück nahm er es mir nicht übel. Ich bin nun mal ein sehr geradliniger Mensch, und auf einen derart gestylten Körper war ich nicht eingestellt gewesen (obwohl Fabians Hang zu schicken Klamotten unübersehbar war und eben Hand in Hand ging mit einer extremen Sorgfalt, was sein Äußeres betraf – um ehrlich zu sein, punktete er mit beidem nicht so recht bei mir, aber ich war verliebt genug, um darüber hinwegzusehen). Als Fabian allerdings bereits beim Vorspiel ziemlich fahrig und unsicher zu Werke ging, schlichen sich doch leichte Zweifel ein. Ich war wie vor den Kopf geschlagen. Der Junge würde doch wohl jetzt nicht Schiss kriegen?

> *»Du rasierst dir die Brusthaare?«*
> *Er grinste breit: »Nicht nur die, Süße.«*

»Weißt du, die erste Nacht ist sowieso nie perfekt«, versuchte ich ihn zu trösten.

»Gefällt es dir nicht?«, war seine erschrockene Reaktion.

Ich musste schmunzeln. Und mich mit einem vollkommen neuen Gedanken auseinandersetzen. Es ist schon als Gleichaltrige schwierig genug, dem Partner seine kleinen Unsicherheiten zu nehmen, als »Ältere« kommt erschwerend hinzu, dass man nicht allzu fürsorglich und verständnisvoll daherkommen will. Das könnte nämlich nach hinten losgehen.

»Nein, natürlich gefällt es mir! Es ist nur so, dass es beim ersten Mal nicht immer reibungslos verläuft, weil man ... na ja, weil man sich halt nicht so gut kennt, weißt du?«

»Du siehst auch jünger aus, als du wirklich bist. Pass bloß auf, dass du ihm nicht auf den Leim gehst.«

Sein gerunzelte Stirn glättete sich, wenngleich er immer noch angespannt war. Ich war nun wirklich kein einschüchternder Vamp, eher das – zugegeben, etwas reifere – Mädchen von nebenan. Aber ich denke, dass genau das Fabians Problem war. Er wollte mir beweisen, dass eine Frau wie ich ihn keinesfalls einschüchterte – und hatte Angst zu versagen. Weshalb auch in dieser Nacht rein gar nichts lief. Nach einem heißen Start war da nichts als heiße – Luft, und ich verfluchte seine Eitelkeit, tröstete ihn und übte mich in Geduld. Zum Glück erwies sich mein Traumjunge später, als er sich beruhigt hatte, als durchaus brauchbarer Liebhaber, mit dem der Sex nie langweilig wurde. Er war sehr romantisch, richtig einfühlsam und einfallsreich, nachdem er seine Nervosität abgelegt hatte.

Schon bald war uns beiden klar, dass wir den anderen mit niemandem teilen und eine »richtige« Beziehung führen wollten, mit allem Drum und Dran. Vor der bösen Welt da draußen, von der wir uns schon dachten, sie würde mit den elf Jahren, die uns trennten, nicht zurechtkommen, versteckten wir uns allerdings noch eine Weile.

An einem grauen Januartag, Fabian und ich waren bereits seit zwei Monaten unzertrennlich, werkelte ich gerade im leeren Café hinterm Tresen herum, als zwei Frauen die Bar betraten. Eine rundliche, gepflegte Blondine Anfang fünfzig und ihre gleichaltrige dunkelhaarige Freundin. Zunächst dachte ich mir nichts dabei, brachte den Damen ihren Kaffee und kümmerte mich wieder um meine Arbeit. Bis ich ihre bohrenden Blicke im Rücken spürte. Ich sah zu ihnen hinüber, und sie vertieften sich wieder in ihr Gespräch. Ich hatte die beiden noch nie gesehen, weder hier noch sonst wo, aber irgendwas an ihnen machte mich stutzig, nur wusste ich nicht was. Sie saßen noch eine halbe Stunde dort und musterten mich, wann immer ich mich auch nur halb wegdrehte, dann bezahlten sie und verließen die Bar.

Als eine Stunde später das Telefon klingelte, hatte ich die beiden schon fast vergessen. Fabian klang ein bisschen aufgeregt: »Meine Mutter war gerade bei mir im Laden.« Ah. »Sie sagte, sie wäre bei dir gewesen, einen Kaffee trinken.« Oh. »Sag mal, bist du noch dran?« – »Hm.« – »Hör mal, das tut mir schrecklich leid. Ich weiß auch nicht, was sie sich dabei gedacht hat. Ich habe sie natürlich sofort zusammengeschissen, so was macht man doch nicht.« Nein. Macht man nicht. Meine Überraschung wich blanker Neugier, und ich fragte: »Und, was hat sie über mich gesagt?« Erleichtert, dass ich nicht böse auf ihn war, erzählte Fabian stolz: »Sie war positiv überrascht von dir.« Ach ja? Weil ich es geschafft hatte, ihr einen Kaffee zu kredenzen? Zum Glück konnte er meinen ironischen Gesichtsausdruck nicht sehen. »Ja«, fuhr er begeistert fort, »sie meinte, du sähst gar nicht so alt aus.« Na, dann.

Das sollte uns noch oft passieren: Äußerungen wurden gemacht, die angesichts unseres ungleichen Alters eine größere Bedeutung erhielten, als ihnen zustand, und die nicht nur von außen kamen, sondern auch von uns selbst. Dabei entsprachen wir beide nicht dem gängigen Klischee. Bis auf sein Faible für geile Klamotten und seinen Sport (er liebte das Radfahren und brachte mich sogar dazu, mich ihm zuliebe auf dem Drahtesel abzustrampeln) war es Fabians Lieblingsbeschäftigung, sich am Wochenende auf dem Sofa zu tummeln. Zugegeben, manchmal gab es nichts Schöneres, als am Samstagabend zu Hause vor dem Fernseher zu kuscheln – manchmal.

Ich ertappte mich jedoch bald bei dem aberwitzigen Gedanken, ich würde etwas versäumen, ich wäre doch noch jung. Wieder so ein Gedanke, der mir in unserer Situation absurd vorkam, aber in einer »normalen« Beziehung ja durchaus mal auftauchte. Ich war immer schon gern ausgegangen, und so amüsierte mich das Sofakartoffeldasein meines 18-jährigen Freundes. Weniger amüsiert nahm ich die Bemerkungen der Bekannten zur Kenntnis, die allesamt zu glauben schienen, ich würde den armen Jungen am Wochenende an die Couch fesseln, statt ihm den wohlverdienten Auslauf der Sturm-und-Drang-Zeit zu gönnen. Auch hatte ich mich zwar Fabians Kleidungsstil etwas angepasst und fühlte mich überraschend wohl in den angesagten »Kifferklamotten«, wie ich sie nannte. Er allerdings hatte gleich meinen gesamten Freundeskreis übernommen. Seine eigenen Freunde bekam ich nie zu Gesicht, und irgendwann fragte ich mich, ob es sie überhaupt gab. Wann immer wir etwas unternahmen, waren da ich, meine Freunde und Freundinnen und Fabian. Er verstand sich mit allen blendend, und ich war stolz auf meinen charmanten Freund, aber ich fragte mich doch manchmal, warum er kein eigenes Leben zu haben schien.

Er machte diesen Mädels aber ziemlich schnell klar, dass er mit mir – und nur mit mir – zusammen war. Und so schüttelte er sie einfach ab.

Abgesehen von diesen kleinen Stolpersteinen verlief unsere Beziehung sehr harmonisch. Manchmal erwähnte irgendein Neidhammel die berühmte biologische Uhr, deren Ticken ich bis heute nicht höre, meine Umwelt aber anscheinend dafür umso lauter.

Kommentare in diese Richtung wecken bei mir Unverständnis. Wäre ich mit einem gleichaltrigen Mann zusammen gewesen, hätte ich ihn ja auch nicht sofort gebärwütig zum Befruchten gedrängt, sondern mir erst mal Zeit gelassen.

Gingen wir aus, was selten, aber doch vorkam, hing eine Horde Teenies an Fabians Lippen und sonstigen Körperteilen. Er aber hatte nur Augen für mich, hatte mich gewählt, und das machte er allen deutlich. Ich kann mich noch gut an eine Situation erinnern, als wir einmal tanzen waren. Ich traf eine Menge Freunde und plauderte mit ihnen an der Bar, während er seine Runden drehte. Irgendwann tauchte er wieder auf, umzingelt von zwei, drei jungen Mädchen, die ihn unverhohlen anhimmelten und sich auch von mir nicht abschrecken ließen. Ich war ja nur seine Alte. Im wahrsten Sinne des Wortes. Er machte diesen Mädels aber ziemlich schnell klar, dass er mit mir – und nur mit mir – zusammen war. Und so schüttelte er sie einfach ab. Wenn ich da an bestimmte Leute denke, die anfangs zwar den Partner vergöttern, ihn dann aber irgendwie anfangen wie ein Möbelstück zu behandeln, läuft mir ein Schauer über den Rücken. Fabian schenkte mir Aufmerksamkeit, und das nicht nur während der Eroberungsphase. Über die spitzen Bemerkungen der Leute, die sich (und manchmal unverschämterweise auch mich) fragten, worüber ich mich mit diesem »Kind« wohl unterhalten könnte, lächelte ich nur nachsichtig.

Nach dreieinhalb Jahren war alles vorbei. Das Ende kam ganz unvermittelt und war so banal, dass es doppelt wehtat. Fabian hatte sich verliebt. In eine andere.

Natürlich stand sofort der Chor der schlechten Laune vor meiner Tür und beglückte mich mit schief klingenden Weisen wie »Das hast du dir selbst eingebrockt«, »Das konnte ja nicht gutgehen« und natürlich der ungeschlagenen Hitsingle »Ich hab's dir doch gleich gesagt«, seit Großmutters Zeiten an der Spitze der Unkenrufe-Charts.

Ich konnte nicht fassen, dass ausgerechnet seine Mutter diejenige war, die am meisten unter der Trennung zu leiden schien. Die Gute ruft heute noch bei mir an. Natürlich tat es weh, sehr sogar, aber tut es das nicht immer? Ich tröstete mich damit, dass ich viele Erfahrungen mitnehmen konnte, die ich mit einem älteren Mann nicht gemacht hätte. Erstaunlicherweise war ich weniger eifersüchtig als in anderen Beziehungen gewesen, ich war selbstsicherer und unbeschwerter, weil Fabians Art auf mich abgefärbt hatte. Ich musste mir keine Gedanken machen, ob ich es ihm recht machte, und musste mich weit weniger anpassen als an einen Mann, der bereits in festgefahrenen Bahnen dachte und handelte. Eine Trennung mit 32 ist für manche Frauen ein Grund zur Panik, egal wie alt derjenige ist, von dem man sich trennt. Auch wenn man nicht zu diesen Frauen gehört, ist eine Trennung vor allem eines: sehr, sehr schmerzhaft. Aber der Schmerz geht vorbei, und wie bei jeder längeren Beziehung erinnert man sich irgendwann nur mehr an die guten Zeiten.

Die Äußerung einer Bekannten »Er wird dich sowieso irgendwann wegen einer Jüngeren verlassen« hat Fabian jedenfalls entkräftet. Indem er mich für eine Frau verließ, die genauso alt war wie ich.

Das Leben ist kein langer ruhiger Fluss

Stephan (24), Hirte, Osttirol,
über
Katharina (38), Hirtin, Osttirol

Sie hatte die leuchtendsten Augen, die ich jemals gesehen hatte. Strahlend und voller Leben versprühten sie ihren eigenartigen Zauber über mich, der ich mit meinen damals 18 Jahren gerade dem Klammergriff der Pubertät entkommen war. In einem Lebensabschnitt, der bei meinen gleichaltrigen Bekannten mit Partys, Hormonen, Schulstress, Petting und Jamba-Klingeltönen vollgestopft war, erwischte es mich wie aus heiterem Himmel.

Ich traf Katharina an einem Sommertag in den Bergen. Natürlich hatte ich von der hübschen Hirtin gehört, die unweit meines Heimatdorfes arbeitete – auch mein Vater hat einige Male begeistert von ihr erzählt –, aber das war nicht der Hauptgrund, warum ich mich an diesem Tag auf die Alm begeben hatte. Ich trieb mich eigentlich immer dort herum, und die Präsenz der schönen Katharina war wohl ein Hintergedanke, aber nicht mehr. Ich saß gerade gelangweilt in der Landschaft herum und schnitzte an einem Stück Holz, als ich sie vor der Hütte erspähte. Mit ihrer schlanken Gestalt und der von der Sonne gebräunten Haut erschien sie mir wie das blühende Leben. Eine richtige Frau, so ganz anders als die, die mir bei uns im Dorf hinterherliefen und mich zu Tode langweilten mit ihrer unreifen, unfertigen Kleinmädchenart. Pfeifend hatte sie sich auf den Weg gemacht, um den Zaun zu reparieren, den einige ungestüme Kühe niedergetrampelt hatten. Das Werkzeug dazu hatte sie wie eine dieser afrikanischen Frauen, die ich auf Bildern gesehen hatte, in einem dichten Rasta-Haarknäuel auf dem Kopf verstaut. Die Art, wie sie dieses Gewicht leichtfüßig mit sich herumtrug, beeindruckte mich und rief sofort eine leise Stimme in meinem Kopf auf den Plan, die mir zuflüsterte: Diese Frau muss cool sein.

Ich hatte sie aus der Ferne beobachtet und war danach ziellos herumgestreunt. Jetzt zog mich etwas zu ihr, ich lief zu ihrer Hütte und wartete dort einfach auf sie. Schließlich kam sie zurück und lud mich, ohne sich über ihren Überraschungsgast zu wundern, auf ein Bier ein. Sofort kamen wir ins Gespräch, und damit meine ich nicht den üblichen Erwachsenen-Small Talk oder das Halbwüchsigengequatsche, das mir so gar nichts gab. Es war irgendetwas dazwischen, tiefer, ernster und zugleich leicht. Wir philosophierten, lachten, schwiegen miteinander. Und bereits nach zwei Stunden war ich restlos überwältigt. Diese Frau hatte Energie für zehn Männer. Wenn sie lachte, dann schlug sie mit der Hand auf den Tisch, dass die Gläser nur so klirrten. Dabei war sie mit einem Traumkörper gesegnet, den ich trotz meines Respekts vor ihrem Alter und der damit verbundenen Unnahbarkeit natürlich wahrnahm. Sie war die Verkörperung von Freiheit, geistigem Tiefgang, Seelenfrieden und einer Weiblichkeit, wie sie nur eine erwachsene Frau haben konnte. Ich verfiel ihr vom ersten Augenblick an, und hätte mein Vater gewusst, wie alles kommen würde, er hätte mir wohl nie von ihr erzählt.

Katharina war 32 Jahre alt, fast doppelt so alt wie ich. Ich hatte schon im Sommer zuvor in das Hirtenleben hineingeschnuppert. Eine Freundin hatte mich sozusagen eingeführt in diese Welt, die so gar nichts mit dem Alltag meiner Altersgenossen – und auch der wenigsten anderen Menschen – zu tun hatte. Was die meisten nur aus Fernsehserien wie dem *Bergdoktor* oder *Forsthaus Falkenau* kennen, ist auch heute noch für viele Menschen legitimer und erfüllender Broterwerb. Als Hirte verbringt man die Sommermonate auf der Alm, treibt das Vieh zusammen, passt auf, dass es gesund bleibt, zählt es immer wieder und versorgt es, falls es krank ist. Auch als Geburtshelfer muss so ein Hirte oft genug einspringen.

Seit ich diese ganz spezielle Freundschaft mit Katharina geschlossen hatte, verbrachte ich jede freie Minute auf der Alm. Ich liebte die Abgeschiedenheit hoch oben, die mir Raum für meine Gedanken ließ und die Tage mit einer friedlichen Gleichförmigkeit erfüllte, die beruhigend auf mein aufgewühltes Inneres wirkte. Und mein Inneres war bereits aufgewühlt, bevor ich Katharina traf. Ich war ein grüblerischer Jugendlicher, dachte viel zu viel nach über das Leben und seinen Sinn, ohne jemals auf einen einleuchtenden Schluss zu kommen. Es war, als gäbe mein Gehirn nie Ruhe, ich saugte wie ein Schwamm alle Eindrücke in mich auf, sezierte sie und spuckte sie als zynische Weisheiten in die Welt. Das Leben schien mir manchmal eher Last als Freude zu sein, weil es einfach mit zu viel Oberflächlichkeit und zu wenig Substanz gefüllt war. Das Hirtendasein erfüllte mich mit einem Enthusiasmus, der in Verbindung mit meiner Schwärmerei für diese wesentlich ältere, unabhängige, unbeschwerte Frau dazu führte, dass ich immer öfter sehr viel Zeit da oben verbrachte.

Die Schule, die ich gerade angefangen hatte, erschien mir sinnlos, meine gleichaltrigen Freunde dumm, das Leben ohne Katharina, die Alm und unsere Gespräche bei Musik und gelegentlichen Bierchen leer und kalt. Auf der Alm war ich ein anderer Mensch, Katharina brachte mir bei, wie man mit dem Vieh umgeht, sie zeigte mir ihre Welt, und ich machte sie zu meiner. Von der Melancholie der Pubertät war ich in eine Abenteuerlust katapultiert worden, die in dem Moment erstarrte, als ich zum ersten Mal Sex hatte.

Wir hatten gefeiert, und es war spät geworden. Katharina hatte gerade erst mit ihrem Freund Schluss gemacht, und es ging ihr dementsprechend schlecht. Obwohl ich längst in sie verknallt war und sie das natürlich bemerkt haben musste, litt ich aus Solidarität mit ihr, weshalb ich sie an diesem Abend auf eine Sauftour begleitet hatte. Müde und betrunken gingen wir noch auf einen Absacker zu einem Kumpel nach Hause, und als wir aus dem Auto ausstiegen, nahm Katharina meine Hand und überraschte mich mit den Worten: »Heute gehörst du mir.«

Dem Alkohol sei Dank, dass ich mir nicht sofort in die Hose machte, denn obwohl ich innerlich vor Freude zitterte, spürte ich meine und ihre Unsicherheit. Ich war verliebt, wie man es wahrscheinlich nur in diesem Alter sein kann, mit einer Intensität, die für das, was danach kam, verantwortlich war. Was ich mir schon so oft ausgemalt hatte, sollte endlich in Erfüllung gehen, dabei hatte niemand von uns jemals über die Möglichkeit einer körperlichen Annäherung geredet. Ich konnte mein Glück nicht fassen – und vermasselte es. Ich weiß noch, dass ich nicht viel zum Sex beigesteuert habe. Ich kann mich nicht einmal richtig erinnern. Wir waren beide betrunken und tasteten uns dementsprechend unbeholfen aneinander heran. Überglücklich, benebelt und nervös murmelte ich in ihren verwühlten Haarschopf, der ihr locker bis zum Hintern reichte, wenn sie ihn wie jetzt gerade offen trug: »Wie viele Männer hattest du vor mir?« – »Sieben«, gab sie zur Antwort. Dann schwieg sie. Dass sie nicht die Gegenfrage stellte, ob aus Rücksichtnahme oder Desinteresse, machte mich noch nervöser.

Katharina überraschte mich mit den Worten: »Heute gehörst du mir.«

»Du bist so schön«, sagte sie, und der Übergang von der geistigen zur körperlichen Nähe war seltsam, aber durchaus nicht unangenehm. Sie war sehr nachsichtig, berührte mich behutsam, versuchte mich zu führen, aber es war alles zu viel für mich. Nach wenigen Minuten konnte ich mich nicht mehr zurückhalten, und ich hatte mir das alles anders vorgestellt und war enttäuscht. Ich fühlte mich wie ein dummer Junge, dem man etwas genommen hatte, und verstand nicht, warum alle Welt so ein Aufsehen um Sex machte. Trotzdem war es schön. Es ist noch kein Meister vom Himmel gefallen, damit beruhigte ich mich und tröstete mich mit der unfassbaren Nähe ihres warmen Körpers.

Am nächsten Morgen musste sie zeitig zur Arbeit. Ich schaute sie an und merkte, dass sie mir nicht in die Augen blicken konnte. Verletzt suchte ich nach irgendetwas, was das Durcheinander in meinem Inneren beruhigen würde, irgendwas, was mir Halt geben würde und die Sicherheit, dass alles gut werden würde, aber sie machte auf mich den Eindruck eines gehetzten Tieres. In diesem

Augenblick drängte sich mir das Gefühl auf, dass ich einen Fehler gemacht hatte.

Es blieb bei diesem einen, meinem ersten Mal, und unsere Freundschaft veränderte sich. Wir sahen uns noch oft, sprachen auch über das, was geschehen war, einigten uns aber darauf, es als Ausrutscher zu betrachten. Ich konnte an ihrem Gesicht ablesen, dass sie bereute, was geschehen war, und beschloss, nicht mehr daran festzuhalten. Die tiefen Blicke, die ich ihr zuvor zugeworfen hatte, die zufälligen Berührungen, all die kleinen Dinge, die ich mir immer gründlich überlegt hatte, bevor ich sie dazu einsetzte, sie für mich zu gewinnen, ich unterließ sie. Seit unserem ersten Mal fühlte ich mich verlassen auf der Welt, ich war kurz davor durchzudrehen und gab mir selbst die Schuld daran, alles kaputt gemacht zu haben. Wir sahen uns immer weniger, und ich fand mich damit ab, dass es nie wieder so werden würde wie früher.

Liebeskummer ist immer schlimm, aber in diesem Alter ist er grausam. Ich schlief nicht, aß nicht, trank umso mehr, verfluchte mich und sie abwechselnd. Aber in diesem Alter kommt noch etwas dazu, was den Liebeskummer ungeahnte Ausmaße annehmen lässt: Musik. Die Musik, die ich hörte, ließ mich in ein Loch fallen und dann wieder hoffen. Genau wie Katharina es mit mir gemacht hatte. Nur umgekehrt. Dazu muss ich sagen, dass auch meine Musik einer anderen Generation angehörte als ich selbst. Nachdem ich mich einige Wochen mit Unterstützung der Jungs von Led Zeppelin, Yes, The Who und Pink Floyd im Selbstmitleid gesuhlt hatte (Eminem konnten von mir aus die anderen Teenies hören), rappelte ich mich wieder auf. Ich sah Katharina weiterhin und zwang mich, sie nur als Freundin zu sehen. Besser eine Freundschaft als gar nichts, dachte ich mir.

> *Liebeskummer ist immer schlimm, aber in diesem Alter ist er grausam. Ich schlief nicht, aß nicht, trank umso mehr, verfluchte mich und sie abwechselnd.*

Es begann ein Sommer der Ablenkung und der harten Arbeit. Ich konzentrierte mich voll und ganz auf mich selbst. Zum ersten Mal war ich eigenständig auf einer bewirtschafteten Alm beschäftigt. Zehn bis zwölf Stunden am Tag schuftete ich und spürte, wie ich zusehends wieder Fuß fasste in dieser Welt. Einmal in der Woche hatte ich meinen freien Tag, und ich konnte nicht anders, ich verbrachte jeden davon auf Katharinas Hütte, wo sie wieder als Hirtin arbeitete. Sie hatte sich verändert, war stiller geworden. Sonst hatte sie gelacht und gefeiert und getrunken, wie es eben so war in der Weite, wo man nicht viel Abwechslung hatte, aber in jenem Sommer war sie durch einen Zeckenbiss an Borreliose erkrankt und es ging ihr eine Zeit lang schlecht. Ich war immer noch verliebt und stur wie ich war, hatte ich die Hoffnung, Katharina zu erobern, insgeheim nie aufgegeben, und so war ich selig, als ich eines Abends händchenhaltend neben meiner Angebeteten auf dem Bett lag, meinem Ziel so nahe und doch voller Zweifel.

Wir schauten uns nicht an, sondern musterten gemeinsam die Holzdecke der mittlerweile schmerzhaft vertrauten Hütte. Schließlich hielt ich es nicht mehr aus und küsste sie einfach. Sie kam gar nicht dazu, ihre Einwände in Worte zu packen, da hatte ich sie schon überrumpelt. Und ich stieß nicht auf viel Gegenwehr. Ich war stärker als zuvor und wild entschlossen, sie davon zu überzeugen, dass wir es trotz des Altersunterschieds versuchen sollten. So machten wir wieder gut, was wir schon einmal fast zerstört hatten. Am nächsten Morgen war ich es, der zur Arbeit musste, aber diesmal gab es keine verlegenen Blicke, sondern reine Euphorie. Auch Katharina war nach unserer zweiten Liebesnacht, die so viel besser als die erste gewesen war, in einem Zustand freudiger Gelöstheit, und ich schöpfte Hoffnung. Noch nie war mir die Woche so lang erschienen, und ich sehnte meinen nächsten freien Tag herbei, an dem ich Katharina wiedersehen würde. Die Welt schien mir ein wunderbarer Ort, und endlich würde alles gut werden, da war ich mir sicher.

Als ich sie schließlich wiedertraf, wusste ich schon, als ich in die Hütte eintrat, dass sich etwas verändert hatte. Sie empfing mich mit den Worten: »Das mit uns kann nicht gut gehen.« Woraufhin ich sie in die Arme nahm und ihr mit allem Mut, den ich aufbrachte, zuflüsterte: »Du weißt genau, dass du mich willst.« Sie aber wandte sich von mir ab und meinte leise: »Da ist noch etwas.« Ich weiß nicht, woher ich in jenem Moment die Gewissheit nahm, ich hatte es vorher nicht einmal geahnt. Vor meinem geistigen Auge fügten sich lauter Einzelteile zu einem Ganzen. Die angebliche Borreliose, ihre Weigerung, auch nur ein Bier zu trinken, die Energie, die einer schweren Stille gewichen war, auf einmal war mir alles klar: »Du bist schwanger.«

Ja, ich weiß, ich war verrückt. Verrückt, dass ich nicht sofort die Beine in die Hand nahm und davonlief. Ich glaube sogar, sie hätte es verstanden. Aber ich wollte sie so sehr, und diesmal ließ ich mir das nicht mehr nehmen. Es interessierte mich nicht, wer der Vater des Kindes war. Ich war fest entschlossen, zu ihr zu halten. Vielleicht klingt das jetzt alles sehr romantisch oder wie im Film, aber noch nie in meinem kurzen Leben hat sich etwas so bedrückend real angefühlt. »Ich werde dir zur Seite stehen, mir eine Arbeit suchen und alles tun, um dir mit dem Kind zu helfen«, sagte ich ihr, und es war mein voller Ernst. Ungläubig sah sie mich mit ihren großen blauen Augen an, die noch gar nicht zu verstehen schienen, was das alles bedeutete. »Aber du bist 19, Stephan, du kannst dir doch nicht diese Last aufbürden. Das will ich nicht.« Schroff stieß sie mich weg, und dann redete sie sich in Rage. Von verlorener Jugend brabbelte sie, von Verantwortung, Bindung, Freiheit, die verloren ging, und mit jedem ihrer Worte verstärkte sich mein Eindruck, dass sie mehr Angst hatte als ich.

Von da an wandte ich meine gesamte Energie auf, um für sie da zu sein. Ich hatte nun eine Aufgabe, die mir viel Kraft abverlangte. Ich schrieb mich an einer Schule ein, nahm Katharina bei uns zu Hause auf und verschwieg ihr zuliebe zunächst einmal unsere Beziehung vor den Einwohnern des Dorfes. Bald schon zerrissen sich die Leute die Mäuler über die werdende Mutter und den als Vater unter Verdacht stehenden 19-Jährigen. »Ja ja, natürlich ist das Kind von mir, und wir planen schon das nächste«, blockte ich ihre unverschämten Fragen ab. Glaubten die Leute denn, ich wäre völlig verantwortungslos?

Wir hatten unsere heile Welt ganz für uns allein, mit dem kleinen Wermutstropfen, dass Heidi schwanger war und Geißenpeter nicht der Vater.

Dass Jugend mit Dummheit gleichgesetzt wurde, bekam ich oft schmerzlich zu spüren. Aber meine Bereitschaft, die Verantwortung für das Kind eines anderen zu übernehmen, stieß bei ihnen auf dieselbe Ablehnung und Verwunderung wie der Verdacht, der Vater des Kindes zu sein. Bei allem Gespött nahm ich jedoch auch wahr, dass einige Menschen eine versteckte Anerkennung hegten für das Leben, das wir führten, und uns vielleicht insgeheim sogar wünschten, dass wir es schaffen würden. Auch ich selbst wünschte mir nichts sehnlicher. Ich war glücklich, mit Katharina zusammen zu sein, und auch wenn wir uns manchmal heulend in den Armen lagen, weil wir nicht wussten, wie es weitergehen sollte, hätte ich mit niemandem getauscht. Ich war sowieso nicht gemacht für ein einfaches, gleichförmiges Leben, und für Katharina war ich bereit, jede Herausforderung anzunehmen. Dass sie gerade nicht über die Stärke verfügte, ihr Leben selbst in die Hand zu nehmen, sah ich mit Sorge, hoffte aber, es würde sich schon ändern.

Dieser Zustand war nicht immer nur anstrengend, sonst hätten wir wohl nicht so lange durchgehalten. Dass wir aufgrund des Altersunterschieds nicht zu unserer Beziehung standen und das Ganze geheim hielten, sorgte für einen zusätzlichen Kick. Im Sommer auf der Alm, hoch oben in unserem kleinen Paradies gab es keine Eindringlinge und keine bösen Zungen, die über uns urteilten. Wir hatten unsere heile Welt ganz für uns allein, mit dem kleinen Wermutstropfen, dass Heidi schwanger war und Geißenpeter nicht der Vater. Meine anfängliche Skepsis, die ich Katharina einmal sogar knallhart, nämlich mit den Worten »Ein Kind ist nichts für dich«, an den Kopf geworfen hatte, erwies sich allerdings als nicht ganz unbegründet. Sie war ein Freigeist, ein Mensch, der sich keine Fesseln anlegen ließ. Und tatsächlich erschien sie mir immer verlorener und verzweifelter.

Im Frühling ging Katharina in ihre Heimatstadt zurück, um ein kleines Mädchen zur Welt zu bringen. Ich hielt die Kleine zum ersten Mal im Arm, als sie bereits einen Monat alt war. Die Ängste und Depressionen, welche die Mutter bereits während der Schwangerschaft befallen hatten, verschwanden leider auch nach der Geburt nicht. Ich versuchte, ihr Halt zu geben, brachte ihr Verständnis entgegen, sprach mit ihren Freunden, die sie auch tatkräftig unterstützten und mich als »Mann« an ihrer Seite akzeptierten.

Mit der Zeit verspürte ich aber auch einen Anflug von Ärger, fühlte mich, als würde ich ständig nur geben und sie einfach nur nehmen, und das mit einer Gleichgültigkeit, die mir wehtat. Ich kümmerte mich um die Kleine, gab ihr zu essen und legte sie ins Bett. Katharina schaffte es manchmal nicht einmal mehr, das Kind zu füttern. Langsam, aber stetig fühlte ich mich, als würde mir meine ganze Kraft ausgesaugt, und anfängliche Schuldgefühle machten Ärger und Wut Platz. Es kam wegen Kleinigkeiten zum Streit, und wir beschlossen, uns weniger zu sehen. Katharina kehrte öfter in ihre Heimat zurück, und wenn sie bei mir war, gestaltete sich das Zusammenleben mühsam. Als wir dabei waren, uns für den Sommer auf der nächsten Almhütte einzurichten, hatte ich bereits ein mulmiges Gefühl. Wir hatten uns länger nicht gesehen, und die räumliche Entfernung hatte

Anfängliche Schuldgefühle machten Ärger und Wut Platz.

den Graben, der sich mittlerweile zwischen uns aufgetan hatte, noch vertieft. Schließlich trat ein, was ich schon seit Längerem befürchtet hatte: Ich bat sie zu gehen.

Die Erleichterung, die sich einstellte, unmittelbar nachdem ich die Worte endlich ausgesprochen hatte, zeigte mir, dass meine Entscheidung richtig gewesen war. Ich fühlte mich plötzlich wie ein Vogel, losgelöst von allen Problemen und unendlich frei, das zu tun, was ich wollte. Während Katharina gezwungen war, ihr Leben selbst in die Hand zu nehmen. Ich weiß nicht, ob die Dinge einen anderen Lauf genommen hätten, wenn ich Katharina nicht so eifrig meine Unterstützung zugesichert hätte. Wenn sie meine Hilfe nicht angenommen hätte. Wenn sie auf sich allein gestellt gewesen wäre. Vielleicht hätte jemand anderes sie aus ihrer Lethargie befreien können.

Aber ich denke heute nicht mehr ganz so viel nach. Ein Freund hat einmal zu mir gesagt: »Du trägst einen sehr alten Kopf auf deinen jungen Schultern.« Das schmeichelt mir irgendwie, denn es bedeutet, dass ich anders als viele andere bin. Allerdings macht diese Tatsache mein Leben auch kompliziert. Das Leben ist vielleicht wirklich ein Fluss, und bis ich lerne, mich seinem Lauf anzupassen, tröste ich mich mit den Worten jener, die es besser wissen als ich.

Now as the river dissolves in sea,
So neptune has claimed another soul.
And so with gods and men
The sheep remain inside their pen,
Until the shepherd leads his flock away.
The sands of time were eroded by
The river of constant change.[*]

---

[*] Genesis, Firth of Fifth, 1973

Alte Schwedin!

Liv (38), Fremdsprachenkorrespondentin, Luleå,
über
Patrick (30), Bürokaufmann, Luleå

Mein erster Toy Boy hieß Patrick, und das ist nun bald acht Jahre her. Es sollten noch einige Beziehungen mit jüngeren Männern folgen, was ich zu dem Zeitpunkt aber noch nicht wusste. Tatsächlich ist es mittlerweile so, dass ich junge Männer geradezu anzuziehen scheine. Mir ist es recht, sie sind weitaus interessanter als die Männer in meinem Alter, und ich muss nicht verzweifelt suchen wie viele meiner Altersgenossinnen. Patrick trat in mein Leben, als ich gerade eine elf Jahre andauernde Beziehung beendet hatte und mich regelmäßig mit einem neuen Freundeskreis traf.

Der hübsche Hüne mit den blauen Augen war ein Teil der »Gang«, die aus fünfzehn, zwanzig Leuten bestand. Unsere Horde verbrachte die Wochenenden zusammen, wir gingen gemeinsam zu Partys, ins Kino und so weiter. Wir hatten eine gute Zeit, ein paar von uns waren Singles, ein paar liiert. Patrick war zu dem Zeitpunkt Single wie ich, hatte aber mit meiner Arbeitskollegin etwas laufen, und wenn ich ehrlich bin, war ich auch nicht übermäßig interessiert an ihm. Allerdings war es immer so, dass wir beide als Letzte irgendwo ins Gespräch vertieft hockten oder den letzten Tanz zusammen tanzten, wenn die Gruppe ausging. Wir waren ungefähr sechs Monate befreundet, als wir anfingen, uns manchmal auch allein zu treffen. Und eines Abends war es dann so weit. Wir beendeten den letzten Tanz, und Patrick küsste mich.

Er schien etwas peinlich berührt zu sein, und auch ich dachte: Was zum Teufel ist jetzt los? Das hier war doch Patrick, mein Kumpel, der noch dazu acht Jahre jünger war ... was hatte er sich bloß dabei gedacht. Er wich meinem Blick zunächst aus, und verwirrt fragte ich mich, ob er mir denn wirklich gefiele. Ich fand ihn durchaus gut aussehend mit seinen blonden Haaren. Er war von ziemlich großer Statur, und wenn er mich in die Arme nahm, schmolz ich einfach dahin. Am selben Abend noch sprachen wir über das, was geschehen war. Patrick schien sich ziemlich rasch von seiner Verblüffung erholt zu haben. »Ich bin mir nicht sicher, was das war«, eröffnete er mir mit einem schüchternen Lächeln,

»aber ich weiß, dass es mir gefallen hat. Es hat sich richtig angefühlt.« Ich war zwar immer noch etwas erschrocken, aber froh über seine Worte. So nickte ich und warf meine Bedenken über Bord. Er war ein lieber Kerl, machte mich an, küsste wie ein Gott – und ja, ich gebe es zu, irgendwie war ich neugierig auf das Abenteuer »jüngerer Mann«. Von da an waren wir ein Paar, so einfach war das.

Wir hatten eine großartige Zeit, fantastischen Sex, schöne Erfahrungen zu zweit, und wir lernten uns Schritt für Schritt kennen, was das Schönste überhaupt ist in den Anfängen einer Beziehung. Zu ungefähr dieser Zeit hatte ich um eine Studienstelle im Süden Schwedens angesucht, was eine zehnstündige Autofahrt bedeutete. Als ich den Studienplatz nun erhielt, war ich überglücklich, aber gleichzeitig auch etwas betrübt, weil es bedeutete, dass ich Patrick und den ganzen Spaß, den wir zusammen hatten, in meiner Heimatstadt hoch im Norden zurücklassen musste. Ich fühlte mich aber nicht so, als hätte ich eine Wahl. Ich wollte unbedingt dorthin, um zu studieren. Und ein Studienplatz ist etwas Sichereres als Liebe, das wusste ich tief in meinem Inneren. Ich war schon einige Male verletzt worden, und eine Garantie gab es nie. Wohingegen ein Studienplatz von enormer Wichtigkeit für meine Arbeitssuche sein würde.

Ich besuchte meine Heimatstadt jedes zweite Wochenende, und zwar nur, um Patrick zu sehen. Wir hatten lediglich 24 Stunden, um 14 Tage nachzuholen, und füllten sie so gut wir konnten mit Gesprächen, Sex und all der Liebe, zu der wir fähig waren. Ich hatte überhaupt keine Zeit, um darüber nachzudenken, ob wir wirklich zusammenpassten, ob der Altersunterschied nicht zu groß wäre, ob es die richtige Entscheidung gewesen war, mit ihm zusammenzubleiben. Ich wusste nur, es war alles gut und richtig,

> *Er war ein lieber Kerl, machte mich an, küsste wie ein Gott ...*

so wie es war. Das Band zwischen uns war so stark, dass keinem von uns Zweifel an unserer unkonventionellen Beziehung kamen. Und wenn uns Freunde schief anschauten, weil er ein Grünschnabel war und ich doch etwas älter, lachten wir sie aus. Es fühlte sich nicht seltsam an, solange wir gemeinsam lachen konnten. Manchmal weinten wir auch zusammen, und zwar immer, wenn es Abschied nehmen hieß. Ich fühlte mit ganzem Herzen, dass er die Liebe meines Lebens war.

Nach sechs langen Monaten war mein Aufenthalt in der Ferne zu Ende, und ich konnte endlich wieder nach Hause ziehen.

Es fühlte sich etwas seltsam an, plötzlich alle Zeit der Welt zu haben und nicht mehr von dem Gedanken an Abschied abgelenkt zu werden. Wir hatten viel nachzuholen, ließen uns aber den nötigen Freiraum, um wieder in das alte Leben zurückzufinden. Alles in allem verhielten wir uns erwachsener als viele ältere Paare, wenn ich das alles aus meinem heutigen Blickwinkel betrachte. Und es macht mich stolz. Nach einer Weile zogen wir zusammen und kauften uns einen Hund. Manchmal sprachen wir von unseren Zukunftsplänen. Es waren aber eher Luftschlösser als konkrete Vorsätze, und das war gut so. Patrick war 23 und ich 31, und keiner von uns dachte daran, eine Familie zu gründen oder einen Baum zu pflanzen. Zum Glück. Denn langsam schlichen sich Streitigkeiten in unseren Alltag ein. Es fing mit harmlosen Dingen an, wer mit Putzen dran war, wer wie spät nach Hause kam, wer mit dem Hund Gassi gehen musste, lauter Kleinigkeiten. Offen gelassene Zahnpastatuben, hochgeklappte Klobrillen, Haare im Abfluss. Das Badezimmer als Kriegsschauplatz unserer Alltagssorgen. Irgendwann weitete sich das Schlachtfeld aus, und ich fühlte, wie Patrick mir entglitt. Ein Indikator dafür schien mir unser Sexleben zu sein, das besorgniserregend

Ich fühlte mit ganzem Herzen, dass er die Liebe meines Lebens war.

schnell der Nullgrenze zuging. Ich beschwerte mich darüber. Ich schwöre, ich wollte nicht, aber irgendwie sprudelten die Worte aus mir heraus. Das machte die Situation natürlich nicht besser. So kam es, dass wir uns nach vier Jahren trennten.

Was dann kam, war ein Klischee. Wir konnten nicht voneinander lassen, sahen uns sporadisch, trafen uns auch mit anderen, wobei wir uns geflissentlich gegenseitig versicherten, dass das schon in Ordnung wäre, weil wir ja kein Paar mehr waren. Nach einem Jahr gestanden wir uns ein, dass wir wohl einen Fehler gemacht hatten, und beschlossen, es noch einmal zu versuchen. Plötzlich war alles wieder im Lot. Der Sex war fantastisch und die Streitereien fanden einfach nicht mehr statt. Was natürlich beides daran lag, dass wir nicht mehr zusammenwohnten und uns seltener sahen. Die ersten beiden Monate unserer neu aufgenommenen Beziehung waren eine sehr, sehr glückliche Zeit für uns beide. So glücklich, dass Patrick sich zu etwas völlig Untypischem hinreißen ließ: Er schlug vor, uns zu Weihnachten zu verloben. Ich war im siebten Himmel. An der Intensität meiner Gefühle für ihn hatte sich nämlich nichts geändert, und ich dachte, nach unserem verheißungsvollen Neuanfang könnte eigentlich nichts mehr schiefgehen.

Weit gefehlt. Sie ahnen es schon: Einige Wochen vor dem Weihnachtsfest änderte sich Patrick. Er wurde mürrisch und in sich gekehrt, und die meiste Zeit stieß er mich von sich, wenn ich auf ihn zuging. Wenn ich ihn fragte, was mit ihm los sei, antwortete er, ihm ginge das alles zu schnell. Ich war vor den Kopf gestoßen. Ihm ging es zu schnell? Er war es doch gewesen, der sich verloben wollte, er hatte Pläne für die Zukunft gemacht und schon von Kindern gesprochen. Und jetzt auf einmal sollte ich es sein, die ihn einengte? Etwas war mir wohl entgangen. Trotz seiner kalten Füße war ich jedoch nicht gewillt aufzugeben. Schließlich zwang er mich dazu, indem er mich am Weihnachtstag mit einer alten Bekannten betrog. Er hatte sich nicht einmal die Mühe gemacht, die Sache vor mir zu vertuschen oder zu leugnen. Das traf mich unglaublich hart. Ich warf seine Sachen, die er bei mir in der Wohnung hatte, aus dem Fenster, und was ich vergessen hatte, holte er am nächsten Tag wortlos ab. Und nochmals versuchte ich zu retten, was zu retten war, aber er schien weitaus weniger daran interessiert als ich, also machte ich endgültig Schluss.

Das war das Ende meiner damals – und seither – größten Liebe. Ein unrühmliches Ende, das nicht das beste Licht auf Patrick, den Casanova, wirft. Aber auch nicht auf mich in meiner Rolle als geduldiger Fußabstreifer. Heute trauere ich ihm nicht mehr nach. Er hat sich zwar ziemlich verändert, aber doch tiefe Wunden in mir hinterlassen, die sehr lange brauchten, um zu verheilen. Ich glaube, unser Altersunterschied war zu Beginn der Beziehung unwichtig, gewann aber zusehends an Bedeutung. Der Druck, den Patrick verspürte und dem er sich nicht gewachsen sah, hatte sehr wohl mit seinem Alter zu tun. Er fühlte sich nicht bereit für eine feste Beziehung, auch wenn ich ihn zu nichts drängte. Vielleicht war ich sogar zu sehr darauf bedacht, ihn zu nichts zu überreden, weil mir der Altersunterschied deutlicher bewusst war als ihm. Ich fühlte mich damals entsetzlich elend und zurückgewiesen und konnte mir lange Zeit nicht erklären warum. Heute denke ich, das ganze Gerede über Familienplanung und Heirat hat ihm Angst gemacht. Da war es egal, dass er es gewesen war, der den Stein überhaupt erst ins Rollen gebracht hatte.

Heute denke ich voller Wehmut an diese Zeit zurück, in der ich alles für meine große Liebe getan hätte. Und wenn ich auch daraus gelernt habe und heute nicht mehr alles für einen Menschen tue, so erfüllt es mich doch mit Freude und Stolz, eine (größtenteils) schöne Beziehung mit einem jüngeren Mann geführt zu haben, der aufregender und unbeschwerter war als die meisten meiner Altersgenossen. Toy Boys rocken, man darf sie nur nicht zu ernst nehmen!

Von Enten und Kragenweiten

Sarah (29), Redakteurin, München,
über
Adrian (23), Kellner, Bremen

Ich war mit meinem Latein am Ende. Der Typ schien gegen meine Annäherungsversuche immun zu sein. Zugegeben, sehr offensiv war ich nicht gewesen, aber immerhin hatte ich fast eine Leberzirrhose riskiert, weil ich neuerdings fünfmal in der Woche in der Kneipe herumlungerte, wo dieser Prachtkerl arbeitete. So auch an diesem Abend im Februar während der Faschingszeit. Ich hatte meine damals beste Freundin, genannt Black Mamba, die sich das Trauerspiel nun schon seit Wochen mir zuliebe reinzog, überreden können, sich ebenfalls zu verkleiden, und so saßen sie als eine schlecht kopierte Paris Hilton und ich als eine nicht übel getroffene Amy Winehouse an einem der Tische in besagter Kneipe.

Das Kellnern hatte er nicht erfunden. Mit mürrischem Gesicht knallte er uns das Bierglas auf den Tisch, vergaß die Hälfte der Bestellungen am Nebentisch und schien ganz allgemein nicht sehr an dem interessiert zu sein, was um ihn herum geschah.

Aber was für ein Mann! Nicht nur ich sabberte ihm hinterher, wenn er seine ein Meter neunzig durch die Menge schob, sich beim Getränkeausschenken eine pechschwarze Locke aus dem Gesicht strich oder mit diesem gelangweilten Blick und schmollenden Mund Bestellungen aufnahm. »Der hat ja einen Gehfehler«, nörgelte die Mamba gelangweilt. »Wie? Du meinst, er hat eine Freundin?« Erschrocken blickte ich von meinem dritten Bier auf, um mein Objekt der Begierde unauffällig, wie ich glaubte, zu betrachten. Das einzige Zugeständnis, das die Belegschaft der Bar an die närrische Zeit machte, war eine hastig zusammengebastelte Kochmütze aus weißem Papier. Black Mamba verdrehte die Augen: »Nein, du Dummerchen, er hat wirklich einen seltsamen Gang. Er ... Hihi, ja, er watschelt!« Ich runzelte die Stirn. Mein Traummann hatte einen Entengang? Na wenn schon. Es gab Schlimmeres.

Ich musste meiner Freundin zugutehalten, dass sie mich mit allen Mitteln von meiner fixen Idee abbringen wollte, diesen Jungen abzuschleppen. Der Watschelgang, die gerunzelte Stirn, der verkniffene Mund, der langweilige Kleidungsstil (der Junge war Kellner, Herrgott noch mal!), die Größe, die Humorlosigkeit, was sie an absurden Dingen auch vorbrachte, die gegen jede (wie auch immer geartete) Verbindung sprachen, ich wusste, was sie eigentlich dachte: zu jung, zu gut aussehend, nicht meine Kragenweite.

Aber was für ein Mann! Nicht nur ich sabberte ihm hinterher, wenn er seine ein Meter neunzig durch die Menge schob ...

Er unterbrach meine Gedanken, indem er sich vor mich hinstellte und mich anlächelte. Ich traute meinen Augen nicht, und weil ich allgemein eher dazu neige, zu reden, bevor ich denke, sprudelte ich auch schon heraus: »Wie, du kannst lächeln? Das tust du doch sonst nie!« Er schwieg und verzog leicht den Mund, ohne dass das so sehr herbeigesehnte Lächeln ganz verschwand, nahm seine Kochmütze ab und malte mit Filzstift ein Smiley drauf. Dann setzte er mir das Teil wortlos auf. Ich zupfte mit strahlendem Gesicht meinen Amy-Beehive zurecht und wagte einen Vorstoß: »Und, wo gehst du nach Feierabend noch hin?« – »Na ja, ich denke mal, wir landen im Sweet Sixteen, wie immer.« Das Sweet Sixteen war der ultimative Absturzclub, ein altmodischer Tanzschuppen, in dem der Name Programm war. Und natürlich überhaupt nicht sweet. »Bist du dafür nicht zu alt?«, warf ich ein, biss mir aber sofort auf die Zunge, als sein Lächeln verschwand und sich stattdessen ein Stirnrunzeln in seinem hübschen Gesicht breitmachte. Er zog verächtlich eine Augenbraue hoch: »Du etwa nicht?« Wo er recht hatte, hatte er recht, und ich wäre ihm sowieso bis nach Timbuktu gefolgt, also antwortete ich folgsam (und wie nicht anders erwartet): »Ich werde da sein.« Woraufhin das Lächeln zurückkehrte, wenn auch einen Tick zu selbstzufrieden. Was ich aber geflissentlich übersah.

Ich machte mich also auf meinen pinkfarbenen Mörderabsätzen auf den Weg in die Disse, mit Frau Hilton und Plüsch-Tinkerbell im Schlepptau. Schon da bemerkte ich, dass mir der Amy-Wine-house-Gang immer leichter fiel, was bedeuten musste, dass sich mein Alkoholpegel bedenklich dem des Originals annäherte. Na wenn schon. So wirkte die Verkleidung gleich viel echter, und ich war so siegesgewiss, dass ich meine bevorstehende Eroberung bereits ausgiebig begoss, bevor wir das Sweet Sixteen überhaupt erreicht hatten.

Als wir den Laden betraten, sahen wir uns angewidert um. Nur die verzweifeltsten Emos beschlossen hier ihren Abend. Und wer als Normalsterblicher besoffen genug war, um hier zu landen, geriet angesichts der muffigen Atmosphäre und der deprimierenden Musik nur allzu leicht in Versuchung, es den pandabäräugigen Jugendlichen nachzumachen und nach Glasscherben zu suchen, um der Misere ein Ende zu machen. Die unverwüstliche, wenn auch schon etwas derangierte Black Mamba / Paris Hilton stürzte auf die Bar zu, von wo aus sie mich über den Rand ihres riesigen Gin Tonic im Auge behielt. Ich vergnügte mich auf der Tanzfläche. Zur Feier des Tages war die Musik ausnahmsweise nicht ganz so schlimm, und so sang ich selbstvergessen und lauthals zu Kings of Leon und Madonna mit.

Dann wurde es kitschig. Der DJ, der offenbar mindestens so betrunken war wie ich, legte diesen unsäglichen Dirty-Dancing-Ohrwurm auf. Ich schäme mich nicht, zuzugeben, dass bei dem Lied meine romantische Ader zum Vorschein kommt. In Verbindung mit Alkohol und der freudigen Erwartung auf einen gut aussehenden jungen Macho eine gefährliche Kombination. Und da war er auch schon. Adrian hatte sich umgezogen, die doofe Kochmütze hatte ich ja behalten, und stand mir jetzt als Polizist gegenüber. Er wusste ja nicht, dass ich Män-

Ich sah die neidischen Blicke der ganzen jüngeren und hübscheren Frauen und genoss die ungeteilte Aufmerksamkeit meines Angebeteten.

ner in Uniform noch nie leiden konnte. Aber in diesem Moment beachtete ich dieses Detail sowieso nicht. »Wollen wir tanzen?«, fragte er mich allen Ernstes. Und sein Baby gehörte ihm.

Er hielt mich richtig fest in seinen starken Armen, und ich dankte meinem Einfallsreichtum dafür, dass ich an diesem Abend zwölf Zentimeter größer war als sonst. So konnte ich ihm fast in die Augen schauen. Mir wurde schwindelig. »Äh, das mit dem Tanzen klappt nicht so gut, oder?«, warf ich schüchtern ein. »Hm, ich weiß nicht so recht«, gab er zurück, »was is'n das überhaupt?« *Mambo, du Dumpfbacke.* »Warte, ich zeig's dir.« Ich überlasse es der Fantasie der Leser, sich vorzustellen, wie das darauffolgende Manöver aussah. Ich muss heute noch lachen, wenn ich an das Bild denke, das wir abgegeben haben mussten. Ein ungelenker Hüter des Gesetzes und eine sternhagelvolle Amy, die einen auf Johnny und Baby machten. Es gibt doch nichts Peinlicheres als betrunkene Menschen, die versuchen, sexy zu sein. In nüchternem Zustand kommt ja auch niemand darauf, so was zu *versuchen.*

Wir gaben unsere Tanzbemühungen bald wieder auf und gingen händchenhaltend zur Bar, wo Black Mamba bereits beim vierten Gin Tonic angelangt war. Sie machte einen Abflug und zischte mir im Vorbeigehen zu: »Das mit dem Watscheln war gelogen. Aber irgendwas musste ich ja sagen, um dich von dieser fixen Idee abzubringen. Da es anscheinend nicht geholfen hat, wünsche ich noch einen schönen Abend.« Und dann war sie weg.

Was soll ich sagen, es war mir scheißegal, wo mein blonder Sidekick wohl abblieb. Mir war bewusst, dass ich den Knaben entschieden zu eifrig anhimmelte, aber auch darüber zerbrach ich mir nicht den Kopf. Ich sah die neidischen Blicke der ganzen jüngeren und hübscheren Frauen und genoss die ungeteilte Aufmerksamkeit meines Angebeteten. »Sag mal, wie alt bist du eigentlich?«, entfuhr es mir in einem lichten Moment. »22«, lachte er amüsiert. Ich schluckte. Und setzte kleinlaut nach: »Zeigst du mir deinen Ausweis?« Kopfschüttelnd zeigte er mir den Wisch. Tatsächlich.

Huh. »Weißt du, diese ganzen Tussen hier interessieren mich nicht. Mir ist schon klar, dass ich die alle flachlegen könnte. Die Porno-Krankenschwester da drüben hat mir gerade ihre Nummer zugesteckt.« Er zog den Zettel aus der Tasche und hielt ihn seelenruhig über die Kerze, die auf der Theke stand. Während die Nummer vor meinen Augen Feuer fing, brannte es lichterloh in mir. Mal ehrlich, Mädels, es gibt doch kein schöneres Gefühl als das, die Einzige für einen Mann zu sein.

Dafür, dass er noch feucht hinter den Ohren war, hatte Adrian eine ziemlich bestimmende Art. Mir gefiel das. Wir unterhielten uns angeregt, zuerst am Tresen, und schließlich landeten wir auf einer Couch in der schummrigsten Ecke des Lokals. Erst im Nachhinein fiel mir auf, dass vor allem einer redete, und zwar er. Über seine Karrierepläne als Pilot (seufz!), seine Abneigung gegen Frauen, die leicht zu haben waren, seine ernsthafte Art, die oft für Arroganz gehalten wurde. Was ihm aber nichts ausmachte, weil er sich seine Bekanntschaften sowieso genau ansah, bevor er sich mit ihnen abgab. Ich nickte stumm und war beeindruckt. Ein ernsthafter, wählerischer junger Mann, der – erwähnte ich das schon? – zum Niederknien aussah und mich auserkoren hatte, einen Großteil des Abends mit ihm zu verbringen. Wir blieben auf der Couch sitzen, bis auch der letzte Gast gegangen war. Die Türsteher warfen uns nicht raus, sondern boten uns sogar noch Currywurst und Pommes an, die sie gegen fünf Uhr morgens irgendwoher besorgt hatten. Als wir endlich aufbrachen, war ich schon am Überlegen, welche Namen wir wohl unseren Kindern geben würden.

Als wir endlich aufbrachen, war ich schon am Überlegen, welche Namen wir wohl unseren Kindern geben würden.

An der kalten Winterluft nüchterte ich etwas aus, aber meine innere Aufgewühltheit hatte nicht nur mit dem Alkohol zu tun.

Adrian begleitete mich nach Hause, redete nicht mehr und hielt dabei meine Hand. Vor meiner Haustür küsste er mich endlich. Ich hatte schon Angst gehabt, dass er genauso unbeholfen küssen würde, wie er getanzt hatte, aber er machte das richtig gut. So gut, dass wir eng umschlungen eine halbe Stunde in der Kälte standen und rummachten. Irgendwann wurde es unerträglich und ich fragte ihn, ob er mit zu mir kommen möchte. Kein »Willst du mit zu mir kommen, um wilden Sex zu haben?«, sondern eher ein verzweifelter Versuch, den schönsten Abend seit Langem noch nicht zu beenden. Er sollte ja nicht glauben, ich wäre leicht zu haben. Er nickte.

In meiner Wohnung warf ich einen entsetzten Blick in den Spiegel und verschwand erst einmal im Bad. Ich musste schließlich die elende Perücke loswerden, Haarnadeln entfernen, duschen und dabei die aufgeklebten Tattoos herunterschrubben, bis meine Haut ganz rot war. Fürs Epilieren blieb keine Zeit, ich befürchtete, der gute Mann würde einschlafen, bis ich mit meinem Beautyprogramm fertig war. Außerdem hatte ich eh nicht vor, ihn allzu nahe an mich heranzulassen (grober Fehler: Sex hat man immer dann, wenn man haarige Beine hat oder Omas Blümchenunterwäsche trägt). Als ich endlich fertig war, fand ich ihn vor meinem PC, wo er interessiert meine iTunes studierte. »Hey, du hörst Death Cab for Cutie, das ist ja cool.« Ich liebe es, wenn man mir Komplimente über meinen Musikgeschmack macht. Was ich nicht so mag, ist, wenn Männer allzu forsch rangehen. Aber genau das war es, was folgte.

Ich war noch immer leicht benebelt von dem ganzen Serotonin und den vielen Promille, da riss er mich schon an sich und – zog erst mal sich selbst aus. Er warf mich aufs Bett, bevor ich mich meiner Klamotten entledigen konnte, was dazu führte, dass ich in irgendwelchen unsexy Verrenkungen versuchen musste, es ihm gleichzutun. Ich hielt einen Moment inne, schließlich war ich darauf überhaupt nicht vorbereitet gewesen und auch etwas enttäuscht, aber schließlich dachte ich mir, was soll's, du willst ihn, er will dich und außerdem sieht er immer noch verdammt gut aus.

Mir entging, dass sich der charmante Kerl von eben zu einem triebgesteuerten grunzenden Etwas gewandelt hatte, mit der klaren Mission, es mir so richtig zu besorgen. Dieser Übereifer ließ nichts Gutes ahnen. Wenigstens erwies sich meine Befürchtung, dass Adrian angesichts des bevorstehenden Geschlechtsverkehrs mit einer »erfahrenen« Frau kalte Füße bekommen würde, als unbegründet. An diesem Körper war alles so heiß und verheißungsvoll, wie es in kitschigen »Frauenromanen« gern beschrieben wird, und das etwas unglücklich begonnene Vorspiel schien sich zum Besseren zu wenden. Glücklich stöhnend begann ich mich unter ihm auf den Laken zu wälzen. Bis mich etwas stutzig machte. Die Laute, die aus seinem Mund kamen, klangen nämlich eher nach Hochleistungssport als nach wollüstiger Leidenschaft. Besorgt stupste ich meinen keuchenden Lover: »Stimmt etwas nicht?« – »Nein, alles klar«, kam es zurück, »bin nur etwas außer Atem.« Außer Atem? Es waren gerade mal zwei Minuten vergangen. Ich richtete mich auf.

»Liegt es an mir?« Hey, ich bin auch nur eine Frau. Und in diesem Moment machte ich mir natürlich als Erstes Gedanken darüber, ob ich ihn nicht antörnte oder, Gott behüte, ob ich ihm gar als Amy Winehouse besser gefallen hatte. Bei der Überlegung musste ich dann allerdings doch kichern. »Du findest das wohl witzig, was?«, schnauzte er mich an. Mit großen Augen schaute ich ihn an. »Aber … du hast mir erzählt, du willst Pilot werden. Dazu musst du ja in Topform sein, für die ganzen Aufnahmeprüfungen und so, nicht?« – »Ich bin halt etwas aus der Übung. Die Kondition baue ich schon wieder auf bis dahin. Ist doch schon eine Weile her, dass ich Sex hatte.« *Ach was?* Das Herz ging mir wieder auf, und geschmeichelt beruhigte ich ihn: »Ach so? Aber das macht doch nichts … wie lange denn?« Er nuschelte, ohne mit der Wimper zu zucken: »Ein, zwei Wochen oder so.« *Aha.*

Nein, ich habe ihn nicht rausgeworfen. Schließlich wähnte ich mich am Ziel meiner Träume, war dumm und verknallt und überzeugt davon, dass er mir sein verletzliches Innerstes gezeigt hatte. So was wirft man doch nicht weg wegen ein bisschen Geschnaufe. Sein Tag war ja schließlich anstrengend gewesen, da durfte ich nicht zu hohe Ansprüche stellen. Später lag ich neben ihm, meinen Kopf auf seinen Brustkorb gebettet, und lauschte seinem Herzschlag, der auf hundertachtzig war. »Und du bist sicher, dass es dir gut geht?« – »Mhm.« Und kurz darauf schlief er auch schon.

Als Adrian sich am Morgen wieder in den mürrischen Unsympath aus der Kneipe zurückverwandelte, hatte ich immer noch keinen Verdacht geschöpft. Die Nacht war zwar nicht ganz so verlaufen, wie ich es mir in meinen Kleinmädchenträumen ausgemalt hatte, aber ich war immer noch überzeugt davon, dass dies alles der Anfang einer ganz großen Liebesgeschichte war. Er verabschiedete sich mit einem hastigen Kuss und einem gemurmelten »Wir hören uns«, ich flötete zurück »Geht klar, bis bald« und verkniff mir das »Schatz«.

Wochen später saß ich mit der Black Mamba beim Kaffee, als sie mich mit einem hintergründigen Lächeln fragte: »Und, wie ist es dir eigentlich an jenem Abend ergangen mit deinem jungen Schwarm?« Sie hatte das Thema Adrian nicht mehr angeschnitten, und ich war froh, dass sie ihn nicht mehr »Donald« nannte, wo sie doch zugegeben hatte, das mit dem watschelnden Gang nur erfunden zu haben, um mich von meinen hartnäckigen Träumereien abzubringen. Sie hatte sich nur einmal erkundigt, ob er denn nun ein richtiges »Quietsche-Entchen« sei, was in mir unliebsame Erinnerungen an die verpatzte Liebesnacht und die damit verbundene Geräuschkulisse geweckt hatte, während meine Freundin sich über ihr Wortspiel totlachte.

»Komm, erzähl schon«, bohrte sie weiter, »hast du was von ihm gehört?« Ich wich ihrem Blick aus und murmelte: »Er hat mich auf Myspace geadded.«

»Oh. Na, dann.«

TOY BOY 5

Es ist nie zu spät und selten zu früh

Xenia (38), Sekretärin, Paderborn,
über
Jochen (29), selbstständig, Paderborn

Die Reaktion einer »normalen« Frau auf die Avancen eines viel jüngeren Mannes ist folgende: Sie fühlt sich geschmeichelt, überlegt sich, ob sie verarscht wird, überlegt noch einmal und tut das Ganze dann als unrealistisch ab. »Du bist zu jung, ich bin zu alt, Schluss, aus. Geh unter Leute, du findest sicher eine andere«, erklärte ich also auch dem neun Jahre jüngeren Jochen, der mir hartnäckig den Hof machte. Womit ich nicht gerechnet hatte: Er ging prompt mit einer anderen aus. Da musste ich dann doch erst einmal schlucken.

Er hatte mich jetzt eine ganze Weile umgarnt. Zu Beginn war ich noch äußerst skeptisch gewesen, und so richtig hatte sich mein Misstrauen noch nicht gelegt. Ich war damals vor elf Jahren 27 und hatte mich gerade von meinem Freund getrennt, einem mürrischen Freizeitalkoholiker, dessen schlechte Eigenschaften begannen, auf mich abzufärben. Nach durchzankten Nächten und herzzerreißenden Eifersuchtsszenen hatte ich so gar keine Lust auf eine Beziehung. Und obwohl mir Jochens Aufmerksamkeit guttat und ich die Zeit, die wir zusammen verbrachten, genoss, hatte ich meinen Verstand eingeschaltet und ihn zum Teufel geschickt. Ich war ja kein Teenager mehr.

Jetzt kam ich allerdings ins Grübeln. Was war schon dabei, mit einem jüngeren Mann auszugehen? Fürchtete ich mich vor dem Gerede in meinem Umfeld? Vor der Herausforderung, die eine Beziehung mit Jochen sicherlich darstellte? Oder hatte ich gar Angst vor mir selbst? Wenn ich ehrlich war, war es eine Mischung aus allen möglichen Befürchtungen, die mich zögern ließ. Dass die »andere«, mit der Jochen ausging, nur ein Notnagel war, um mich eifersüchtig zu machen, schien mir sonnenklar. Irgendwann überwand ich meinen inneren Schweinehund. Der Junge war anständig, gut aussehend und gescheit. Er war reif für sein Alter, reifer als viele Männer in meinem Alter. Und er schien es ernst zu meinen. Zumindest hatte es den Anschein gehabt, bevor er sich auf meine ablehnende Haltung hin von mir abgewandt hatte. Also beschloss ich, um ihn zu kämpfen und ihn mir zurückzuholen. Ich suchte ihn, rief ihn an und zeigte ihm mein Interesse auf jede erdenkliche Art, ohne mich zum Deppen zu machen. So hoffte ich jedenfalls. Und auch wenn ich nicht nächtens unter seinem Fenster stand, um ihm meine Liebe zu gestehen – was er unter anderem getan hatte –, fruchteten meine Bemühungen schließlich.

Nicht, dass es so schnell gegangen wäre mit uns. Wir lebten in einem kleinen Dorf, in dem jeder jeden kannte, und ich merkte, wie mich die Leute schief anschauten. Mir kam auch zu Ohren, was hinter meinem Rücken getuschelt wurde. »Da war sie schon versorgt, und jetzt spinnt sie mit diesem jungen Burschen herum. Der arme Ex wird wohl froh sein, diese durchgeknallte Frau los zu sein« war noch das Harmloseste, was mir zugetragen wurde. Innerhalb meiner Familie war meine Entscheidung zum Glück kein Thema. Es wurde noch nie viel geredet bei uns. Papa wollte, dass ich gut aufgehoben war, und verstand, warum es mit meinem Ex nicht geklappt hatte, von dem Jochen das genaue Gegenteil war – extrovertiert, tolerant und gutmütig. Das nahm auch meine Mutter wohlwollend zur Kenntnis. Jochens Vater hingegen war nicht sehr begeistert. Er sagte nicht viel, nur: »Ist das schon was Gescheites?« Diese anfängliche Skepsis legte sich jedoch bald. Jochens Mutter war recht angetan von mir. Er erzählte mir einmal, sie hätte zu ihm gesagt: »Das ist jetzt eine richtige Frau, Jochen. Also benimm dich!« Was für ein Schatz, nicht? Trotzdem dauerte dieses Hin und Her – zuerst wollte ich nicht, dann er nicht – geschlagene drei Jahre. Drei Jahre, in denen ich immer wieder überlegte, ob ich nicht doch zurück zu Heiner sollte, schließlich hatten wir bereits ein Haus gekauft. Und ich verstand mich blendend mit meiner Exschwiegermutter in

> »Da war sie schon versorgt, und jetzt spinnt sie mit diesem jungen Burschen herum ...«

spe. Natürlich waren das keine triftigen Gründe für eine Wiedervereinigung, das wurde mir dann auch klar.

Das »Warum denn eigentlich nicht?« wurde immer lauter in meinem Kopf, vor allem, weil auch Jochens Freunde mich bedingungslos akzeptierten und sehr nett zu mir waren. Schließlich einigte ich mich mit Jochen auf eine Sexbeziehung. Obwohl wir beide eigentlich »richtig« zusammen sein wollten.

Ein Jahr verstrich, und wir beschlossen, unsere Bedenken endlich über Bord zu werfen und zu unserer Beziehung zu stehen.

Hätten wir bloß nicht so viel Zeit darauf verschwendet, uns Sorgen zu machen, ob es wohl gut gehen würde.

Im Nachhinein bereute ich mein Zögern auch schnell. Hätten wir bloß nicht so viel Zeit darauf verschwendet, uns Sorgen zu machen, ob es wohl gut gehen würde. Als ich 35 war, sagte Jochen nämlich eines Abends zu mir: »Xenia, ich möchte mich nicht in dein Leben einmischen, aber wenn wir Kinder möchten, ist es höchste Zeit, damit anzufangen.« Ich wusste, dass er sich Kinder wünschte, und ich war auch keinesfalls abgeneigt. Allerdings muss ich zugeben, dass ich mich bis zu diesem Zeitpunkt nicht wirklich ausgiebig mit dem Thema beschäftigt hatte. Ich ließ mir seine Überlegung durch den Kopf gehen und beschloss, dass wir es wagen sollten. Und so hörten wir auf zu verhüten und harrten der Dinge, die da kommen würden. Als es nach einem Jahr immer noch nicht geklappt hatte, kamen Ängste in uns beiden auf. Was, wenn ich zu alt für Kinder war?

Wir beschlossen, es zunächst mit Hormonen zu versuchen. Dann gingen wir über zu Injektionen, wozu Jochen sein Sperma abgeben musste und es mir dann eingeführt wurde. Vorher bekam ich immer eine Spritze, die den Eisprung auslösen sollte, dann folgten zwei dieser künstlichen Befruchtungen. Diese Prozedur wiederholte sich immer wieder, und so brachte ich es im Laufe eines Jahres auf vier bis fünf Vollnarkosen, was mich wiederum beunruhigte. Ich wollte schwanger werden, aber nicht um jeden Preis. Auch »natürliche« Hilfen probierten wir aus. Jede Frau, die diesen Weg gegangen ist, wird mir zustimmen, wenn ich sage, dass man irgendwann jeden Blödsinn mitmacht, in der Hoffnung, es würde etwas bewirken. Nur wirkt sich monatelanges Sportficken genauso negativ auf eine Partnerschaft aus wie Gespräche, die ständig um Eisprung, Folsäure und homöopathische Mittelchen kreisen. Schließlich versuchten wir es mit der Methode der künstlichen Befruchtung, bei der mir Follikel entnommen und mit Jochens Spermien zusammengeführt wurden. Daraufhin wurde mir die Eizelle wieder eingesetzt, eine Prozedur, die schon wieder unter Vollnarkose durchgeführt wurde. Nach diesem Vorgang hieß es elf Tage warten, dann konnte ein Schwangerschaftstest gemacht werden. Als wir diese Methode zum zweiten Mal ausprobierten, war ich endlich schwanger – allerdings nur einen Monat lang. Dann bekam ich meine Regel. Fehlalarm. Der ganze Druck, die ganze Herumprobiererei gingen mir nicht nur auf die Nerven, sondern zehrten auch an meiner Gesundheit.

Im Oktober vor zwei Jahren hörte ich mit dem Rauchen auf. Vielleicht lag es an den ganzen Hormonen, irgendwie schmeckten mir die Zigaretten nicht mehr. Dann ließen wir den ganzen Zirkus sein und ergaben uns unserem Schicksal. Es schien uns wohl nicht vergönnt zu sein, unsere Liebe mit einem Kind zu krönen. Diese Tatsache stimmte uns beide etwas traurig. »Da haben wir nun so lange herumgetändelt, bis wir endlich zusammenkamen, und jetzt bleibt unser Kinderwunsch unerfüllt«, seufzte Jochen einmal traurig und auch ein bisschen wütend. Ich konnte ihm gut nachfühlen, wie er empfand. Auch ich war enttäuscht und zornig. Wir versuchten noch ein bisschen, mit homöopathischen Mitteln zu experimentieren, aber ohne Erfolg.

Im März des darauffolgenden Jahres suchte ich meinen Gynäkologen auf. Ich hatte ein Myom, das ich schon jahrelang mit mir herumtrug, und mir schien, es hätte seine Form verändert. Sicherheitshalber bat ich also den Arzt um eine Kontrollvisite. Der untersuchte mich unter vielen »Hms« und »Ahas«, setzte schließlich seine Brille ab und fragte mich prüfend: »Wann hatten Sie eigentlich das letzte Mal Ihre Tage, Frau Volkert?« Ich dachte kurz nach und erwiderte treudoof: »Och, so … Mitte Januar. Wieso?«

Heute muss ich lachen, wenn ich an diesen Arztbesuch zurückdenke, von dem ich wie auf Wolken nach Hause zurückkehrte. Wir konnten zunächst gar nicht glauben, dass es doch geklappt hatte. Und das ohne zusätzliche Hilfsmittel. Wir hatten die Schnauze voll gehabt und uns einfach in das gefügt, was wir als unser Schicksal betrachtet hatten. Und nachdem der Druck von uns abgefallen war, hatte es plötzlich geklappt! Ich bin heute noch davon überzeugt, dass meine Schwangerschaft etwas damit zu tun hatte, dass wir beide mit dem Rauchen aufgehört hatten – zuerst ich, und wenig später auch Jochen, der bis dahin Kettenraucher gewesen war. Im November kam unser kleiner Philipp zur Welt, und all die Strapazen, die mit der Schwangerschaft verbunden waren, haben unsere kleine Familie nur noch enger zusammengeschweißt. Wie, und der Altersunterschied? Wer denkt hier noch an den Altersunterschied? Es gibt Wichtigeres im Leben.

Porno mit Happy End

Markus (27), Handwerker, Niederösterreich,
über
Loredana (42), Sekretärin, Niederösterreich

Ganz ehrlich, die öffentliche Sauna ist nicht der schlechteste Ort, um eine Frau aufzureißen. Immerhin ist man vor bösen Überraschungen sicher. Wie oft wird aus erwartungsvoller Vorfreude beim Öffnen ihres BHs ungläubiges Staunen angesichts traurig in der Landschaft herumhängender Minititten, die man beim Unterwäschekauf weder mit Äpfeln noch mit Birnen, sondern eher mit Dörrpflaumen vergleichen müsste. Wenn der Push-up nicht mehr wirkt und dafür die Schwerkraft umso mehr, hat sich so mancher Mann schon um sein Glück betrogen gefühlt (ein Klassiker ist auch unerwartet dichte Schambehaarung vom Bauchnabel bis zur Hälfte der Oberschenkel, dicht gefolgt von unappetitlichem Körpergeruch und hässlichen Füßen).

Da ist so ein Kennenlernen in der Sauna doch ehrlicher. Für beide Seiten. Ich bin ein großer Anhänger des Schwitzens in der Gruppe, und seit in unserer Kleinstadt eine tolle Wellnessanlage aufgemacht hat, zähle ich dort zu den Stammgästen. Besonders wenn es draußen kalt ist, entspannt mich diese Beschäftigung ungemein, und so verbrachte ich auch letzten Winter fast jeden Tag in der »Würflacher Wellnesswelt«.

Ich saß also wieder einmal schön entspannt in der Schwitzstube und ließ meine Gedanken – und natürlich auch manchen Blick – kreisen, als sich die Tür öffnete und sich die rassige Loredana zu mir gesellte. Ich kannte sie flüchtig, denn auch sie war leidenschaftliche Saunagängerin. Viele Möglichkeiten gibt es ja leider nicht in unserem Kaff, sodass wir uns zwangsläufig immer mal wieder über den Weg liefen und uns kurz unterhielten. Loredana sah für ihr Alter (ich schätzte sie etwa zehn Jahre älter als mich) ausgesprochen gut aus: blaue Augen, glatte, halblange braune Haare, die auch in der Sauna nie durcheinander gerieten, ein verschmitztes Lächeln, ein durchtrainierter Körper und wunderschöne Haut. Trotz ihrer zierlichen Figur war sie mit einer beachtlichen Oberweite und einem süßen Arsch gesegnet. Ich fand sie sehr nett, nicht nur wegen ihrer sexy Proportionen, sondern vor allem wegen ihrer offenen, sonnigen Art. Sie begrüßte mich wie immer mit einem freundlichen Nicken. Und weil man in der Sauna ja nicht reden soll, beschränkte ich mich darauf, meine Schokoladenseite in eine möglichst vorteilhafte Position zu bringen und ein bisschen damit zu protzen. Ich verfüge nämlich über einen durchaus vorzeigbaren Körper, welchen

> »Ich würde ja gern mal in diese Riesensaunawelt in der Kreisstadt gehen«, sinnierte ich vor mich hin. Begeistert stieg sie sofort darauf ein ...

die Damen auch sehr zu schätzen wissen (der Spruch »Auf die Technik kommt es an« wurde sicherlich von einem Kerl erfunden, der mit seinem Lümmel über die Länge eines Streichholzes nicht hinauskam). Ich streckte mich lasziv und präsentierte ihr meine körperlichen Vorzüge sozusagen auf dem Silbertablett. Sie schien es nicht zu bemerken. Verdammt.

An der Bar wagte ich einen erneuten Vorstoß. »Ich würde ja gern mal in diese Riesensaunawelt in der Kreisstadt gehen«, sinnierte ich vor mich hin. Begeistert stieg sie sofort darauf ein: »Oh ja, die soll super sein, da wollte ich schon immer hin.« Na, das war ja einfach. Der Ball war im Spiel, ich musste ihn nur noch zurückspielen. Nicht schüchtern gab ich zurück: »Dann sollten wir vielleicht einfach mal hinfahren, nächstes Wochenende oder so?« Sie willigte ein, und ich freute mich wie ein – zugegeben, ziemlich notgeiler – Schneekönig auf meinen Ausflug mit der Schönen aus der Sauna, der nicht in erster Linie darauf abzielte, die Lady zu verführen, aber doch mit gewissen Hintergedanken verbunden war. Die Frau war immerhin um einiges älter als ich und würde wohl ausreichend Erfahrung mit Männern haben, um genau diese Gedanken zu durchschauen. So hoffte ich zumindest.

Freitagabend stand ich geschniegelt und voller Erwartung vor ihrer Tür, begrüßte sie charmant mit Küsschen auf beide Wangen, und wir starteten in unser Wochenendabenteuer. Ich war überrascht, wie ungezwungen und spontan sich die Unterhaltung auf der Hinfahrt in die hundert Kilometer entfernte Stadt gestaltete. Ich erfuhr einiges über meine hübsche Begleitung, sie war etwas älter, als ich zunächst angenommen hatte, nämlich 15 Jahre älter als ich, nie verheiratet gewesen und offenbar sehr lebenslustig und extrovertiert. Sie erzählte mir so nebenbei, dass die Männer in ihrem Alter offensichtlich zu nichts taugten. Entweder seien sie geschieden und schleppten Altlasten mit sich herum, ließen sich körperlich und geistig gehen oder es bestehe ein anderer guter Grund für ihr Singledasein – und damit für die Frau, ihr eigenes nicht aufzugeben.

> Sie erzählte mir so nebenbei, dass die Männer in ihrem Alter offensichtlich zu nichts taugten.

Ich war leicht verwundert darüber, dass sie mir das alles erzählte, und ihre Freimütigkeit schürte meinen Verdacht, dass ich es wohl nicht allzu schwer bei Loredana haben würde. Sie habe schon unzählige Männergeschichten gehabt, erzählte sie, und auch Frauen gegenüber sei sie nicht abgeneigt. »Ach?«, krächzte ich beeindruckt. Ich weiß, wir Männer sind simpel veranlagt, aber mir war tatsächlich die Spucke weggeblieben. Ich hatte diesen Spruch schon öfters gehört, aber es ist ein Unterschied, ob er von einer 17-Jährigen kommt, die sich mit kokettem Augenaufschlag und frechen Statements interessant machen will, oder von einer vierzigjährigen Frau. Ich glaubte ihr aufs Wort und hatte für die restliche Dauer der Fahrt einen gewaltigen Ständer.

Hatte ich mich in Gedanken schon beim hemmungslosen Herumficken mit Loredana gesehen, so belehrte mich dieses Wochenende eines Besseren. Trotz der Tatsache, dass wir die meiste Zeit gemeinsam, nackt und schwitzend verbrachten und sogar ein Hotelbett teilten, kam es zu keiner Annäherung ihrerseits. Der Grund, warum ich mich ihr nicht näherte, lag auf der Hand: Ich wollte, dass sie den ersten Schritt machte. Ich würde mich nicht dazu hinreißen lassen, eine ältere Frau zu verführen. Zu meiner Fantasie gehörte unter anderem, dass sie das tat. Nun, sie tat es nicht, und ich nahm es sportlich. Schließlich hatten wir auch so eine schöne Zeit gehabt, und als ich sie am Sonntagabend vor ihrer Wohnung absetzte, bedankte sie sich immerhin mit einem Kuss, der mich hoffen ließ.

Von da an sahen wir uns öfter, mal zufällig, mal beabsichtigt, und ich entwickelte immer wildere Fantasien. Wie gesagt, wir Männer sind simpel veranlagt. Als es endlich so weit war, stand ich kurz vorm Explodieren. Trotzdem hatte ich nicht die leiseste Ahnung, was mich erwartete.

Wir hatten uns auf ein Glas Wein getroffen und so angeregt unterhalten, dass wir gar nicht merkten, wie die Zeit verflogen war. Als der Laden dicht machte, meinte sie mit harmlosem Augenaufschlag: »Ich habe da noch ein Fläschchen Wein zu Hause, wollen wir noch ein Glas gemeinsam trinken?« Natürlich wollten wir. Wir machten es uns in ihrem Wohnzimmer auf dem Fußboden gemütlich und quatschten über Belanglosigkeiten. Ich merkte, dass mein Blut sich langsam in südlichere Gefilde begab und ich anfing, dummes Zeug zu reden. Verdammt, warum macht uns Männer unser Schwanz immer einen Strich durch die Rechnung? Mit dem Ziel vor Augen, endlich beim Objekt der Begierde zu landen, verabschiedete sich meine Artikulationsfähigkeit. Ich verstummte zusehends, in der Hoffnung, sie würde schweigsame Männer attraktiv finden.

Wir kamen auf diese Weise tatsächlich noch dazu, die Flasche fast auszutrinken, als Loredana mich plötzlich und unerwartet mit diesem seltsamen Blick ansah und sich einfach auf mich stürzte. Ich reagierte blitzschnell. Man kann mich einfach nicht überrumpeln, Ladys. Die Signale, die sie die ganze Zeit ausgesandt hatte, hatte ich schon richtig gedeutet, sie hatte sich einfach Zeit lassen wollen. Und was soll ich sagen, noch nie hatte sich Warten so sehr gelohnt.

Ich nahm sie an diesem Abend gleich dort auf der Couch, wir schafften es nicht einmal ins Schlafzimmer. Trotz ihrer kleinen Statur und ihres Alters war sie erstaunlich gelenkig, was mich spitz machte wie Nachbars Lumpi. Ich konnte diese Frau in jede erdenkliche Position bringen, sie biegen und zusammenklappen, wie es mir gerade gefiel, und das Ganze artete doch nicht in angestrengtes Herumturnen aus. Sie sagte ganz klar, was sie wollte, ohne dabei einen Befehlston oder einen kleinmädchenhaften Dackelblick anzuschlagen. Und ihre Libido konnte mit meiner locker mithalten. »Du hast einen so schönen Schwanz, Markus«, entfuhr es ihr verzückt, und ich hütete mich, ihr zu gestehen, dass ihr durchtrainierter Körper und vor allem ihre Geilheit mich auch nicht gerade abstießen. Stattdessen zog ich alle Register, ich hatte es hier schließlich nicht mit einem unbedarften Teenie zu tun.

Erschöpft lagen wir danach auf der ziemlich mitgenommenen Couch und tranken unsere Weingläser aus. Stolz erfüllte mich, und sie schmiegte sich in meine Armbeuge. »Warum kann ich nicht 25 Jahre jünger sein?«, seufzte sie. Und da drängte sich mir zum ersten Mal der Verdacht auf, dass Loredana auf der Suche nach etwas anderem war als ich. Ich wollte eine Fantasie befriedigen, und das durchaus nicht nur einmal. Ich wusste schon in diesem Moment, dass ich auch in näherer Zukunft für Sex mit ihr alles andere stehen und liegen lassen würde, aber verliebt war ich nicht in sie. Ich beschloss, mir nicht den Kopf darüber zu zerbrechen, und machte mich bereit für die zweite Runde.

So entwickelte sich eine Affäre, die mir kaum Spielraum für die anderen Geschichten ließ, die ich immer am Laufen hatte. Und es machte mir nichts aus. Loredana war nicht nur eine Göttin im Bett, die jede einzelne meiner sexuellen Fantasien erfüllte (ich glaube, die einzigen Körperöffnungen, die ich an ihr nicht bearbeitet habe, sind ihre Nasenlöcher), sondern auch eine anregende Gesellschaft. Da sie so sportlich war, steckte sie mich irgendwann auch damit an, und ich begann mit dem Lauftraining.

Ungefähr ein halbes Jahr nach Beginn unserer Fickfreundschaft überredete sie mich mühelos, mit ihr zum großen Marathon nach Köln zu fahren. Großzügig erklärte ich mich bereit, die Fahrt zu finanzieren. Da bin ich altmodisch, ich mag es, Frauen einzuladen, und warum sollte ich das nicht tun, nur weil Loredana älter war? Ein Gentleman tat so was. Wir

Ich wusste schon in diesem Moment, dass ich auch in näherer Zukunft für Sex mit ihr alles andere stehen und liegen lassen würde ...

machten uns also auf, um unserer sportlichen Leidenschaft zu frönen, die uns neben dem fantastischen Sex verband. Die fünf Tage in Köln waren wahrscheinlich die sportlichsten meines Lebens. Ich lief den Marathon in dreieinhalb Stunden, und ich nahm meine Freundin jede Nacht ran. Was soll ich sagen, ich fühlte mich wie die Pornoversion von Usain Bolt.

In einer dieser Nächte machte sie mich sprachlos. Nach einem aufregenden 69er, einer Stellung, die uns beide halb verrückt machte, setzte sie sich auf meinen Schwanz – nein, das ist nicht ganz korrekt. Sie begab sich in die Art schwebende Hocke, die Frauen einnehmen, wenn sie ihr Geschäft auf einer öffentlichen Toilette verrichten müssen (ich habe zwei Schwestern, ich weiß das). Ich hatte noch nie ein derartig intensives Gefühl erlebt und starrte sie ungläubig an, während sie in dieser für sie sicher anstrengenden Position auf und nieder wippte. Alle Beherrschung aufbringend, um nicht sofort zu kommen, keuchte ich: »Verdammt, das ist das Geilste, was jemals eine Frau mit mir gemacht hat.« Mit einem zufriedenen Haifischgrinsen machte sie weiter, bis ich völlig perplex und ausgelaugt kam – leider etwas zu früh. Loredana nahm die Pille nicht, und ich passte immer sehr gut auf. Normalerweise. Aber der Sex, den ich mit ihr hatte, war weit entfernt von dem, was ich als durchschnittlich oder normal bezeichnet hätte. Noch leicht benommen drang die Tatsache, dass ich gerade eine Dummheit gemacht hatte, langsam an mein Gehirn, und ich murmelte entsetzt: »Oh Scheiße. Ich bin gerade in dir gekommen!« Woraufhin sie lächelnd einen Finger in ihre Muschi steckte, ihn langsam und genüsslich ableckte und meinte: »Ja, ein bisschen.« Besser als im Film.

Wieder zu Hause, wir hatten uns wieder einmal bei ihr verabredet und es uns gerade nach einem anstrengenden, äußerst befriedigenden Quickie auf dem guten alten Sofa schön gemütlich gemacht, fing sie plötzlich an zu weinen. Besorgt strich ich ihr über die Schulter und fragte: »Was ist denn los, Kleine?« Ich wusste, was nun kommen würde. Die Szene hatte sich in letzter Zeit öfters

> »Es ist eigentlich doch sehr uncool, der eigenen verlorenen Jugend nachzutrauern, oder?«

in der einen oder anderen Variation abgespielt. »Warum kann ich nicht jünger sein?«, seufzte sie unter Tränen. »Jetzt mach dir doch keinen Kopf«, versuchte ich sie wie gewohnt zu beruhigen, »du bist außergewöhnlich gut in Form, ein Wahnsinnsweib, und siehst überhaupt nicht so alt aus, wie du bist.«

Sie wand sich aus meinem Arm und stand auf. »Was machst du?«, erkundigte ich mich vorsichtig. Aber sie kramte schon in ihrem Bücherregal und zog schließlich ein Fotoalbum hervor. »Da«, schniefte sie und zeigte mir ein paar Bilder, »so sah ich aus, als ich so alt war wie du.«

Ganz ehrlich? Ich fand – und finde noch immer –, dass sie heute besser aussieht. Das wollte ich ihr aber lieber nicht sagen. Sie wirkte echt deprimiert. Also bewunderte ich die ollen Schnappschüsse aus vergangenen Tagen und versuchte sie aufzumuntern. Gleichzeitig machte ich mir Gedanken über ihre Erwartungen. Da kam auch schon die gefürchtete Frage: »Liebst du mich eigentlich?« – »Ich hab dich sehr gern, Loredana«, war meine Antwort. Und das stimmte. Es stimmt heute noch. Aber es blieb bei diesem Satz. Sie hörte nie etwas anderes von mir. Ich wollte ihr keine Hoffnungen machen, und mir wurde erst in diesem Moment so richtig bewusst, dass Frauen, egal welchen Alters, immer irgendwelche Erwartungen mit Affären verknüpfen, auch wenn uns Männern alles glasklar erscheint. Diese Erkenntnis ließ mich jedoch nicht sofort das Weite suchen wie viele andere Männer, so einer bin ich nicht. Ich stellte klar, dass ich ihr eine enorme Zuneigung entgegenbrachte, aber nicht mehr von ihr wollte. »Loredana … ich bin dir sehr dankbar.« Sie wusste, dass sie mir nicht nur den Traum erfüllt hatte, etwas mit einer älteren Frau anzufangen, sondern auch half, über eine Geschichte hinwegzukommen, aus der ich mit leicht angeschlagenem Herzen hervorgegangen war. Meine Ex hatte mich verlassen, weil sie herausgefunden hatte, dass ich sie mit anderen Frauen betrog. Ironischerweise war es genau das eine Mal zum Bruch gekommen, als ihr Verdacht unbegründet war.

Wenigstens blieb mir das mit Loredana erspart. Und auch sie war nicht so unglücklich verliebt, wie sie mir in manchen Momenten weismachen wollte. »Es ist eigentlich doch sehr uncool, der eigenen verlorenen Jugend nachzutrauern, oder?«, fragte sie, als die Tränen endlich versiegt waren, wieder mit einem Lächeln im Gesicht.

Ich hatte schon deshalb nicht die Absicht, mich mit meiner älteren Liebhaberin auf etwas Ernsthafteres einzulassen, weil ich noch zu viel vorhabe in meinem Leben, als dass der Gedanke, sesshaft zu werden, mich reizen würde. Und auch Loredana machte sich nur in romantischen Momenten etwas vor und war ansonsten Realistin genug, um das Ganze von einem spielerischen Standpunkt aus zu betrachten. Die Affäre verlief nach ungefähr einem Jahr im Sand, und ich denke, Loredana hat sie vor allem deshalb so genossen, weil sie sich mit mir noch jünger fühlte, als sie eh schon aussah. Auch war es wahrscheinlich nicht leicht, jemand Gleichaltrigen zu finden, der in Sachen Kondition und

Durchtrainiertheit mit ihr mithalten konnte. Mittlerweile ist sie mit einem Mann gleichen Alters liiert, und ich verwette meinen rechten Arm, dass der Sex mit dem Typen nicht so gut ist wie mit mir.

Sechsundsiebzig

Tobia (36), Restaurantbesitzer, Pisa,
über
Susanna (48), Kellnerin, Rom

Der heißeste Sommer, an den ich mich erinnern kann, war der vor zehn Jahren. Ich hatte eine Menge zu tun in dem Restaurant, das ich ganz allein aufgebaut hatte, und mit meinen »gesellschaftlichen Verpflichtungen«, zu denen amouröse Abenteuer aller Art gehörten. Ich war 26, arbeitete hart und genoss meine Freizeit dafür umso mehr.

An einem warmen Junitag ging ich nach Feierabend noch auf ein Bier in die Diskothek. Es war Samstag, meine Freundin war auf einem Wochenendtrip mit ihren Mädels, und ich wollte es mal wieder wissen. Ob ich ein schlechtes Gewissen dabei hatte? Ich stellte mich immer so geschickt an, dass meine feste Freundin nichts von meinen Affären mitbekam. Und solange ich die Ladys wunschlos glücklich machte, konnte niemand mir einen Vorwurf machen. Jeder kam auf seine Kosten. Wir waren schließlich jung. Also ein klares Nein an euch Moralapostel, die ihr angesichts meiner lockeren Auffassung von Treue schockiert die Hände vor den Mund schlagt. Lest nicht weiter.

Auf der Männertoilette traf ich auf einen Typen, den ich vom Sehen her kannte. »Hey, Tobia! Auch wieder mal hier?«, begrüßte er mich. Ich lächelte freundlich zurück und klopfte ihm im Vorbeigehen auf die Schulter. Gespräche auf dem Männerklo sind nicht so meine Sache. Da hielt mich der Kerl auf und raunte mir zu: »Du kannst mir nicht zufällig helfen?« Verwirrt blinzelte ich ihn an. Weder nahm ich Drogen, noch stand ich auf Männer, zwei Dinge, die hier jeder über mich wusste. Und im Waschraum hing ein Kondomautomat, also wusste ich wirklich nicht, wobei ich dem Jungen behilflich sein könnte. »Weißt du«, fuhr er fort, »ich bin mit einer scharfen Frau hier, die leider ihre zwei Freundinnen im Schlepptau hat«, er blinzelte mir zu, »und wir sind beide nicht so ganz glücklich mit der Situation. Würdest du uns begleiten, dann fällt es nicht so sehr auf, wenn ich mit der Tussi abhaue?« Aber natürlich, mein Freund, dachte ich, grinste breit und nickte ihm gönnerhaft zu.

Wir gingen zurück zur Bar, und ich begutachtete die drei Damen. Die Freundin meiner Klobekanntschaft interessierte mich nicht, sie war so dünn, dass sie mich eher zum Füttern als zum Vögeln anregte. Doch die anderen zwei, aber hallo! Ich schlenderte zur Jüngeren der beiden hin, deutete einen Handkuss an und fragte: »Hallo Schöne, wie heißt du?«

Früher einmal musste sie ein hübsches Mädchen gewesen sein, und die Zeit hatte es durchaus gut mit ihr gemeint.

Ich konnte förmlich mitverfolgen, wie ich bei ihr landete. Sanft und ohne Probleme. Zuerst lächelte sie schüchtern, dann berührte ihre linke Hand ihren Hals, und sie senkte den Blick. Der gespielt scheue Augenaufschlag am Ende bestätigte meine beiden Theorien: die eine, dass ich die Gute schon so was von erlegt hatte, und die andere, interessantere: dass sie ein Wolf im Schafspelz war. Dieser scheue Augenaufschlag ist fast immer gespielt, und sollte ich jemals einen echten erleben, ich glaube, ich würde auf der Stelle kommen. Es gibt doch nichts Schärferes als Unschuld. Aber ganz knapp an zweiter Stelle kommt Verdorbenheit.

»Lucia«, kam es aus dem etwas zu sehr geschminkten Mund des Unschuldslamms. Die rauchige Stimme gefiel mir sehr, daher verwickelte ich sie in ein belangloses Gespräch, was mir Zeit gab, die Dritte im Bunde zu beäugen.

Ein etwas älteres Semester, aber durchaus reizvoll. Braune Locken, ein süßer Arsch und ein fester Busen. Früher einmal musste sie ein hübsches Mädchen gewesen sein, und die Zeit hatte es durchaus gut mit ihr gemeint. Beiläufig nickte ich ihr zu, sie stellte sich als »Susanna« vor und widmete sich dann wieder ihrem Martini. Ich hingegen widmete mich wieder Lucia, die, wie sich herausstellte, in meinem Alter war, ein dreijähriges Kind hatte und die Cousine von Susanna war. Aber was rede ich. Wir gingen zu ihr, und es stellte sich heraus, dass die Frau blasen konnte wie keine andere.

Die Affäre mit Lucia hielt zwei Monate an, parallel zu meiner festen Beziehung und einem kurzen Techtelmechtel mit der jungen Tellerwäscherin in meinem Restaurant. Alles lief sehr diskret. Frauen mit Kind sind immer diskret, und was die kleine Ivana betraf, die wurde schließlich von mir bezahlt. Irgendwann jedoch geriet das Ganze etwas aus dem Ruder ...

Es war zwei Uhr nachts, und ich versuchte mich gerade aus Lucias Umarmung zu befreien, um den Heimweg anzutreten, als es an der Tür läutete. Lucia brummelte irgendwas von »Spinner« und »um die Uhrzeit« und ging zur Tür. Durch den Spalt der Schlafzimmertür sah ich ihre Cousine Susanna vor der Wohnungstür stehen und toben. »Du bist eine Hure, nichts anderes! Ich weiß, dass er bei dir ist!«, rief sie. Es hätte nur noch gefehlt, dass sie mit dem Fuß aufgestampft hätte. Oh nein. Zum Glück dauerte die ganze Szene nicht lange, Lucia schlug ihrer tobenden Verwandten die Tür vor der Nase zu und kam zurück ins Schlafzimmer, um mich zur Rede zu stellen. Schuldbewusst zog ich mir die Bettdecke bis ans Kinn und versuchte Lucia so treudoof wie möglich anzuschauen. Schnaubend kam sie auf mich zugestürmt. »Ihr habt doch nicht ...?!? Verdammt, Tobia, ich weiß, du bist ein Schürzenjäger, aber ausgerechnet meine Cousine musst du bumsen? Die Frau ist gute zehn Jahre älter als du!«

Hoppla. Die kleine Liebelei mit Susanna hatte vor ein paar Wochen begonnen. Ihre Cousine hatte ihr wohl etwas zu oft von meinen Liebeskünsten vorgeschwärmt, was sie mir irgendwann ganz offen gestanden hatte, und sie verlangte ganz unverfroren, dass ich den Beweis antreten sollte. Und ich hatte natürlich nicht Nein sagen können und mich in eine wilde Affäre mit der 38-Jährigen gestürzt. Ich zuckte also unter Lucias

»Verdammt, Tobia, ich weiß, du bist ein Schürzenjäger, aber ausgerechnet meine Cousine musst du bumsen? Die Frau ist gute zehn Jahre älter als du!«

gestrengem Blick mit den Schultern und versuchte ihr zu erklären, dass wir ja keine Beziehung hätten. Ich hatte schließlich auch noch meine feste Freundin und wollte keinesfalls, dass sie von meinen Eskapaden erfuhr.

»Hör mal, das ist doch nichts Ernstes!«, warf ich beschwichtigend ein. Lucia schaute mich nur kalt an. »Das ist es mit uns auch nicht, oder?« Da dämmerte mir, dass sie wohl Erwartungen an unsere Affäre geknüpft hatte, die ich nicht gewillt war zu erfüllen. Ein guter Moment, um zu gehen. Ich sammelte meine Kleider ein und machte mich Hals über Kopf auf den Weg durchs Treppenhaus nach unten. Und siehe da, Susanna war noch da. Wutschnaubend wie ihre Cousine.

»Was ist mit den Frauen in eurer Familie bloß los?«, neckte ich sie und küsste sie auf den Mund. Sie war Wachs in meinen Händen, das hatte ich bereits festgestellt, als unsere Affäre begonnen hatte. Und ich fuhr auf sie ab, die zwölf Jahre ältere Frau, mit der der Sex so viel Spaß machte wie mit wenigen meiner zahlreichen sonstigen Eroberungen. Susanna stöhnte, was ich als Aufforderung verstand, ihren Rock hochzuschieben und sie gleich dort zu vögeln, im Treppenhaus ihrer Cousine, aus deren Bett sie mich gerade getrieben hatte. Es war wilder, spontaner, brutaler Sex von der Sorte, wie wir Männer ihn uns in unseren Träumen vorstellen, wie er aber in Wirklichkeit selten stattfindet. Falls hier das Bild eines perversen Wüstlings entstanden ist, möchte ich diesen Eindruck korrigieren. Das Leben hat mich gelehrt, dass Frauen selten auf die harte Tour stehen und dass eine gewisse Sanftheit und Vorsicht einfach immer angebracht sind. Deshalb ist es umso schärfer, wenn es doch einmal zu hemmungslosem Herumficken kommt, ohne Vorspiel, ohne Streicheleinheiten und ohne viel Gerede.

»Ich dachte, die Geschichte mit Lucia sei vorbei«, murmelte sie zwischen zwei Stößen, »aber was soll's. Ich will dich immer noch.« Der hilflose Unterton in ihrer Stimme machte mich noch geiler. Und Susanna gefiel es, wie ich sie an die Wand drückte.

Noch heute verursacht mir der Gedanke an das Geräusch, das ihre wunderschönen Fingernägel machten, als sie die Mauer des Treppenhauses zerkratzten, einen Ständer. Ja, es war gut, und nicht nur dieses eine Mal. Wir trafen uns von nun an mit derselben Regelmäßigkeit, mit der ich mich zuvor mit ihrer Cousine Lucia getroffen hatte. Das gestaltete sich etwas schwieriger, weil Susanna vierzig Kilometer entfernt in einem Dorf lebte und arbeitete. Die Strecke legte ich mit meiner alten Vespa zurück, was langsam, aber sicher ins Geld ging. Anfangs war mir das noch egal, es hatte seinen Reiz, und außerdem war es mir durchaus lieb, dass meine ältere Konkubine weit weg wohnte. Ich hatte ja immer noch meine feste Freundin (die Sache mit der Tellerwäscherin hatte ich beendet, ich bin schließlich keine Maschine).

Sex mit Susanna war ein Erlebnis. Ich war zwar kein unerfahrener Jüngling mehr mit meinen 26 Jahren, aber so mancher Fick mit ihr haute mich echt um. Sie kannte keine Tabus. Susanna hatte vor mir eine Beziehung mit einem älteren, verheirateten Mann gehabt, und dafür, dass sie als seine Geliebte ein ausgefülltes Sexleben gehabt hatte, bin ich dem Typen heute noch dankbar. Nicht, dass wir groß darüber geredet hätten. Wir unterhielten uns nie über unser Privatleben, höchstens hie und da einmal über die Arbeit. Sie war auch im Gastgewerbe tätig und verstand daher meine Alltagssorgen recht gut. Und sie wusste, wie sie mich auf andere Gedanken bringen konnte. Dass ich nebenher immer wieder anderen Röcken nachrannte, störte sie nicht, obwohl sie keine anderen Liebhaber außer mir hatte. Sie ging manchmal mit ihren Freundinnen aus und drängte mich, auch mitzukommen, aber ich wollte das Ganze so unverbindlich wie möglich halten. Bis sie eine Grenze überschritt.

Eines Tages lagen wir in ihrem Bett, ich rauchte eine Zigarette und dachte bereits darüber nach, wie ich die Geschichte wohl möglichst schmerzlos beenden konnte. Ich kannte die Frauen nur zu gut, und Susanna war mir in letzter Zeit etwas zu besorgt und bemüht erschienen. Mein Macho-Instinkt witterte eine Beziehungsfalle, und ich hatte nicht vor, hineinzutappen (dass ich immer noch meine feste Freundin hatte, muss ich wohl nicht extra erwähnen). Während ich Rauchkringel in die schwüle Luft blies, faselte sie irgendwas Belangloses. Bis sie etwas sagte, was mich aufhorchen ließ. »Habe ich dich gerade richtig verstanden oder war das Einbildung?« Ich richtete mich auf. Sie lächelte. »Du hast schon richtig gehört.« Ungläubig blickte ich sie an. »Du willst mich *bezahlen*?« – »Richtig.«

Leise Empörung regte sich in mir. Ich war doch keine Ware, kein Objekt. Oder? Was soll ich sagen, der Moment währte nur kurz. Denn realistisch

> Ungläubig blickte ich sie an.
> »Du willst mich bezahlen?«

betrachtet war ich eine Ware. Und sie auch. Wir teilten keinerlei Gefühle, waren eigentlich Fremde und hatten im Leben des anderen nichts zu suchen. Unsere Beziehung beschränkte sich auf gelegentlichen Beischlaf, und der fing auch schon langsam an, fad zu werden.

Diese, nun ja, Verlagerung der ganzen Affäre auf eine geschäftliche Ebene konnte der ganzen Geschichte doch einen netten Kick geben. Ich freundete mich zunehmend mit der Idee an. Möglichst cool antwortete ich: »Und an wie viel hast du gedacht?« – »Och, so hundert Euro für jedes Mal, dass du mich … ähm, beglückst«, grinste sie. Hundert Euro. Eine Menge Geld für eine Sache, die mir zwar immer schwerer fiel, aber doch noch so attraktiv erschien, dass ich sie auch eine Weile gratis gemacht hätte. Mit einem kleinen Bonus könnte man das Ende noch ein bisschen hinauszögern. Ich warf meine ohnehin nicht sehr ausgeprägten moralischen Bedenken über Bord und nickte. Dann strich ich ihr aus einem Impuls heraus über den Lockenkopf. »Warum, Susanna? Warum ich? Du könntest jeden haben, du weißt, ich bin ein treuloser, ständig geiler Wichser. Und du siehst toll aus, bist in Form und hast so was ganz sicher nicht nötig.« Sie wandte verlegen den Kopf zur Seite und meinte: »Wenn ich dich nicht dafür bezahle, verliere ich dich.« Dagegen konnte ich nichts einwenden. Wo sie recht hatte, hatte sie recht.

Es war also beschlossene Sache. Ich besuchte Susanna ein-, zweimal pro Woche. Die Spesen für die Fahrt, die ich mittlerweile mit meinem Auto zurücklegte, fielen nun nicht mehr so sehr ins Gewicht. Ich kostete mein Dasein als Gigolo voll aus. Während meine Kumpels ihren Lohn mit harter Arbeit aufbesserten, wurde ich dafür bezahlt, etwas zu tun, was ich ohnehin sehr gern – und oft – tat. Und nicht selten dachte ich mir, was bist du doch für ein Glückspilz! Zum Beispiel wenn ich zuschaute, wie mein Schwanz zur Gänze in Susannas Mund verschwand, wenn sie Sachen mit mir machte, für die ich vor nicht allzu langer Zeit selbst eine Menge Geld bezahlt hätte, wenn sie mir schweinische Dinge zuflüsterte, die sich auch nur vorzustellen meine Freundin zu prüde war. Ich achtete genauestens darauf, nie in ihr zu kommen, obwohl sie wahrscheinlich selbst die nötigen Vorkehrungen getroffen hatte. Meistens kam ich in ihren Mund. Und im Gegensatz zu meiner festen Freundin spuckte sie das Zeug nie aus.

Alles in allem war es ein gelungener Deal. Ohne Verpflichtungen, zeitlich begrenzt und für beide Seiten angenehm. Das Geld legte mir Susanna immer ins Auto, wahrscheinlich aus Rücksicht auf mich und um die Sache nicht zu schäbig zu gestalten. Sie hätte es mir auch nach getaner Arbeit in die Hand drücken können, ich hätte kein Problem damit gehabt. Ich fühlte mich nicht wie ihr Callboy, der Sex machte immer noch Spaß. Allerdings kam ich sowohl körperlich als auch psychisch etwas in Bedrängnis. Meine anderen Frauengeschichten hatten nämlich keinesfalls in ihrer Zahl abgenommen, und langsam forderten die Heimlichtuerei, die Lügen und – nicht zu vergessen – die körperlichen Anstrengungen ihren Tribut. Ich fühlte mich ausgebrannt. Aber ich hatte mich selbst in diese Situation gebracht, und so lag es an mir, das

Ganze zu beenden. Was ich auf die einfachste Art machte, die mir einfiel. Ich weiß, ich bin ein wandelndes Klischee, aber gewisse Verhaltensweisen funktionieren einfach immer. Und was macht es schon, den Stempel des bindungsscheuen, gefühllosen Rohlings aufgedrückt zu bekommen, wenn danach endlich Ruhe ist. Ich rief Susanna also einfach nicht mehr an (was ich ohnehin nicht sehr oft getan hatte) und antwortete nicht mehr auf ihre Anrufe und SMS. Und sie verstand. Ich nehme an, auch für sie hatte die Sache ihre anfängliche Leichtigkeit verloren. In den fünf Monaten unserer »Beziehung« hatten wir so ziemlich alle sexuellen Abgründe ausgelotet, und irgendwann wird der beste Sex langweilig, wenn er nicht an Gefühle gebunden ist. Dass mir meine Freundin irgendwann auf die Schliche kommen und mich verlassen würde, war vorhersehbar gewesen, machte mir aber an diesem Punkt nicht mehr viel aus. Ich war erschöpft.

Susanna sah ich nie wieder. Sie zog bald darauf nach Rom zurück, in ihre Heimatstadt. Wie ich neulich hörte, hat sie einen neuen, gleichaltrigen, unverheirateten Freund. Die Cousine kam einmal in meinem Restaurant vorbei. Sie grüßte mich nicht einmal. Ich kann es ihr nicht verübeln. Was mich betrifft, ich habe geheiratet und bin etwas bodenständiger geworden, wenngleich es mir immer noch schwerfällt, meine sexuellen Fantasien ausschließlich mit meiner bezaubernden Frau auszuleben.

In den fünf Monaten unserer »Beziehung« hatten wir so ziemlich alle sexuellen Abgründe ausgelotet ...

Wie oft ich mit Susanna für Geld geschlafen habe? 76 Mal. Das weiß ich deshalb so genau, weil ich mir von dem Geld ein Motorrad gekauft habe, eine funkelnagelneue Honda Shadow für 7600 Euro.

Schluss mit nett

*Sandra (34), Juristin, Leipzig,
über
Paul (28), Partybekanntschaft, Leipzig*

Vor zehn Jahren hatte ich mich aus unerfindlichen Gründen zum Dorffest in meinem Heimatkaff aufgemacht, um mich von meiner letzten Beziehung zu erholen. Obwohl ich mir eigentlich nur einen netten Abend mit meinen Mädels – und dem einen oder anderen Bierchen – machen wollte, kam ich mit einem hübschen Jungen ins Gespräch, den ich noch nie hier gesehen hatte. Er war der Freund einer Freundin und lehnte mit seinen Kumpels an der Theke. Ich war durch meinen erhöhten Promillespiegel gnädig gestimmt und hatte ausnahmsweise beschlossen, meine spröde Art abzulegen, die meiner angeborenen Schüchternheit entsprang.

Paul aber stellte überhaupt keine Fragen. Ich weiß auch nicht, was er so machte. Und ich bin mir nicht mehr sicher, ob ich ihn überhaupt gefragt habe. Er war einfach nur nett, jung und auffallend gut aussehend. Dunkle Haare, sympathische Rehaugen. An unser Gespräch kann ich mich nicht mehr erinnern, was bedeutet, dass es vollkommen belanglos gewesen sein muss. Ich weiß aber noch, dass ich mich sehr wohl in seiner Nähe gefühlt habe. Vielleicht, weil er so viel jünger als ich war. Er war damals ja gerade mal volljährig, süße 18 oder so. In seiner Gegenwart fühlte ich mich wahnsinnig reif und erwachsen, und seine unverhohlene Aufmerksamkeit tat mir gut – vor allem, weil von Anfang an klar war, dass ich um einiges älter war. Weil die Kommunikation sich als eher unergiebig erwies, fanden wir uns irgendwann wild knutschend abseits vom Rest der Truppe wieder. Und das war alles. Ein unverbindlicher Flirt, der meine Stimmung und mein Selbstbewusstsein hob.

Und es blieb unverbindlich. Wir tauschten Telefonnummern, und ich ging brav nach Hause. Nach ein paar Tagen, ich war wieder zurück in Leipzig, kamen erste SMS von Paul, die mir sehr schmeichelten. Ich wusste, ich würde ihm früher oder später zwangsläufig über den Weg laufen, da er auch in Leipzig lebte und zur Schule ging. Irgendwann lud er mich auf ein Bier ein, und ich sagte zu. Erwartungsgemäß wurde wieder nicht viel geredet, und diesmal landeten wir im Bett. Ich war nun doch neugierig geworden auf diesen Jüngling.

Wie es war? Es war ... nett. Und nett im Bett ist kein Kompliment. Wenn wir Frauen »nett« sagen, meinen wir »nicht wirklich aufregend«. Ungefähr so, wie wenn ein Typ eine Frau als »sympathisch« bezeichnet. »Sympathisch« heißt meistens »hässlich«. Wie dem auch sei, nach dem relativ unspektakulären Schäferstündchen, das meine Erwartungen an Sex mit einem sieben Jahre jüngeren Liebhaber deutlich gedämpft hatte, kehrte der Alltag ziemlich schnell wieder ein, und ich verschwendete keinen Gedanken mehr an das Greenhorn. Anders Paul, der

Wenn wir Frauen »nett« sagen, meinen wir »nicht wirklich aufregend«.

anscheinend Gefallen an mir gefunden hatte und es nicht aufgab, mich anzurufen. Irgendwann gab ich nach und verabredete mich mit ihm. Vielleicht hatte er ja eine zweite Chance verdient, abgrundtief schlecht war unser One-Night-Stand nicht gewesen, und irgendwie fand ich ihn ja immer noch attraktiv. Meine Mitbewohner waren übers Wochenende ausgeflogen, und so hatte ich die ganze Wohnung für mich allein.

Wir hatten vereinbart, dass Paul mich in meiner Studentenbude abholte. Pünktlich um neun Uhr abends klingelte er an der Tür, und als ich aufmachte, ging mir das Herz auf, wie er so linkisch dastand, eine Flasche Wein in der Hand und ein Grinsen im Gesicht, das wie festgeklebt schien. »Komm doch für einen Moment herein«, forderte ich ihn auf, und plötzlich lag etwas in der Luft, auf das ich nach dem ersten Mal schon nicht mehr gehofft hatte. Eine sexuelle Spannung, die man fast greifen konnte, machte uns auf einmal beide so hibbelig, dass wir eine ganze Menge Alkohol brauchten, um uns wieder einigermaßen zu fangen. Das Essen blieb unberührt. Irgendwann fielen wir übereinander her, und diesmal war »nett« das letzte Adjektiv, das mir in den Sinn gekommen wäre. Um es auf den Punkt zu bringen: Wir trieben es wie die Karnickel, in allen erdenklichen Stellungen und Varianten. Und das Beste sollte noch kommen.

Plötzlich fand ich mich auf ihm wieder und spürte ganz unvermittelt, wie sich etwas anbahnte, das ich zwar kannte, mir in einer derartigen Situation aber noch nie widerfahren war. Er bewegte sich unter mir, und seine Hände fassten mich genau an den richtigen Stellen an. Nicht zu fest und nicht zu sanft. Multitasking, oh mein Gott. Ich konnte es kaum fassen, was für ein Glückspilz ich war, und krallte mich in seine Schultern. Dabei sah ich ihm fest in die Augen. »Hör jetzt bloß nicht auf.« Er lächelte nur, und seine Selbstsicherheit färbte auf mich ab.

Ungläubig machte ich dem Gefühl Platz und verdrängte die üblichen Gedanken, die mir sonst beim Sex so oft durch den Kopf gingen. »Bin ich gut genug?« – »Mache ich auch alles richtig?« – »Gefällt es ihm?«

All diese Fragen, die sich Frauen halt so stellen. Wir haben es ja nicht so einfach wie ein Mann, für den eine einmalige Liebesnacht in neunzig Prozent aller Fälle mit einem Orgasmus und einem unaufrichtigen »Ich ruf dich an« endet (und auch noch als erfolgreich verbucht wird). Glücklicherweise machte Paul keine Anstalten, mit dem aufzuhören, was er gerade tat. Und so ließ ich mich einfach fallen. Ich wusste, das mit uns war nichts Ernsthaftes, ich war nicht im Geringsten verliebt, und der Sex fühlte sich einfach nur gut an. Und ich will nicht sagen, dass ich nicht in Form war, aber Grundgütiger, der Junge war 18! Ich bewegte mich auf ihm, und das Gefühl wurde stärker. Genüsslich konzentrierte ich mich ganz auf mich. Es war trotzdem noch etwas Arbeit, aber die Gewissheit, dass ich

Glücklicherweise machte Paul keine Anstalten, mit dem aufzuhören, was er gerade tat. Und so ließ ich mich einfach fallen.

kommen würde, trieb mich an. Und als es schließlich so weit war, kostete ich es richtig aus.

»Wer hätte das gedacht«, murmelte ich viel später verschwitzt und glücklich an seinem Ohr. Ich fühlte mich wie von einem Lastwagen überfahren und gleichzeitig leicht wie eine Feder.

»Was?«, fragte er und streichelte mir über den Rücken.

»Ach, nichts.« Ich lachte in mich hinein. Ich würde einen Teufel tun, dem Jungchen jetzt mitzuteilen, was er mir gerade beschert hatte. Er sollte nur nicht zu selbstsicher werden. Es gab genug von diesen Machotypen da draußen, die ungerechtfertigterweise von ihren Liebeskünsten mehr als überzeugt waren. Und dieser talentierte junge Mann würde noch viele Frauen sehr, sehr glücklich machen. Er legte einen Arm um mich und nickte ein, während die Gedanken in meinem Kopf noch kurz umherrasten. Es war also doch möglich, durch reines Ficken zu kommen. One-Night-Stands – beziehungsweise Two-Night-Stands – waren gar nicht mal so schlecht. Zufrieden schlief ich ein.

Die Wieder-
holungstäterin

Gerda (39), Hausfrau, Lüneburg,
über
Manuel (32), Werbegrafiker, Frankfurt

Hau ab!« Kichern. »Ich mein's ernst, es ist noch mitten in der Nacht und ich will ausschlafen!«

Glucksen. Ein Kissen landete auf meinem Gesicht.

Verdammt noch mal.

Zögernd öffnete ich ein bleischweres Augenlid und erblickte mit Grauen meine putzmuntere Freundin Barbara, die mir mit wohlwollender Miene ein Fläschchen Augentropfen unter die Nase hielt.

»Du machst wohl Witze?« Ich richtete mich auf und versuchte, das zweite Auge aufzukriegen. Kein leichtes Unterfangen.

»Komm schon, Gerda, raff dich auf. Die Party hat doch gerade erst angefangen!«

Ich stöhnte. Wir waren zwei Tage und zwei Nächte um Frankfurts Häuser gezogen, hatten wild gefeiert und stundenlang gequatscht, und so gern ich meine Freundin hatte, brauchte ich doch meinen Schönheitsschlaf – auch wenn ich damals noch knapp drei Jahre jünger war als heute. Wir waren beide recht fröhliche Gesellinnen, und ich hatte mich schon wochenlang darauf gefreut, mein Dasein als frisch getrennte Mutter und Hausfrau für ein Wochenende gegen ein bisschen Partyleben einzutauschen. Aber gerade fühlte ich mich nicht einmal kräftig genug, um die Couch zu verlassen.

»Mhmpfkaffee?«, nuschelte ich fragend unter meiner Decke. Und zum Glück schwirrte sie ab.

Sekunden später hielt sie mir auch schon eine Tasse des geliebten Muntermachers vors Gesicht. Na toll. Ich gähnte, richtete mich auf, nahm einen Schluck und versuchte, richtig zu mir zu kommen. Wir waren um sechs Uhr morgens nach Hause gekommen, und es war gerade mal Mittag. Mein Schädel fühlte sich an, als wäre er im Schleudergang ordentlich durchgeknetet worden, meine Kleidung war ebenso zerknittert wie mein Gesicht, und ich hatte so gar keine Lust auf das, was auch immer Barbaras erwartungsvoller Blick verhieß. Sie schüttelte geschäftig die Kissen auf und plapperte los: »Du weißt schon noch, dass wir heute zu dieser Weihnachtsfeier bei meinem Nachbarn eingeladen sind. Wir müssen da einfach hin, er wohnt gleich gegenüber und du weißt schon, der Typ ist ein Freund von meinem Freund, und ich hab doch schon zugesagt und …« Ich bedeutete ihr mit erhobener Hand zu schweigen, schlüpfte widerwillig in meine Pantoffeln und machte mich auf den Weg unter die Dusche, um die Restgerüche der wilden Nacht, die wir hinter uns hatten, abzuwaschen. Igitt, bäh. Tabak, Alkohol, Schweiß. Durchtanzte Nächte haben ihren Preis.

Während das heiße Wasser auf meinen geschundenen Körper prasselte, kam auch mein Gehirn langsam wieder in Gang. Alles in mir sträubte sich dagegen, diesem wahnsinnig langweiligen Event beizuwohnen. So hatte ich mir meinen Ausflug in die Großstadt nicht vorgestellt. Ich wollte Frankfurts Nachtleben erkunden, die Stadt leershoppen und ausgiebig mit meiner Freundin tratschen. Eine Weihnachtsfeier bei den Nachbarn hatte nicht auf dem Programm gestanden. »So ein gemütliches Get-together«, wie Barbara den Typen zitiert hatte. Wie das schon klang. Wahrscheinlich standen da lauter fade Pärchen neben übrig gebliebenen Singles in irgendwelchen Ecken herum und soffen sich pflichtbewusst einen an, um das Ganze zu ertragen, bevor sie sich wieder auf den Heimweg in ihre IKEA-Höhle machten. Und das an einem Samstagabend. Ich als 36-jährige Landpomeranze war zwar nicht die Partylöwin schlechthin, aber dennoch mit einem Temperament gesegnet, das sich an so einem Ort definitiv nicht wohlfühlte, wenn nicht gar Schaden anrichtete. Außerdem war ich nicht einmal eingeladen, völlig hinüber von den ganzen Wodka Tonics der letzten Nacht, und kannte kein Schwein. Ich trocknete mich ab, trottete seufzend in die Küche und meinte schicksalsergeben zu Barbara: »Okay, aber wir gehen nur auf einen Sprung dahin, ja? Und sobald irgendein doofer Architekt oder Anwalt anfängt, mich vollzulabern, zerrst du mich weg.«

»Bevor du mit deinem Kater noch böse Sachen zu ihm sagst.«

»Genau.«

Und so machte ich mich mehr schlecht als recht ... nun ja, ausgehfein ist das falsche Wort. Aber hey, ich war frisch geduscht und angezogen, und für einen Besuch beim Nachbarn gegenüber muss man ja auch nicht extra die hohen Hacken anziehen, oder? Widerwillig schlurfte ich hinter Barbara her, die schon wieder frisch wie der Morgentau aussah und eifrig an der Wohnungstür Sturm läutete – das obligatorische Fläschchen Wein in der Hand. Ein schon leicht angeheiterter Mittdreißiger mit schütterem Haar öffnete uns unter enthusiastisch geflöteten Hallöchens und Bussibussis die Tür. Mir graute. Höflich hielt ich ihm meine Hand hin und ihn erst mal auf Abstand. »Punsch, die Damen?«, bot er eifrig an. Wir warfen uns kurz einen Blick zu, und Barbara legte die Hand auf seinen Unterarm und säuselte: »Ach, wir hätten gern einen Wodka Tonic, ja?« Ich hätte sie küssen können. Und so machten wir spirituosentechnisch mehr oder weniger da weiter, wo wir vor wenigen Stunden aufgehört hatten. Das Szenario erwies sich nämlich als genau so, wie ich es mir ausgemalt hatte. Essen brachte ich keines runter, es gab Kastanien und lauter so vorweihnachtliches Zeug wie Plätzchen und Stollen. Und so hielt ich mich an die Longdrinks.

Irgendwann tauchte ein Typ auf, der sich ein bisschen von der Masse abhob. Warum genau, kann ich heute nicht mehr sagen. Er sah nicht nur jünger aus, er war es auch. Seine ganze Art verströmte eine Frische, die mir wieder etwas Hoffnung gab, dieser Masse von in ihren Rollen festgefahrenen Protagonisten zu entkommen. Er stellte sich mir vor und verwickelte mich unvermutet in ein Gespräch. »Ich heiße Manuel und wollte eigentlich gar nicht

Ein schon leicht angeheiterter Mittdreißiger öffnete uns unter enthusiastisch geflöteten Hallöchens und Bussibussis die Tür. Mir graute.

mehr kommen. Ich war gestern ziemlich lange unterwegs, habe heute noch einen lästigen Kater und lag bis jetzt zu Hause auf der Couch. Aber jetzt bin ich doch froh, dass ich mich aufgerafft habe.« Seine Augen blitzten mich an, das Kompliment hatte er nicht aufdringlich, sondern ganz ungezwungen hervorgebracht.

Ich schaute an mir herunter. Normalerweise würde ich in diesem Aufzug nicht mal zum Bäcker um die Ecke gehen. Egal, er fand mich offensichtlich hübsch. Wir kamen vom Hundertsten ins Tausendste und hatten einen Mordsspaß. Ein lustiger Typ, wie ich fand. Nichts für mich, aber sehr unterhaltsam. Wir unterhielten uns ungezwungen und in zugegeben ziemlich flirtendem Ton über alles Mögliche. Irgendwann kramte ich mein Handy hervor. Ich musste mich bei meinen Mädels melden. Nachdem ich mich vergewissert hatte, dass zu Hause alles in Ordnung war, beendete ich das Gespräch beruhigt und schaute Manuel erwartungsvoll an. Er verzog keine Miene und stellte keine Fragen.

»Das war mein Mann«, erklärte ich mit verschmitztem Lächeln, »ich wollte mich nur mal melden, um sicherzugehen, dass ihm unsere zwei Kinder nicht die Bude auseinandergenommen haben.« Ich weiß nicht, was ich erwartet hatte. Als ihm keineswegs die Kinnlade herunterklappte, sondern er einfach äußerst charmant fragte, ob er mir was zu essen holen sollte, beeilte ich mich hinzuzufügen: »Wir leben getrennt.« Manuel lächelte verständnisvoll, und ich war erstaunt. Ich hatte gedacht, ich hätte damit den Flirt im Keim erstickt, aber dieser junge Mann zeigte sich der Situation gewachsen. Er fragte sogar nach meinen Kleinen, erzählte von seinem Neffen und fand mich anscheinend immer noch attraktiv.

Ich war beeindruckt. Bei der Erwähnung meiner Familienverhältnisse hatten schon ältere und abgebrühtere Semester die Flucht ergriffen. Erleichtert und nur tief in meinem Inneren etwas besorgt über meine Gedankengänge prostete ich ihm zu. Ich meine, was sollte das werden, ein Test? Das Gespräch wandte sich unverfänglicheren Themen zu und ich kam zum Glück nicht mehr zum Grübeln. Als die Getränke langsam zur Neige gingen, zauberte Manuel noch eine Flasche Prosecco hervor, die er mitgebracht hatte. Nachdem wir die gemeinsam geleert hatten, war ich schon wieder im Partymodus. Da kam auch schon Barbara auf mich zu und rief mit geröteten Wangen: »Komm, Gerda, gehen wir richtig aus!« Wir hatten uns nämlich für später noch mit einer Handvoll anderer Leute in der Innenstadt verabredet, und da die Weihnachtsfeier sich eh dem Ende neigte, war ich Feuer und Flamme.

So ließ ich den Knaben in der Wohnung zurück und schalt mich ob meiner romantischen Anwandlungen eine dumme alte Kuh. Ich hatte bereits eine Beziehung mit einem acht Jahre jüngeren Mann hinter mir und war weder auf der Suche nach einem Techtelmechtel noch bereit, eine solche Cougar-Geschichte zu wiederholen. Erfahrungsgemäß zog ich jüngere Männer an, weil ich so extrovertiert und lebenslustig war, aber die wenigsten hatten dieselbe Wirkung auf mich. Doch obwohl Manuel mir sehr sympathisch war, verabschiedete ich mich schweren Herzens von meinem Gesprächspartner und machte mich auf in die Nacht. Ohne auch nur Telefonnummern auszutauschen.

Nach einem Zwischenstopp in Barbaras Wohnung, wo wir uns richtig auftakelten, fuhren wir in die City. Natürlich hatten wir vorher noch in der Nachbarwohnung vorbeigeschaut, um »Tschüss« zu sagen. Ich hatte Manuel meine Verwandlung vom hässlichen, übernächtigten Entlein in einen strahlenden Schwan nicht vorenthalten wollen. Kichernd stiegen wir in das Taxi, zu neuen Schandtaten bereit. Mein Mut sank allerdings beim Betreten der Kneipe, die Barbara ausgesucht hatte. Die Typen, die an der Bar standen und mit denen wir offensichtlich hier verabredet waren, sahen nicht halb so interessant aus wie die Leute auf der Party, von der wir gerade kamen. Und das wollte was heißen. Nicht, dass sie nicht nett gewesen wären. Wahrscheinlich war mir an diesem Abend jegliche Gesellschaft zu anstrengend.

»Vielleicht ist nach zweieinhalb Tagen Feiern auch einfach die Luft raus«, meinte ich nach einer Weile entschuldigend zu dem Bürohengst, der mich gerade vollquatschte. Barbara hatte mir längst schon den Wohnungsschlüssel in die Hand gedrückt und sich verdünnisiert. Wahrscheinlich irgendwohin, um die Leute von der Weihnachtsfeier wiederzutreffen. So ließ ich mich um drei Uhr morgens zurück nach Hause fahren. Ich schleppte meine müden Füße das Treppenhaus hoch, sperrte die Tür auf und betrat die leere Wohnung. Lustlos setzte ich mich auf die Couch. Hm. So richtig müde war ich eigentlich nicht. Ich hatte nur keine Lust auf Gesellschaft gehabt. Jedenfalls nicht auf die Gesellschaft der Leute in der Bar.

Wo Barbara wohl steckte? Und war Manuel eventuell auch noch unterwegs? Ich rief meine Freundin an. Kein Empfang. Oh. Ich kannte nur ein Lokal, das wir öfter gemeinsam besucht hatten, in dem es keinen Handyempfang gab, und so fasste ich kurz entschlossen einen Plan. Ich stöckelte wieder vor das Haus, rief ein Taxi und ließ mich in die Bar fahren, in der ich die ganze Truppe vermutete. Über eine Treppe ging es in den Keller hinunter, und tatsächlich war der harte Kern der Nachbarwohnung hier noch kräftig am Feiern. Ich wurde mit großem Hallo begrüßt, meine Lebensgeister erwachten urplötzlich, und zu meiner Schande muss ich zugeben, dass mein Herz einen kleinen Moment aussetzte, als ich Manuel erblickte. Meine Müdigkeit war wie verflogen, als er mich anlächelte, und wir knüpften nahtlos an unsere Unterhaltung von vorher an.

Zu meiner Schande muss ich zugeben, dass mein Herz einen kleinen Moment aussetzte, als ich Manuel erblickte.

Irgendwann lud Manuel noch alle zu sich nach Hause ein, wo das harmlose Geflirte zwischen ihm und mir seine Unschuld einbüßte. So lebenslustig und feierwütig ich auch bin, eine heiße

Nacht mit dem bis vor wenigen Stunden noch Unbekannten hatte ich mir in meinen wildesten Träumen nicht vorgestellt. Aber genau das war es, was passierte. Wir verdrückten uns irgendwann in sein Schlafzimmer, und von der ersten Umarmung bis zu den Küssen und dem Sex, der folgte, fühlte sich alles so richtig und logisch an, dass ich unfähig war, mich dagegen zu wehren. Als ich später wieder etwas klarer im Kopf war, weigerte ich mich natürlich, das zuzugeben, und sei es nur vor mir selbst.

Ich war eine erwachsene Frau und Mutter, die mit beiden Beinen auf der Erde stand, und ich hatte mir nur ein paar Stunden harmloses Vergnügen mit diesem Jungspund gegönnt. Stunden, die mir zugegebenermaßen sehr gutgetan hatten, die ich aber nicht wiederholen wollte. Ich war ja nicht verknallt. Zum Glück habe ich ihm nicht meine Nummer gegeben, dachte ich noch und markierte die Abgebrühte. Etwas halbherzig, denn irgendwo in meinem Hinterkopf hatte ich doch die Hoffnung, er würde mich suchen und sich bei mir melden.

Gegen sechs Uhr morgens waren wir endlich zu Hause. Barbara machte sich erst mal daran, einen Kaffee aufzubrühen. Mit erwartungsvollem Gesicht setzte sie sich zu mir an den Tisch. In ihren Augen stand in Großbuchstaben »UND?«. Ich seufzte. »Na, was willst du wissen?«, fragte ich schlapp. »Was ich wissen will? Machst du Witze?« Sie redete sich in Rage: »Du bist noch nie mit einem Typen in die Kiste gehüpft, den du kaum kanntest. Und das auch noch in dem Tempo! So kenne ich dich gar nicht!« Sie fuchtelte mit ihrer Tasse dermaßen hektisch vor meiner Nase herum, dass mir fast schwindelig wurde. »Ach«, winkte ich ab, »einmal ist immer das erste Mal.« Misstrauisch beäugte sie mich. »Du bist doch nicht verliebt, oder?«

> »Du bist noch nie mit einem Typen in die Kiste gehüpft, den du kaum kanntest. Und das auch noch in dem Tempo! So kenne ich dich gar nicht!«

Ich verschluckte mich fast. »Red keinen Blödsinn.« Woraufhin sie seufzte: »Ja, ja, war wohl eine nette Abwechslung. Und Manuel ist ja auch süß. Wusstest du, dass er Werbegrafiker ist?« Ich winkte ab. »Wusstest du, dass ich auf dem Papier noch verheiratet bin?«, fragte ich zuckersüß zurück. Den traurigen Unterton überhörte sie geflissentlich. »Na ja«, meinte sie, »ist wohl besser, es bleibt bei diesem einen Mal. Du wirst dich wahrscheinlich nicht in eine neue Beziehung stürzen wollen. Habt ihr Nummern ausgetauscht?« Ich schüttelte den Kopf. »Komm, lass uns nicht mehr darüber reden«, sagte ich gespielt fröhlich, »es war schön, solange es gedauert hat, und jetzt machen wir uns einen entspannten Wellnesstag.« Begeistert nickte Barbara, und wir machten uns daran, unsere mitgenommenen Körper zu restaurieren.

Den Gedanken an Manuel schob ich zur Seite. Obwohl mich eine bohrende Stimme in meinem Kopf immer wieder an ihn erinnerte und die Frage aufwarf, warum er nicht nach meiner Nummer gefragt hatte. Ich beschloss, ihn einfach zu vergessen. So schön und richtig es sich angefühlt hatte, die Möglichkeit, dass bloß ich so empfunden hatte, war doch gegeben. Und ich wollte mich nicht lächerlich machen. Nicht vor Barbara, nicht vor mir selbst und schon gar nicht vor ihm.

Einen Tag später musste ich wieder zurück nach Hause. Meine zwei Kleinen hielten mich ganz schön auf Trab, das Mutterdasein hatte mich wieder. Doch – ob ich wollte oder nicht – der Gedanke an Manuel verfolgte mich immer noch. Ich konnte einfach nicht glauben, dass das alles für ihn bedeutungslos gewesen sein sollte. Natürlich sprach eine Menge von Gründen gegen eine wie auch immer geartete Beziehung zu ihm, allen voran sein Alter. Aber ich hatte noch nie Wert darauf gelegt, was jetzt »normal« und »angemessen« war. Bald darauf chattete ich mit Barbara. Wir amüsierten uns gerade über unseren Partymarathon, der inzwischen eine Woche zurücklag, da konnte ich nicht mehr an mich halten. »Dieser Manuel übrigens, das ist ja ein netter Mensch! Der hat sich nie bei mir gemeldet«, schmollte ich. Eine ewige Weile kam nichts zurück. Dann rückte sie mit der Sprache heraus: »Nein, nein, er hat sich bei mir gemeldet, habe ich vergessen, dir das zu sagen?« Mein Herz rutschte in die Hose. Natürlich hast du das vergessen, du Knalltüte. Ich schrieb zurück: »Wann?« – »Na ja, gleich am nächsten Morgen, er hat mir eine SMS geschrieben und wollte unbedingt deine Telefonnummer. Ich habe ihm geantwortet, das sei keine gute Idee. Wir hatten gerade über ihn gesprochen, und du hast auf mich den Eindruck gemacht, als wolltest du ihn nicht wiedersehen.«

Das durfte doch nicht wahr sein. »Und seitdem hast du ihn nicht mehr gehört?«, fragte ich. »Nein«, kam es zurück, »ich glaube, er denkt, du hättest einen Freund.« Ich schwöre, hätte sie vor mir gesessen, ich hätte sie erwürgt. »Barbara, ich muss jetzt weg! Tschüss!« Und schon war ich fieberhaft am Werk. Skype-Fenster zu und Facebook-Seite auf. Ich fand ihn auf Anhieb und schrieb ihm eine persönliche Nachricht: »So verhält sich kein Gentleman.« Auch wenn es 1:0 für ihn stand, wollte ich doch, dass er mich eroberte. Am gleichen Abend klingelte mein Telefon.

Nach diesem etwas turbulenten Kennenlernen dauerte es nicht lange und wir wurden ein Paar. Und führen bis heute eine Fernbeziehung mit umgekehrtem Altersunterschied. Keine leichte Übung, die uns eine Menge Geduld, Telefongebühren und Flugmeilen abverlangt. Aber diese Beziehung ist aller Mühe wert. Ich entdeckte, was für ein sensibler Gentleman in diesem Burschen steckte. Und, was für mich Neuland ist: Er hat Ambitionen, eine Karriere, Pläne für die Zukunft. Das waren für den Mann, mit dem ich vor ihm eine Beziehung geführt habe, nämlich Fremdworte. Die Beziehung war zwar schön gewesen, aber trotzdem hatte ich so manches vermisst. Manuel erwies sich als Partner auf Augenhöhe, und das in jeder Hinsicht. Meine kleinen Ladys lieben ihn, und er versteht sich auch bestens mit ihnen. Und wenngleich mir sein fürsorglicher Umgang mit Kindern im Allgemeinen – und meinen im Besonderen – manchmal einen Stich versetzt, weil ich keine Kinder mehr bekommen kann und er sicherlich eines Tages einen wundervollen Vater abgeben wird, so versuche ich, einfach nicht daran zu denken.

Letzten Dezember haben wir unseren zweiten Jahrestag zusammen gefeiert. Und ich bin bereit, jede Minute mit diesem wundervollen Mann auszukosten. Solange es geht.

Die besten Jahre meines Lebens

Josephine (56), Unternehmerin, Berlin,
über
Chris (44), arbeitslos, Dublin

Du hast ihm die besten Jahre deines Lebens geopfert!« Meine Freundin bedachte mich mit einem vorwurfsvollen Blick.

Wie bitte? Wenn es »die besten« waren, dann war es ja wohl kein Opfer, also bitte schön. Nicht nur Frauen, die einen jüngeren Partner haben, »opfern« ihm die »besten« Jahre ihres Lebens. Sie kriegen den Spruch nur öfter zu hören. Bis zum Erbrechen, um genau zu sein. Ich muss das wissen, denn ich bin eine davon. Aber der Reihe nach. Ich heiße Josephine, bin 56 Jahre alt, sehe ganz gut aus, auch ohne den Zusatz »für mein Alter« (noch so ein Spruch). Was sich meine Mutter dabei gedacht hat, mich nach der Titelheldin eines Pornos zu nennen, ach, fragen Sie sie doch selbst.

Was sich meine Mutter dabei gedacht hat, mich nach der Titelheldin eines Pornos zu nennen, ach, fragen Sie sie doch selbst.

Nun habe ich die besten Jahre meines Lebens mit einem Mann verbracht, der zwölf Jahre jünger ist. Damals vor zwanzig Jahren war das noch ein Skandal, müssen Sie wissen. Es gab noch keine Vorbilder aus dem Film- und Musikbusiness. »Toy Boys«, also junge Männer, die Frauen das Älterwerden versüßen, waren noch nicht große Mode, sondern eher ein Zeichen von Unreife. Frauen waren noch etwas mehr auf den Mann als Versorger angewiesen und deshalb waren meine Eltern natürlich auch alles andere als begeistert, als sie von meiner Beziehung hörten.

Chris ist spontan, übermütig, gut aussehend und von herzerfrischender Naivität, und seine treuherzigen Liebesbekundungen haben mich von Anfang an für ihn eingenommen. Ein richtiger Lausbub, ein verschmitzter Chaot mit goldenem Herzen. Es fiel mir nicht schwer, mich in ihn zu verlieben und allen Widrigkeiten zu trotzen. Es gibt ja genug Hürden, die es auch mit einem gleichaltrigen Partner zu meistern gilt. Da wären Unterschiede in grundlegenden Anschauungen, Politik, Religion, Bildungsniveau, Moralvorstellungen, Geschmack und Humor. Dinge, deren Wichtigkeit sich mit fortschreitendem Alter verschiebt und die daher bei Paaren mit großem Altersunterschied noch etwas schwieriger zu vereinbaren sind.

Ich muss sagen, es gelang uns ausgesprochen gut, diese Klippen zu umschiffen. So gut, dass wir irgendwie vor dem Traualtar landeten und schließlich zwei Kinder zeugten. Etwas, was für uns beide nicht unbedingt zu unserer Lebensplanung gehört hatte. Aber ich hatte mich gern auf dieses Abenteuer eingelassen, genoss die bewundernden Blicke, die Chris auf sich zog, seine extrovertierte Art und die Aufmerksamkeit, die er mir zukommen ließ – er war ganz anders als alle anderen Männer, die ich bis dahin gekannt hatte und danach kannte. Es war, als fasziniere ihn die Tatsache, dass ich älter und erfahrener war, mit beiden Beinen fest im Leben stand und die Dinge gelassener sah als eine Zwanzigjährige. Äußerlichkeiten waren weder mir noch ihm wichtig, und beide verfügten wir über ein ausgeprägtes Selbstbewusstsein. Ich vergaß das Wichtigste: Wir konnten immer herrlich miteinander lachen. Über alles Mögliche und natürlich auch über uns selbst und das Leben, wenn es Krisen zu meistern gab.

Und nun ist er weg. »Abgehauen« ist nicht das richtige Wort, ich habe ihn nämlich dabei erwischt, wie er sich mit seiner Neuen, einer knackigen 28-Jährigen, ein paar schöne Tage machen wollte. Ich fiel aus allen Wolken, dabei hatte unsere Tochter mich schon einmal darauf hingewiesen, dass ihr junger, cooler Daddy ziemlich viel Zeit mit dieser jungen Frau verbrachte.

Um meinen Schock möglichst schnell zu verarbeiten, durchlief ich die vier klassischen Trauerphasen etwas überstürzt. Die erste ließ ich gleich ganz aus: das Nicht-wahrhaben-Wollen. Es war ja auch alles sonnenklar. Dafür rumorte die Wut der zweiten Phase umso stärker in mir. Die dritte Phase, während der ich mich mit Chris auseinandersetzen wollte, verlief etwas einseitig. Der Gute hatte so gar keine Zeit für mich und die Kinder, er musste ja das Leben mit seiner Neuen planen. Dazu gehörte unter anderem

Wohnungs- und Arbeitssuche, da ich ihn aus dem Unternehmen geschmissen hatte, das ich leitete. Irgendwann fand ich schließlich wieder zu mir selbst zurück und nach den üblichen Veränderungen an Frisur und Ausgehgewohnheiten sowie einem ausgedehnten Strandurlaub konnte ich den Tatsachen wieder ruhig ins Gesicht sehen.

Mein Mann, der Vater meiner Kinder, den ich unter anderem wegen seiner herzerfrischend spontanen Art geheiratet hatte, hatte sich total spontan neu verliebt.

Ich war auf dem besten Weg, darüber hinwegzukommen, und doch traf mich die engstirnige Haltung einer Freundin hart, die sie mir eines Nachmittags beim Kaffee offenbarte, und brachte mich zum Nachdenken.

> »Würdest du auch so denken, wenn er nicht jünger wäre und ein derartiger ... Luftikus?«

»Würdest du auch so denken, wenn er nicht jünger wäre und ein derartiger ... Luftikus?«, fragte ich sie. Sie zögerte. »Na ja, wahrscheinlich schon. Aber in eurem spezifischen Fall war es eine Frage der Zeit. Du hättest dir doch denken können, dass das nicht gut geht und er dich irgendwann einmal gegen ein jüngeres Modell eintauscht?« Ich rührte in meinem Kaffee, bemüht, meine Empörung zu verbergen. »Und du kennst wirklich keine Frauen, denen das Gleiche mit einem gleichaltrigen Partner passiert ist? Deren Typ sich bei den ersten Anzeichen einer Midlife-Crisis als ein wandelndes Klischee entpuppt hat und zielstrebig die erstbeste hübsche Mittzwanzigerin, die ihm schöne Augen macht, gevögelt hat?« Die Freundin sah mich mit offenem Mund an: »Äh, doch. Eigentlich ... viele.« Na also. Mich regte diese ganze Diskussion ganz furchtbar auf.

»Wenigstens hatte ich eine schöne Zeit mit ihm«, sagte ich ihr. »Wir haben zwei Kinder, und wenn er jetzt glaubt, sich diesen Fehltritt erlauben zu können und dann zum Tagesprogramm überzugehen, hat er sich geschnitten. Ich nehme ihn nicht zurück, wie es so viele andere brave Ehefrauen tun. Aus Angst, sie kriegen keinen mehr ab. Nein danke. Wir haben eine unkonventionelle Ehe geführt, und wenn er sich nun so ordinär aufführen muss, muss er die Konsequenzen tragen.«

Was mich nämlich am meisten verletzt hatte, war die Tatsache, dass Chris dieses »Wir gegen den Rest der Welt«-Gefühl einge-tauscht hatte gegen ein vorhersehbares Midlife-Crisis-Verhalten. Das nahm ihm allen Zauber, und ich konnte keinen Respekt mehr vor ihm haben. Nein, ich wollte ihn wirklich nicht zurückhaben, das wurde mir bald klar. Mein Leben lang hatte ich geglaubt, er wäre etwas Besonderes, ein Mensch, für den oberflächliche Dinge wie Alter, Status und Aussehen keine Rolle spielten. Und nun hatte er sich als schwanzgesteuerter Durchschnittstyp entpuppt.

Besser als Botox

Sabina (38), Unternehmensberaterin, Bardolino,
über
Jakob (28), Biologe, Malcesine

Als kleines Mädchen hatte ich mir meine Zukunft etwas anders vorgestellt. Um ehrlich zu sein, hatte ich sie mir auch noch als junge Frau anders vorgestellt, mit Anfang zwanzig, als mir Gerd den Antrag machte. Dieser so gebildete, offensichtlich wohlhabende ältere Mann hatte mich von Anfang an beeindruckt. Er wirkte so seriös und selbstsicher, hatte feine Manieren, und selbst seine Art zu reden gehörte der Welt der Schönen und Reichen an. Er verkörperte alles, was die Jungs um mich herum in meinem Provinzkaff nicht waren. Die waren zwar auch hinter mir her, stellten sich dabei aber so plump und dämlich an, wie sie es eben in dem Alter überall und immer noch tun. Da war mein Verehrer aus der Oberschicht schon ein ganz anderes Kaliber. Was machte es schon, dass er ein ganzes Stück älter war als ich. Er schien mir unglaublich interessant und weltgewandt, ein Gentleman zum Anlehnen, aber doch Manns genug, um für mich attraktiv zu sein. Amateurpsychologen schlossen auf einen Vaterkomplex, als ich den 35 Jahre älteren Gerd Hals über Kopf heiratete, und tatsächlich war mein Vater ein äußerst schwieriger Mensch, dessen Fängen ich nur allzu gern entkam. Aber ich muss schon sagen, ich war richtig verliebt. Und blind vor Liebe.

Gerd bot mir die Möglichkeit, meinem strengen, neurotischen Elternhaus und der Langeweile der Provinz zu entfliehen und mich in der Großstadt so richtig zu entfalten. Ich war immer schon davon überzeugt gewesen, ein (wenn auch verkanntes) hässliches Entlein zu sein, und in Mailand, an der Seite des angesehenen Geschäftsmannes Gerd, blühte ich auf. Er bot mir ungeahnten Luxus, ich verkehrte in den besten Kreisen und unterstützte ihn bei seiner Arbeit. Allerdings hatte das Leben als Frau an seiner Seite auch seine Schattenseiten, die ich schon bald zu spüren bekam. Gerd war nämlich unheimlich eifersüchtig auf mich, seine junge Frau, obwohl ich ihm keinen Anlass dazu gab. Er kontrollierte mich, spionierte mir ständig nach, unterstellte mir Affären, verbot mir auszugehen und versuchte mich mit teuren Geschenken zu bestechen. Ich wurde zusehends unglücklicher, aber es dauerte Monate, wenn nicht sogar Jahre, bis ich einen Entschluss fasste.

In einer Nacht-und-Nebel-Aktion packte ich an einem Abend vor drei Jahren meine Koffer und flüchtete regelrecht zurück nach Hause, wo ich ein neues, freies Leben führen wollte. Ich beantragte die Scheidung und war somit eine frisch getrennte 35-Jährige, die noch nie auf eigenen Beinen gestanden hatte. Leichte Beute für Vorstadtcasanovas aller Couleur.

»Weißt du, du bist so ganz anders als alle anderen Frauen, die ich kenne.« Ein erschreckend junger Schönling

»Weißt du, du bist so ganz anders als alle anderen Frauen, die ich kenne.«

pirschte sich in einer Bar mit diesem äußerst fantasielosen Spruch an mich heran. Ich seufzte. So viel hatte ich in meinen ersten paar Wochen in der Heimat nun doch mitgekriegt, als dass ich auf diesen Satz reingefallen wäre. Da kam mir auch schon eine Freundin zu Hilfe. Sie hatte sich ihrerseits dem forschen Frischfleisch genähert und seinen Annäherungsversuch amüsiert beobachtet. »Du musst ihn entschuldigen«, fiel sie ihm ins Wort, »er ist daran gewöhnt, Zwanzigjährige mit doofen Sprüchen herumzukriegen. Darf ich vorstellen, Jakob.« Der Übeltäter warf unserer gemeinsamen Freundin einen bösen Blick zu und wandte sich dann wieder zu mir: »Ja, das war wohl etwas plump. Sorry.« Sein Lächeln verfehlte die Wirkung nicht. Ich beschloss, großzügig zu sein, der Junge war schließlich noch feucht hinter den Ohren. Und äußerst hübsch, wie ich aus den Augenwinkeln feststellte. Groß, schöne Zähne, tadellos gekleidet und gar nicht mal so unsympathisch. Mein Selbstbewusstsein, das die letzten Jahre doch etwas gelitten hatte, richtete sich wieder etwas auf, und meine Flirtlaune erwachte. Warum sollte ich mir nicht einen unverfänglichen Flirt gönnen? Jakobs unverhohlene Bewunderung ging mir runter wie Öl. Und schließlich war ich ja noch keine vertrocknete alte Jungfer, wenngleich es mir lange Zeit so vorgekommen war. Ich schenkte ihm einen sexy Augenaufschlag – ja! Ich konnte es noch – und meine Freundin verdrehte die Augen und verschwand mit den Worten: »Na toll. Ich hol uns noch was zu trinken.«

Ich war mir durchaus der Tatsache bewusst, dass ich mit meinem angeknacksten Selbstwertgefühl und meiner mangelnden Erfahrung mit Männern diesseits der Midlife-Crisis empfänglicher für Anmachen war als andere. Aber ich kaschierte meine Verletzlichkeit, wie ich es in den Jahren mit Gerd gelernt hatte. Mit Zurückhaltung und Klasse. Meine Ausstrahlung als Frau, die in der Welt herumgekommen war, verfehlte ihre Wirkung nicht. Jakob himmelte mich geradezu an. So eine wie ich war ihm noch nicht begegnet, weder in seiner Studentenstadt, wo er die Mädels reihenweise mit relativ wenig Aufwand beeindruckte, noch in unserem Heimatdorf, wo die Frauen jeden Alters einfach keinen Wert auf einen stilvollen Auftritt zu legen schienen. Ich musste nicht einmal alle meine Register ziehen, meine augenscheinliche Andersartigkeit hatte einen Mordseindruck auf meinen jungen Bewunderer gemacht. Und ich begann mich insgeheim zu fragen, wie ein kleines Abenteuer mit einem zehn Jahre jüngeren Liebhaber wohl wäre.

Meine Freundin kam mit den Drinks zurück. Jakob hatte sich gerade kurz entschuldigt, und sie flüsterte mir zu: »Der Junge ist ganz scharf

Sie flüsterte mir zu: »Der Junge ist ganz scharf auf dich.«

auf dich.« Ich spielte mit dem Glas in meiner Hand und antwortete gespielt gleichgültig: »Ach ja, meinst du?« Sie sah mich besorgt an: »Ich gönne dir ja deinen Spaß. Vielleicht bringt er dich auf andere Gedanken. Bitte tu mir nur einen Gefallen. Sieh dich einfach vor. Er gehört zu den Typen, die mit ihren Eroberungen prahlen. Und eine zehn Jahre ältere Frau, die ihm in ihrer Eleganz und Weltgewandtheit wie ein Wesen vom anderen Stern vorkommt, steht sicher ganz oben auf seiner Liste. Wenn er dich erst mal herumgekriegt hat, wird er das sicher nicht für sich behalten können. Und du bist hier einfach nicht mehr in der Großstadt. Bardolino ist ein langweiliges Dorf, das von Klatsch lebt.«

Ich winkte ab. Ich wusste schon, was ich tat. Und als Jakob zurückkam, stellte ich ihn auf die Probe und fragte ihn ganz diskret nach seinem Liebesleben aus. Was ich hörte, beruhigte mich. Er schien sehr gute Manieren zu haben und gab weder mit Affären an, noch tischte er mir irgendwelche Märchen auf. Und da mir meine Freundin, bevor sie gegangen war, mit einem frechen Grinsen noch zugeraunt hatte, was man sich im Bekanntenkreis so über seine, na ja, »Ausstattung« erzählte, war ich bereit, meine Wirkung auf den jungen Mann auf die Probe zu stellen.

Er nahm mich mit zu sich nach Hause. Seine Eltern waren gerade verreist, und ich fühlte mich wie ein Teenager. Allerdings durfte ich ihn nicht verspotten, ich lebte ja selbst seit meiner Rückkehr wieder im Schoß der Familie. Er lachte, als ich ihm das erzählte. »Ich bin es ja langsam leid, all diese Sprüche zu hören. ›Solange du deine Füße unter meinem Tisch hast, tust du, was ich sage‹ und so. Kann es kaum erwarten, auf eigenen Beinen zu stehen. Für dich muss das doppelt so anstrengend sein.« Sein Verständnis rührte mich. »Na, heute haben wir ja sturmfrei, nicht?« Ich zwinkerte ihm zu. Wir hatten schon beim Verlassen der Bar herumgeknutscht, und es war alles wie damals mit 19, als ich noch frei und ungebunden war. Für meinen jungen Lover lag diese Zeit ja noch nicht so lange zurück, mir dagegen schien es eine Ewigkeit. Und ich sonnte mich in seinen bewundernden Blicken, genoss es, wie er mich auszog und mir Komplimente für meine Figur machte. Ich meine, natürlich hatte mich mein Mann schön gefunden, aber im direkten Vergleich mit einem mehr als doppelt so alten nackten Mann schnitt so ziemlich jede Frau gut ab. Jakob machte seine Sache sehr gut, er streichelte jeden Zentimeter meines Körpers.

Ich hatte, seit ich meinen Mann verlassen hatte, ziemlich abgenommen, machte mir aber seltsamerweise weniger Gedanken über mein äußeres Erscheinungsbild als zu der Zeit, als ich noch verheiratet war. Und Jakob war eine stattliche Erscheinung. Gepflegt, gut gebaut und einfach unglaublich jung. »Du bist so schön«, murmelte er zwischen zwei Küssen an meinem Hals, und ich konnte kaum fassen, wie fest sich seine Haut anfühlte, die sich an meiner rieb. Dabei war ich überrascht, wie selbstsicher er war. Ich nahm keine Unsicherheit wahr, er wusste genau, was zu tun war. Nun, ich nehme an, in dieser Hinsicht waren die 25-jährigen Frauen von heute durchaus auch anspruchsvoll. Er war ja kein unbeschriebenes Blatt. Für einen kurzen Moment nur schoss mir der Gedanke durch den Kopf, dass ich mich gerade ziemlich verrückt aufführte, wie ich mich mit einem 25-Jährigen in seinem Kinderzimmer zwischen den Laken wälzte. Allerdings beschloss ich kurzerhand, dass es mir nach all der Zeit zustand, ein bisschen Spaß zu haben. Und der Junge war heiß.

»Na, Mrs Robinson?«, begrüßte mich meine Freundin am nächsten Tag übermütig. Wir hatten uns auf einen Kaffee und einen kurzen Und-wie-war-deine-Nacht-Plausch getroffen. Ich schlürfte meinen Cappuccino und spürte, wie ich errötete. »Igitt«, entfuhr es ihr, »wie keusch. Heb dir das für deine männlichen Gegenüber auf, mir brauchst du nichts vorzuspielen. Bist du auf deine Kosten gekommen? Du siehst gut aus.« Versonnen schmunzelte ich in mich hinein. »Ja«, sagte ich schließlich, »ich schätze mal, das hat mir gutgetan. Und es war gut, eine echte Verjüngungskur. Besser als Botox.« Wir lachten. Da piepte es gleichzeitig in unseren Handtaschen. Wir zogen beide unsere Handys heraus. Oh, eine SMS von Jakob. »Es war schön

> »Du bist so schön«, murmelte er zwischen zwei Küssen an meinem Hals, und ich konnte kaum fassen, wie fest sich seine Haut anfühlte, die sich an meiner rieb.

mit dir.« Wie nett. Ich sah, wie meine Freundin auf ihr Handy starrte und die Stirn runzelte. »Was ist los?«, erkundigte ich mich. Sie schnaubte und sagte zögernd: »Ein Kumpel von mir will wissen, ob es wirklich stimmt, was Jakob überall herumerzählt. Dass er eine zehn Jahre ältere Frau gebumst hat.«

Der Mann mit der Bohrmaschine

Hannah (45), Lehrerin, Saint-Marcel,
über
Raoul (38), Lagerverwalter, Aime

Du kennst doch den Kumpel von meinem Freund, den Raoul?«, fragte mich meine Schwester an jenem Herbsttag vor 18 Jahren. Ich warf ihr einen misstrauischen Blick zu und antwortete mit einem gedehnten »Jaaa?«. – »Er hat mich neulich gefragt, ob du in festen Händen bist.« Ich konnte nicht anders und prustete los. Als ich mich wieder einkriegte und bemerkte, dass meine Schwester nicht mitlachte, riss ich mich zusammen und machte ihr meinen Standpunkt deutlich: »Dieses ... Kind ist an mir interessiert? Komm schon, Fabienne, der ist doch noch grün hinter den Ohren. Da hat er sich wohl in eine fixe Idee verrannt.«

Nun schmunzelte auch sie. »Ach Hannah, der ist total nett. Und seit wir neulich alle zusammen unterwegs waren, redet er ziemlich oft von dir. Du hast ihn wohl beeindruckt.« Ich schnaubte verächtlich und wandte mich wieder meiner Zeitschrift zu. Dass Raoul von mir geredet hatte, überraschte mich wirklich. Auf mich hatte er nämlich nicht den Eindruck gemacht, als würde er genug Grips besitzen, um überhaupt einen sinnvollen Satz zu formulieren. Sein Allerweltsgeschwafel hatte mich in Grund und Boden gelangweilt. Seit wir neulich ausgegangen waren, wunderte ich mich wieder einmal, wie verschieden Menschen doch sein konnten.

Nicht, dass Raoul nicht sympathisch gewesen wäre. Ich hatte bei diesem ersten Aufeinandertreffen nur festgestellt, dass er definitiv nichts für mich war – also, als Partner. Ich wusste zwar nicht genau, wie mein idealer Partner sein sollte, was ich aber genau wusste, war, wie er nicht zu sein hatte. Und Raoul war eine Zusammenfassung dieser Eigenschaften. Er lebte in einer Welt, die sich total von meiner unterschied. Ich gehörte jener neugierigen, offenen Generation der Nach-Hippiezeit an, die sich mit Dingen wie Weltfrieden, Meditation und Reisen in kulturell vielfältige Länder befasste. Ich las viel und war an unzähligen Dingen interessiert, die weit über den Horizont dieses Motorrad fahrenden Grünschnabels hinauszugehen schienen. Provinz liegt immer auch im Kopf, und dieser Raoul mit seinen Bikerklamotten und seiner

Vorliebe für Hausmannskost und Bier und seinem Desinteresse für neue Eindrücke war so provinziell, dass es wehtat. Da halfen auch die langen Haare nicht.

Außerdem war er Sternzeichen Steinbock und von eher kleiner Statur.

»Wohin sollten wir denn gehen? Du bist ein kleiner Junge, was willst du von einer wie mir? Wir haben total unterschiedliche Interessen.«

Ich nahm diese Äußerung also nicht ernst, und auch meine Schwester ließ das Thema unter den Tisch fallen.

Und weil die sozialen Kontakte in unserem Dorf begrenzt waren, gingen wir schon bald nach diesem Gespräch wieder einmal alle miteinander aus, ganz freundschaftlich. Ich hatte schon vergessen, was er zu ihr gesagt hatte, als ich mich gegen Ende des Abends von ihm nach Hause bringen ließ. Er hatte mir angeboten, mich auf seiner Maschine mitzunehmen, und bei Motorrädern wurde ich dann doch schwach. Ich verband sie mit einem gewissen Draufgängertum, das Raouls ganze Art jedoch ansonsten stark vermissen ließ. Vor meiner Haustür wagte dieser Typ dann doch glatt noch einen Vorstoß. Ich stöhnte innerlich, als er zu mir sagte: »Willst du mit mir gehen?« – »Wie alt bist du, fünfzehn?«, schnauzte ich ihn bissiger, als es meine Art war, an. »Wohin sollten wir denn gehen? Du bist ein kleiner Junge, was willst du von einer wie mir? Wir haben total unterschiedliche Interessen.«

Er senkte den Kopf und ließ meine Tirade über sich ergehen. Ich wusste, ich war nicht gerade sehr feinfühlig, aber dieser Mensch, dessen Leben sich zwischen seinem Geschäft, dem Motorrad und seinen vier Wänden abspielte, war nichts für mich. Je früher er das einsah, umso besser. Mit dem, was dann kam, hatte ich nicht gerechnet. Er funkelte mich an. »Na, dann lass uns doch miteinander ins Bett gehen. Nur einmal.« Wie bitte? Mir klappte die Kinnlade herunter. Allerdings war ich nun eher verwundert als wütend. »Schau mal«, schlug ich einen versöhnlichen Ton an,

»das wird nichts. Ich habe keine Ahnung, wer dir diese Flausen in den Kopf gesetzt hat, aber du bist für mich ein kleiner Bub, und das macht es mir unmöglich, mit dir zu vögeln.«

Und so gab er auf und fuhr davon. Ich sah ihm nach und schüttelte den Kopf. Dann musste ich grinsen. Ich war mir meiner Wirkung auf das andere Geschlecht bewusst. Obwohl ich keine atemberaubende Schönheit war, beeindruckte ich die Männer mit meiner ruhigen und besonnenen Art. Ich dachte viel nach, und viele Männer standen auf ernsthafte, reife Frauen. Viele Männer in meinem Alter. Dazu kamen die Erfahrungen, die ich mit meinen 27 Jahren bereits gemacht hatte und die mich zu einer interessanten Gesprächspartnerin machten.

Ich war durch halb Europa getrampt, durch ganz Frankreich, Spanien und Italien, ich war in Amerika gewesen, während dieser Kerl höchstens mal ein paar Tage mit seinem Motorrad auf Korsika verbrachte. In meinen Sturm-und-Drang-Tagen war ich sogar einmal einer buddhistischen Sekte beigetreten (die irgendwann wegen betrügerischer Aktivitäten verboten wurde) und hatte viele besondere Leute kennengelernt (die irgendwann auf die schiefe Bahn gerieten). Dabei blieb ich jedoch immer auf dem Boden der Wirklichkeit. Ich ließ mich zwar mitreißen, aber ohne jemals den Halt zu verlieren. Raoul machte auf mich nicht den Eindruck, als würde er sich jemals mit- oder zu etwas hinreißen lassen. Und so hakte ich den Vorfall mit dem Jungen auf dem Motorrad ohne Bedauern als unbedeutend ab.

Es ergab sich, dass ich genau zu jener Zeit von meinem Heimatdorf in die nächstgelegene Stadt zog. Ich brauchte wieder einmal einen Tapetenwechsel und hatte eine Stelle als Lehrerin gefunden. Wie es der Zufall so wollte, lebte Raoul in derselben Stadt. Und da wir auch noch quasi Nachbarn waren, liefen wir uns mindestens dreimal am Tag über den Weg. Dabei grüßten wir uns mit einem freundlichen »Hallo«, mehr aber nicht. Konversation war noch nie seine Stärke gewesen. Manchmal unternahmen wir sogar etwas zusammen, als »alte« Freunde. Einmal lud er mich auf eine Spritztour mit seinem Motorrad ein, und ich sagte begeistert zu. Ich liebte es, Motorrad zu fahren, ich verband so eine Fahrt mit Freiheit und Abenteuer – außerdem musste man sich dabei nicht unterhalten. Worüber auch schon?

> »Warum suchst du dir keine Freundin? Ich meine, auch andere Mütter haben schöne Töchter, und das mit uns wird nichts, finde dich damit ab.«

Manchmal besuchte mich Raoul in meiner Wohnung. Er half mir beim Einrichten und war immer da, wenn ich ihn brauchte. Dabei bemerkte ich sehr wohl, dass er immer noch auf eine Gelegenheit hoffte, mich herumzukriegen, ignorierte sein Verhalten aber. Wenn es stimmt, dass die intelligente Frau drei Männer für alle Lebenslagen zur Hand haben sollte, nämlich den Versorger, den »Stecher« und den Mann mit der Bohrmaschine, so war Raoul mein Mann mit der Bohrmaschine. Er reparierte meine Waschmaschine, tauschte Glühbirnen aus und brachte mein Auto zum TÜV, während ich mit drei oder vier anderen Typen ausging, die mir damals weitaus reizvoller erschienen. Zur Belohnung durfte Raoul manchmal bei mir schlafen, was aber keineswegs Schäferstündchen beinhaltete. Manchmal, wenn er neben mir lag und ich einfach nur schlafen wollte, aber feststellte, dass er mich im Halbdunkel verliebt betrachtete, sagte ich zu ihm: »Warum suchst du dir keine Freundin? Eine in deinem Alter? Ich meine, auch andere Mütter haben schöne Töchter, und das mit uns wird nichts, finde dich damit ab.«

Er antwortete nie. Ob er Affären mit anderen Mädchen hatte, weiß ich bis heute nicht. Jedenfalls bekam ich nichts davon mit. Was ich allerdings mitkriegte, war, dass er sich wohl irgendeine Gegenleistung für seine Qualitäten als Handwerker und guter Freund erwartete. Irgendwann. Die Sturheit dieses Mannes war erstaunlich.

Und so ging es mit uns weiter, bis ..., ja, bis sich der Mann mit der Bohrmaschine als durchaus brauchbarer Liebhaber entpuppte. Irgendwann war ich nämlich mein Lotterleben leid und ich machte mir eine Liste der Männer in meinem Leben. Kurz entschlossen strich ich alle daraus, die mir zu lahmarschig, zu unentschlossen, kurz: ungeeignet für eine dauerhafte Partnerschaft erschienen, und siehe da, wer blieb übrig? Mein guter Kumpel mit den handwerklichen Qualitäten. Er war zwar kein faszinierender Gesprächspartner, hatte aber doch mehr Elan als alle meine Verehrer, die ich als potenzielle Liebhaber in Betracht zog. Er sagte mir wenigstens, was er wollte (wenngleich ich es genau deshalb wahrscheinlich *nicht* wollte), die anderen drucksten herum und konnten sich nicht entscheiden. Außerdem begann mich an ihm langsam zu beeindrucken, dass er sich nicht aus der Ruhe bringen ließ – weder von meinem zugegebenermaßen egoistischen Verhalten noch von meinen fruchtlosen Affären mit halbseidenen Typen. Es schien ihm total egal zu sein, solange er nur neben mir liegen und mein Händchen halten konnte. Dermaßen erleuchtet, rief ich Raoul sofort an und verabredete mich mit ihm zum Skifahren.

Es war sein Geburtstag, ich hätte eigentlich im Bett bleiben sollen, weil ich mir eine Grippe eingefangen hatte, aber nun wollte ich es wissen. Wir gingen Ski fahren und hatten einen Mordsspaß. Und siehe da, sobald ich beschlossen hatte, dass er für mich als Lover infrage kam, funkte es auch! Und wie! Wir gingen zu mir nach Hause, wo zu seiner – und erstaunlicherweise auch meiner – Erleichterung endlich mehr zwischen uns lief. Was soll ich sagen, Raoul war eine Granate im Bett. Er hatte ja auch genügend Zeit gehabt, sich jeden seiner Schachzüge gründlich zu überlegen (das war ein Gedanke, der mir zwar kam, den ich aber im Grunde doch bezweifelte). Tatsache war, dass dieser Rotzlöffel mir unvergessliche sexuelle Höhepunkte bescherte.

So wichtig ist eine ordentliche Unterhaltung nun auch wieder nicht, dachte ich mir damals oft, wenn ich zufrieden und erschöpft in seinen Armen einschlief. Richtig verliebt war ich immer noch nicht, aber ich genoss Raouls Liebhaberqualitäten und die Tatsache, dass ich nur noch einen Mann an meiner Seite hatte. Meine halbgaren Liebeleien waren doch etwas anstrengend gewesen. Ich kann mich noch gut an ein Gespräch mit einer Freundin erinnern, es war so drei, vier Monate nach unse-

Was soll ich sagen, Raoul war eine Granate im Bett. Tatsache war, dass dieser Rotzlöffel mir unvergessliche sexuelle Höhepunkte bescherte.

rem Kennenlernen. »Ich bin da mit so einem Typen zusammen, er gefällt mir eigentlich gar nicht, er ist mir nicht einmal besonders sympathisch«, erzählte ich ihr nüchtern. »Warum bist du dann mit ihm zusammen?«, fragte sie erstaunt. »Bitte lach mich jetzt nicht aus, er ist vielleicht nicht mein Traumprinz, aber sehr ... talentiert«, war meine Antwort. Und es stimmte. Ich fühlte mich rundum wohl mit Raoul, auf einer rein körperlichen Ebene.

Als er mich kurz darauf schwängerte, wurde ich allerdings unsanft in die Wirklichkeit zurückgeholt. Verdammt. Wir waren erst seit Kurzem zusammen, und ich starrte fassungslos auf das Stäbchen mit den zwei Strichen in meiner Hand. Oh nein. Ich war doch erst 27. Ich hatte doch noch so viel vor. Ich wusste zwar nicht genau was, war mir aber ganz sicher, dass meine Zukunftspläne weder ein Kind noch diesen Mann an meiner Seite beinhalteten. Ich war am Boden zerstört und heulte Rotz und Wasser, einen ganzen Monat lang. Seltsamerweise hielt ich mein Schicksal für besiegelt und verzweifelte fast an dem Gedanken, weiterhin an der Seite dieses Mannes zu bleiben, zog aber nie ernsthaft in Erwägung, ihn zu verlassen. »Nur, damit du es weißt«, hatte ich schniefend zu ihm gesagt, als ich ihm die ganze Misere beichtete, »nur weil ich schwanger bin, heißt das nicht, dass ich ewig bei dir bleibe. Ich werde dieses Kind bekommen, aber ich brauche dich nicht unbedingt dazu. Du bist ja selber noch ein Kind.« Er ließ meine verletzenden Worte mit der gewohnt stoischen Ruhe über sich ergehen, die er immer an den Tag legte, wenn ich aus der Haut zu fahren drohte.

Und wer weiß, vielleicht war es genau diese Eigenschaft, die mich an seiner Seite hielt. Ich war zwar zu der Zeit eine hysterische Furie, die schon mal mit Geschirr um sich warf, hätte aber mit einem grüblerischen Intellektuellen an meiner Seite, der genauso alles infrage stellte wie ich, wohl nichts anfangen können. Und so blieben wir zusammen, ich fügte mich meinem Schicksal, auch wenn ich der unglücklichste Mensch auf der Welt war. Meine Mutter stellte einmal besorgt fest, dass es mir wohl nicht gerade blendend ging, worauf ich wieder einmal in Tränen ausbrach und ihr meinen ganzen Weltschmerz unterbreitete. Raoul und ich waren notgedrungen zusammengezogen, und es hatte sich herausgestellt, dass wir sogar noch verschiedener waren, als ursprünglich angenommen. Wir stritten oft, vor allem darüber, dass ich fand, er wäre zu jung und zu unreif, um ein Kind großzuziehen. Im Nachhinein und mit den Augen meiner Mutter betrachtet, muss ich heute beschämt zugeben, dass mein Verhalten damals auch nicht gerade von Reife zeugte.

Als unser kleiner Simon auf die Welt kam, änderte das nichts an meinen Gefühlen für Raoul. Ich hatte einfach nicht das Gefühl, dass er zu mir und meinem Kind gehörte. Wir waren keine Familie, Punkt. Er sah meine Probleme als hausgemacht an und ordnete sie der Tatsache zu, dass ich nun mal eine Frau und daher kompliziert wäre. Was mich natürlich nur noch mehr aufregte. Trotz allem kam mir nie der Gedanke, ihn zu verlassen. Ich war irgendwie wie gelähmt. Wir heirateten sogar. Als das zweite Baby unterwegs war, hieß es nämlich, vorher wäre zu heiraten, und ich fügte mich – schon wieder. Meine Perspektiven waren mittlerweile ohnehin begrenzt, und so beschloss ich ganz rational, das Beste aus der Situation zu machen. Ich würde nie mehr nach Indien reisen, nie meinen Traummann kennenlernen, nie meine spirituelle

Erleuchtung finden mit diesem Kerl an meiner Seite, für den ein Buch etwas Überflüssiges war, weil es ja Fernsehen gab. Nach der Geburt unseres zweiten Kindes wurde mir alles zu viel. Ich erlitt einen Schwächeanfall, der mich ins Krankenhaus brachte. Und von da an sollte sich einiges ändern.

Ich weiß, dass sich diese Geschichte liest wie die wirren Aufzeichnungen eines hysterischen Nervenbündels, aber für einen freiheitsliebenden Menschen wie mich war diese Entwicklung der Dinge so, als hätte man mich in einen Käfig gesperrt. Schlimmer noch, als wäre ich freiwillig hineingegangen und selbst schuld daran, dass die Tür zufiel. Raoul spürte meinen inneren Aufruhr sehr wohl und erwies sich schließlich als erwachsener, als ich ihm jemals zugetraut hätte. Auf einmal schien er um zehn Jahre reifer als ich und auf meiner Wellenlänge angekommen zu sein. Etwas ging in ihm und mir vor, das die Dinge zum Besseren wandelte. Plötzlich verhielt er sich anders. Er hatte mich immer schon verwöhnt, ich war immer schon sein Ein und Alles gewesen, und in jenen Tagen im Krankenhaus hatte ich ausgiebig Zeit, darüber nachzudenken. Eine viel tiefere Bindung zu meinem Mann entstand, ein Verständnis und eine Zuneigung, wie ich sie noch nie empfunden hatte. Später sagten uns viele Menschen: »Ihr passt so gut zueinander, es gibt wenige Paare, bei denen das so ist.« Und es waren oft dieselben, die früher gesagt hatten: »Das mit euch, das kann nicht gut gehen.« Menschen ändern sich, Beziehungen ändern sich, und ich sah mit einem Mal klar und deutlich, dass es ein Geschenk war, sich zusammen weiterzuentwickeln und die eigene Beziehung miteinander zu gestalten. Durch dick und dünn zu gehen, wie es heute bei vielen Paaren leider nur mehr selten der Fall ist. Wäre ich nicht durch die Umstände dazu gezwungen worden, hätte ich

> Später sagten uns viele Menschen: »Ihr passt so gut zueinander, es gibt wenige Paare, bei denen das so ist.«

diese Ausdauer wohl auch nicht an den Tag gelegt, aber mit einem Mal war ich stolz darauf. Vielleicht waren wir ja wirklich füreinander bestimmt. Die Tage, die ich im Krankenhaus lag, werde ich wohl nie vergessen. Es ging so viel in mir vor. Ich stellte mir eine Menge Fragen, die ich mir noch nie gestellt hatte und die sich mir plötzlich richtiggehend aufdrängten. Was wollte ich eigentlich? Was erwartete ich von einem Mann? Von *meinem* Mann?

Ich fand die Antwort auf meine Fragen in mir selbst. In mir keimte plötzlich das Bedürfnis auf, einfach nicht mehr nach den Sternen zu greifen und mit meiner Lebenssituation zufrieden zu sein. Das hatte nichts mit Genügsamkeit oder Selbstaufgabe zu tun. Ich lernte, dass es nicht immer etwas Negatives sein musste, sich mit etwas zufriedenzugeben. Ich hatte mich oft über Raouls stoische Ruhe beklagt und sie fälschlicherweise als stumpfe Gleichgültigkeit missverstanden. Mit einem Mal reagierte er, und das auf die richtige Art und Weise. Er merkte intuitiv, wann ich ihn wirklich brauchte – und war für mich da. Ich machte mir viele Gedanken über ihn (statt über mich) und erkannte, dass er diese Ruhe im Umgang mit Frauen im Allgemeinen und mir im Besonderen wohl schon in frühester Kindheit besessen hatte. Er hatte eine Mutter und eine Schwester, die unglaublich redselig waren, und das hatte ihn wohl geprägt. Aber ich führte nicht nur amateurpsychologische Analysen durch in jener Zeit. Ich erkannte vor allem eines: Während ich oft tagelang hin und her überlegte, bevor ich eine Entscheidung traf, kam Raoul instinktiv auf die gleiche Lösung. Das war schon oft vorgekommen, und ich erkannte nun, dass er keineswegs so einfältig war, wie ich ihn zur Zeit unseres Kennenlernens eingeschätzt hatte.

> Ich erkannte vor allem eines: Während ich oft tagelang hin und her überlegte, bevor ich eine Entscheidung traf, kam Raoul instinktiv auf die gleiche Lösung.

Als er mich aus dem Krankenhaus abholte, sagte ich zu Raoul: »Weißt du, ich habe viel nachgedacht.« Er nickte wissend. »Ich habe eine Weile lang gedacht, es kann nicht mehr schlimmer werden. Das alles hat mich total überfordert.« Wieder nickte er. »Und jetzt habe ich verstanden, dass all diese Kämpfe nötig waren, um zueinanderzufinden.« Er sagte immer noch nichts, sondern nahm nur meine Hand und küsste mich auf die Wange. Ich war glücklich. Ich fühlte mich endlich angekommen. Ich konnte ich selbst sein. Nun war ich an der Reihe, ihn endlich zu akzeptieren.

Von da an wandelte sich unsere Beziehung. Wir waren richtig verliebt, so, wie wir es in unseren Zwanzigern nicht gewesen waren. Dabei wurde uns auch nicht langweilig, weil wir uns schon so lange kannten. Ich lernte, dass ein geliebter Mensch nie langweilig wird, wenn er genug Raum zur Entfaltung hat. Das galt sowohl für ihn wie auch für mich. Wir ließen uns den nötigen Freiraum und beeinflussten uns trotzdem ständig. Auf einmal gab es für Raoul nicht mehr nur Tiefkühlpizza und Gulasch, er wurde neugieriger, probierfreudiger und vielfältiger. Noch heute gehört Couscous nicht unbedingt zu seinen Lieblingsspeisen, aber ab und zu lässt er sich überreden, etwas Neuartiges zu probieren. Ich hingegen habe gelernt, nicht mehr so kompliziert zu sein. Keine leichte Übung. Aber wenn man aufeinander zugeht, färben die Eigenschaften auf den Partner ab. Und weil wir beide so ausgesprochen verschieden waren, war Platz für alles in unserem Leben. Wir redeten immer noch nicht viel, aber ich hielt ihn auch nicht mehr für den Einfaltspinsel, als der er mir vor 18 Jahren erschienen war. Und heute möchte ich meinen Mann gegen keinen anderen eintauschen. Wir haben zwei wundervolle Söhne und sind verliebt wie … nun, wie am ersten Tag wäre angesichts unserer Geschichte eine Lüge, aber hey, wir sind verliebt.

Jetzt, mit 45, bin ich gereift und ein kleines bisschen ruhiger. Die romantische Grüblerin in mir ist immer noch nicht verstummt, vielleicht bin ich etwas weniger rastlos, aber doch nach wie vor eine Träumerin. Und so sehe ich mit Wehmut den 15-jährigen Mädchen auf dem Pausenhof zu, wenn sie kichernd die Jungs anhimmeln, die ihnen Schmetterlinge in den Bauch und Flausen in den Kopf setzen, weil ich weiß, dass ich das so nie mehr erleben werde. Und während eine Seite an mir heilfroh darüber ist (und die meisten Frauen in meinem Alter mir zustimmen werden), verspüre ich auf der anderen einen wehmütigen Stich. Aber ich weiß genau, dass der Mann an meiner Seite, der mich so kennt wie kein anderer und mich so nimmt, wie ich bin, meine seltsamen Anwandlungen versteht. Wenn ich ihm beim Nachhausekommen davon erzähle, wird er mich in seine Arme nehmen und mich liebevoll eine Verrückte nennen.

Toy Boy with benefits

Paula (53), Hausfrau, Berlin,
über
Friedrich (48), Manager, Berlin

Ich soll also die Geschichte von meinem Toy Boy erzählen. Den Begriff muss ich erst mal googeln. Aha. Eine Online-Datingseite klärt mich auf. Hochinteressant. Sextechnisch sind junge Männer und ältere Frauen eine heiße Kombination, steht da. Und auch die Kinderfrage ist in solchen Beziehungen laut Internet kein Problem. Ich lese und staune. »Ältere Frauen sind finanziell und emotional unabhängig.« Und weiter unten steht da noch, dass ältere Frauen auch gelassener sind als jüngere und nicht »zickig«.

Obwohl diverse Verflossene von mir bedeutend jünger waren und auch der aktuelle Mann an meiner Seite gute neun Jahre weniger auf dem Buckel hat, bin ich mit einigen Klischees über diese sogenannten »Toy Boys« nicht einverstanden. Sie werden sehen, warum.

Ich möchte hier von meiner Affäre mit Friedrich erzählen. Diese Geschichte liegt nun schon einige Jährchen zurück, um genau zu sein, 18. Damals hatte Demi noch ihren Bruce, Madonna noch kein Baby Jesus, und überhaupt fanden romantische Verbindungen mit umgekehrtem Altersunterschied eher im Verborgenen statt. Trotz der modernen Zeiten, in denen wir lebten – Emanzipation war ja auch in den Neunzigern kein Fremdwort mehr –, waren die Männer größtenteils die Jäger und Versorger. Daran waren nicht unbedingt die Frauen schuld, es lag an ihrer Erziehung. Ich hatte nichts gegen diese Rollenverteilung und hätte mein Witwendasein nie im Leben für eine Affäre mit einem jungen Liebhaber auf-gegeben, der mir sexuell neue Horizonte eröffnete, mit dem ich mich aber nicht einmal über das Fernsehprogramm unterhalten konnte – und der sich womöglich noch auf meine Kosten einen schönen Lenz machte.

Ich hatte mich gerade von meiner Ehe erholt, die dem klassi-schen Rollenbild entsprochen und mit der Krankheit und dem Tod meines Mannes geendet hatte. Nun lebte ich in einer Beziehung mit einem äußerst verlässlichen Mann. Er war meine ehemalige Jugendliebe. Ich verstand mich zwar gut mit ihm, litt aber ein bisschen unter der Tatsache, dass er ein richtiger Workaholic war. Nicht selten kam er erst um Mitternacht aus dem Büro nach Hause, wo er mich Trübsal blasend vor dem kalt gewordenen Abendessen vorfand, mit vorwurfsvollem Blick und stummer Enttäuschung. Ich sagte nie etwas. Das war schon in meiner Ehe nicht so üblich gewesen, und ich wollte keine dieser keifenden Hausfrauen sein, die ihren Mann mit dem Teppichklopfer in der Hand hinter der Wohnungstür erwarteten und ihm erst mal eine Standpauke hielten. Er sollte von selbst darauf kommen, dass die Arbeit zwar wichtig war, es aber auch noch andere Dinge im Leben gab. Mich zum Beispiel. Seine gut aussehende 35-jährige Freundin, die es langsam leid wurde, am Freitagabend einsam und allein zu Hause herumzuhocken.

Ich hatte zwei Kinder, und Arno kümmerte sich wirklich vorbildlich um die Kleinen. Wenn er da war. So beschloss ich, mal wieder auszugehen.

Es war ein Samstagabend, Arno hütete die Kinder, und ich war mit einer Freundin unterwegs. In einer Cocktailbar alberten wir herum und gingen noch auf einen Absacker in eine schummrige Bar, die als Fleischmarkt berüchtigt war. Nicht dass ich vorgehabt hätte, wild fremdzuflirten, ich war nur auf ein bisschen Bestätigung aus, die ich zu Hause nicht kriegte. Von wem auch, vom Bügeltisch? Arno war doch zu sehr mit Arbeit beschäftigt, um mich überhaupt wahrzunehmen. Ich hatte manchmal das Gefühl, ich könnte vor ihm nackt Saltos schlagen, und er würde nicht einmal von seinen Papieren aufsehen. Nun, in dieser Bar war das absolut nicht nötig, wie ich feststellte. Sobald wir eingetreten waren, verschlangen uns die anwesenden Männer mit ihren Blicken. Das war so offensichtlich, dass es fast ein wenig lächerlich wirkte. Ich grinste meiner Freundin zu und ging etwas bestellen, während sie unbeeindruckt und mit unbeteiligtem Blick an einem der Tische Platz nahm. Als ich zurückkam, saß ein Herr bei ihr. Wie ich mich dem Tisch näherte, stand er höflich auf und wartete, bis ich Platz genommen hatte. »Das ist Friedrich«, stellte sie ihn mir vor, »du weißt schon, von der Firma Soundso.« Ich zog eine Augenbraue hoch. Ich hatte schon von diesem Typen gehört. Er war irgendein hohes Tier in Arnos Firma und zeichnete sich durch seinen etwas eigenwilligen Führungsstil aus. Tatsächlich war er selten im Büro und gondelte stattdessen lieber in der Weltgeschichte herum. »Sehr erfreut«, begrüßte ich ihn, »ich bin Paula.« Er lächelte mich an und sagte nur: »Ich weiß.« Nun, das überraschte mich nicht. Ich hatte schon öfter Männer kennengelernt, die mich anscheinend bereits vom Sehen her kannten. An Aufmerksamkeit war ich gewöhnt, und ich fasste sie als Kompliment auf, nicht mehr. An dem Menschen

> »Sehr erfreut«, begrüßte ich ihn, »ich bin Paula.« Er lächelte mich an und sagte nur: »Ich weiß.«

unter meiner hübschen Schale war kaum jemand interessiert, was mich mit meinen seelischen Altlasten aus der Vergangenheit zu einem komplizierten Gegenüber machte. Das bekam auch Friedrich ziemlich schnell mit. Er schien ein ziemlich forscher Mensch zu sein, was mir gefiel. Und er hatte nur Augen für mich.

»So, Schöne. Erzähl mal.« Mit verschwörerischem Blick rückte er näher.

»Was soll ich dir erzählen? Ich kenne dich doch gar nicht.«

»Na, deine Geschichte. Ich möchte mir ein Bild machen von dir.«

Ein Bild machen, so so. Ich lehnte mich zurück. Na dann mal schauen, wie dieses Bild wohl aussehen würde, wenn es fertig war.

»Nun. Ich bin 35. Meine beiden Kinder sind zwei und sieben Jahre alt. Mein Mann ist an Leukämie gestorben, die Ehe ist keine besonders gute Idee gewesen. Ich habe wegen der Kinder durchgehalten. Und jetzt gerade bin ich mit einem Mann zusammen, der sich spätnachts lieber durch seine Akten wühlt als mit mir zwischen den Laken.«

Hoppla. Da hatte sich wohl einiges an Verbitterung angestaut. Ich lachte gezwungen, um dem Gesagten die Schärfe zu nehmen. »Und was ist deine Geschichte?«

»Die kennst du doch. Alles, was man über mich erzählt, ist wahr.«

»Was erzählt man sich so über dich?«, fragte ich unschuldig.

»Dass ich Abteilungsleiter bei Soundso bin, viel reise, und dass Letzteres die Priorität in meinem Leben hat.«

»Es heißt, du seist auch sehr kreativ. Und erfolgreich damit.«

»Nun ja, ich male gern. Um den Erfolg geht es mir dabei nicht, sondern um die Erfahrung. Ich kann mir den Luxus leisten, meinem Hobby an den schönsten Orten der Welt nachzugehen.«

Ich war beeindruckt. Im Laufe des Gesprächs, das wir für den Rest des Abends so ziemlich allein zu zweit bestritten, erzählte ich ihm von meinem bisherigen Leben, und er war ein ausgezeichneter Zuhörer. Er verstand es, mich aus der Reserve zu locken, und unterhielt mich seinerseits mit schrägen, aber lustigen Geschichten von seinen Reisen. Dieser Richard Branson für Arme, wie ich ihn insgeheim nannte, schien auf den ersten Blick sehr angetan von mir, und wenn ich ehrlich sein will, war ich es auch. Es war nicht nur so, dass ich nach Aufmerksamkeit lechzte, ich war einfach hingerissen von diesem erfahrenen, weltoffenen, kreativen Menschen. Irgendwann musterte ich ihn nachdenklich und sagte: »Ich bin in festen Händen.« – »Das weiß ich bereits«, gab er zurück, »und weißt du was? Es ist mir egal.« Er prostete mir zu, nahm einen Schluck und fuhr dann fort: »Was hältst du von Norwegen?«

Verwirrt kehrte ich nach Hause zurück. Dieser Friedrich schlug Saiten in mir an, die ich schon längst vergessen geglaubt hatte. Ich fühlte mich wie ein Teenager, was aber an seiner Art und nicht an der Tatsache lag, dass er fünf Jahre jünger war als ich. Überhaupt hatte er nichts von einem unbedarften Jüngling an sich, im Gegenteil. Er war genau der Typ Mann, der mir gefährlich werden konnte. Arno bemerkte meine Zerstreutheit erstaunlicherweise ziemlich bald, und er fragte mich nach dem Grund. »Ich fahre nach Norwegen.« Er sah mich lange an und legte dann misstrauisch den Kopf schief: »Mit wem?« – »Ich weiß nicht, ob du ihn kennst. Mit Friedrich, aus deiner Firma.« – »Wie kommst du denn zu dem?« Ich wich seinem Blick aus: »Ach weißt du, wir haben uns neulich beim Ausgehen getroffen, und er fragte mich spontan, was ich davon halten würde. Und ich habe spontan zugesagt.« – »Spontan, so so.« Ja, spontan! Stell dir vor! Ich hätte ihn am liebsten geschüttelt. Spontaneität war für Arno schon lange zum Fremdwort geworden, während ich verzweifelt auf der Suche nach etwas Abwechslung war, nach etwas, was ich nur für mich tat. Ich wollte das Leben genießen, und eine Reise nach Skandinavien war ein guter Anfang, wie ich fand.

»Fahr nur«, war Arnos einziger Kommentar. Ich glaube, er ahnte damals schon etwas. Aber da er kein Wort darüber verlor, tat ich das natürlich auch nicht.

Die Zeit bis zu unserem Reiseantritt verging wie im Flug, was unter anderem daran lag, dass ich mit Friedrich bereits eine stürmische Affäre begonnen hatte. Angefangen hatte es mit einem harmlosen Abendessen mit Freunden bei ihm zu Hause. Er lebte damals noch bei seinen Eltern und seine Mutter war es auch, die später meine Haarnadeln auf ihrer Couch fand, nachdem er mich gleich dort vernascht hatte. Als sie sie mir wortlos und mit versteinerter Miene Wochen danach in die Hand drückte, sagte ich kein Wort, bedankte mich nonchalant und grinste in mich hinein. Wie verrucht, so kenne ich dich gar nicht, Paula, sagte ich insgeheim zu mir selbst. Unsere erste Nacht war wild und aufregend gewesen, und wenn es auch schäbig von mir war, meinen Lebensgefährten so zu betrügen, hatte ich doch berechtigte Zweifel daran, dass er es mitbekommen würde. Auch Friedrich hatte eine feste Freundin zu jener Zeit, eine fesche junge Dame in seinem Alter. Sie wohnten natürlich nicht zusammen. Bis er sein eigenes Haus bezog, lebte er bei seinen Eltern. Das erschwerte unsere Affäre ein bisschen, machte aber auch ihren zusätzlichen Reiz aus. Wir trafen uns in Hotels, versteckten uns in seinem Zimmer, und wenn es sein musste, ging es auch schon mal in die freie Natur. Sex erhielt eine völlig neue Dimension für mich, und ich hatte endlich Gelegenheit, die ganze Sache auch einmal zu genießen. Während meiner Ehe waren mir die körper-

Wir flogen also nach Norwegen und verbrachten eine wunderbare Woche zwischen Fjorden, Geysiren, Luxushotels und abgefuckten Campingplätzen.

lichen Freuden eher eine Last gewesen. Ich hatte meinem Mann zur Verfügung zu stehen und das war's.

Wir flogen also nach Norwegen und verbrachten eine wunderbare Woche zwischen Fjorden, Geysiren, Luxushotels und abgefuckten Campingplätzen. Was mir an Friedrich so gefiel, war die Tatsache, dass er trotz seines nicht unbeträchtlichen Vermögens kein Problem damit hatte, auch einmal in einer Holzhütte oder in einer Absteige mit Klo auf dem Gang zu pennen, wenn gerade keine andere Bleibe zur Verfügung stand. Na ja, meistens waren wir schon in den besten Hotels vor Ort untergebracht, aber wenn es sein musste, nahmen wir auch mit weniger Luxus vorlieb. Wir waren beide rettungslos verknallt und hatten traumhaften Sex. Ich fühlte mich wie zu neuem Leben erwacht und genoss den Urlaub vom Alltag mit diesem weltgewandten, interessanten jungen Mann an meiner Seite. Der mir jeden Wunsch von den Augen ablas. Ehrlich gesagt: Seine Geschenke und die Selbstverständlichkeit, mit der er für alle Kosten aufkam, trugen nicht unwesentlich dazu bei, dass ich mich wie eine Prinzessin fühlte. Nicht, dass ich auf sein Geld scharf gewesen wäre. Es war nur schön, sich um nichts kümmern zu müssen. Wie gesagt, ich war eine Witwe mit zwei kleinen Kindern.

Wir fuhren also quer durch das Land, durch Fluss- und Seenlandschaften. Wir hatten einen Jeep gemietet, Friedrich hatte seine

Malausrüstung immer dabei, und ich sah ihm begeistert über die Schulter, wenn er mal wieder stundenlang versuchte, ein Motiv auf die Leinwand zu bannen. Wir hatten in jeder Absteige Sex, putzten uns die Zähne bei eisigen Temperaturen im Freien und ließen uns den Duft der Freiheit um die Nasen wehen. Erfahrungen, die neu und aufregend für mich waren. Vor allem, weil ich eben nicht frei war. Friedrich hatte seine Beziehung bereits vor unserer Reise beendet, was mir sehr schmeichelte. Ich war noch nicht so weit gewesen, wusste aber sehr wohl, dass mich bei meiner Rückkehr ein ernstes Gespräch erwartete. Im Flugzeug zurück nach Hause heulte ich fast. Wir hatten uns nicht über unsere Beziehung unterhalten, aber ich wusste, ich musste reinen Tisch machen. Das war ich Arno schuldig.

Friedrich setzte mich vor meiner Wohnung ab, ich wuchtete meine Koffer ins Treppenhaus und öffnete die Tür. Vor mir auf der Kommode stand ein riesiger Blumenstrauß. Wie reizend. Ich betrachtete ihn und sah eine Karte, die daneben lag. In der Erwartung, eine nette Willkommensbotschaft vorzufinden, nahm ich sie in die Hand. Erschrocken las ich, was darauf stand. Keine Willkommensbotschaft, sondern eine Todesanzeige. Von einem Kind, das bei einem Unfall ums Leben gekommen war. Es war das Kind von Arnos bestem Freund. Plötzlich stand er neben mir. »Wie du siehst, haben wir uns hier mit anderen Dingen herumgeschlagen, während du dich mit deinem Lover vergnügt hast«, flüsterte er mir bitter ins Ohr, »aber ich bin doch irgendwie froh, dich zu sehen.« Die Ungerechtigkeit seines Vorwurfs bohrte sich in mein untreues, verliebtes Herz, und ich blaffte ihn an: »Da ist die Tür. Du kannst gehen.« Ich weiß, das war grausam von mir, aber wie hätte ich wissen können, was für

»Wie du siehst, haben wir uns hier mit anderen Dingen herumgeschlagen, während du dich mit deinem Lover vergnügt hast«, flüsterte er mir bitter ins Ohr.

Tragödien sich während meiner Abwesenheit ereignen würden. Vielleicht hatte ihn dieser traurige Vorfall wenigstens einmal aus seiner stumpfsinnigen Arbeitswut gerissen. Ich hatte es ja monatelang nicht geschafft.

Nun war ich tatsächlich frei für Friedrich, und wir verbrachten viel Zeit miteinander. Trotz allem fühlte ich mich nicht wirklich als seine Freundin. Wir gingen nicht viel in Berlin aus, sondern verreisten eher. Manchmal kam er zu mir nach Hause, wo ich ihn mit dem Abendessen erwartete, und er war immer pünktlich. Friedrich nahm mich mit zum Skifahren, an Seen, zum Wellnessurlaub und in die Berge. Mit ihm teile ich bis heute einige meiner schönsten Erfahrungen. Auch ohne Anlässe machte er mir teure Geschenke, ich wurde mit Kleidern und Schmuck überhäuft. Es machte ihm nichts aus, und ich genoss diese Aufmerksamkeiten. Ich hatte einen jüngeren, reichen und äußerst großzügigen Freund, und ich lebte diese Beziehung voll und ganz aus. Wir waren überall, und wir ließen es uns richtig gut gehen. Etwas, was ich nie zuvor erlebt hatte, aber dringend brauchte. Wir bereisten ganz Italien, fuhren in die Provence, nach Amerika, Kanada, Singapur, Hongkong und Bali. Einmal kam er gerade aus China zurück und zeigte mir einen bezaubernden Rohsaphir, den er dort erstanden hatte. Ohne Verdacht zu schöpfen, fragte ich ihn naiv: »Wie schön! Und, was machst du jetzt damit?« Drei Monate später schenkte er ihn mir, geschliffen und eingefasst in eine Menge Diamanten. So war Friedrich eben. Und seine Großzügigkeit täuschte mich fast darüber hinweg, dass er in mancher Hinsicht eher undurchsichtig blieb. Fast. Denn nach und nach krochen seine anderen Liebschaften aus allen Löchern.

So stand er eines Abends geschniegelt und herausgeputzt vor mir, als ich ihm die Tür öffnete. Verwirrt blickte ich an ihm herunter. »Du ziehst dir für ein Abendessen bei mir zu Hause einen Anzug an? Ich bin geschmeichelt«, zog ich ihn auf. »Äh, nicht ganz«, stammelte er verlegen, »ich gehe auf einen Ball.« – »Ja, und ich bin ein Arschloch?«, entfuhr es mir beleidigt. Beschwichtigend hob er die Hände: »Nein, versteh mich nicht falsch. Ich würde dich ja gern mitnehmen, aber ich gehe mit ein paar Freunden. Nur wir Männer. Ist das okay?« Wortlos nickte ich und schlug ihm die Tür vor der Nase zu. Welcher Mann geht schon mit seinen Kumpels auf einen *Ball*? Der Kerl hielt mich wohl für dümmer, als die Polizei erlaubt. Wutschnaubend sann ich über diese offensichtliche Lüge nach, während ich appetitlos das Abendessen in mich hineinstopfte. Na gut, dachte ich, ich habe ja keine Beweise. Dieses eine Mal ließ ich es ihm durchgehen. Ich sprach ihn nie darauf an, und ich weiß bis heute nicht, wo diese ominöse Ballveranstaltung wohl stattgefunden hatte.

Eine Rechnung über ein Dinner am Bodensee fiel heraus. Für zwei. Ich war noch nie am Bodensee gewesen.

Das zweite Mal, als er mir einen Anlass zur Eifersucht lieferte, war die Sache schon klarer. Aus irgendeinem Grund hatte ich Friedrichs Brieftasche geöffnet, die immer auf der Kommode in meiner Diele lag. Wir waren gerade beim Essen, und ich ging hinaus, nahm sie einfach in die Hand und spielte damit herum. Ich wollte ihm nicht nachspionieren, ich habe keine Ahnung, was ich darin wohl gesucht hatte. Ich hatte das noch nie zuvor getan. Muss wohl so etwas wie Eingebung gewesen sein, denn ich wurde natürlich fündig. Eine Rechnung über ein Dinner am Bodensee fiel heraus. Für zwei. Ich war noch nie am Bodensee gewesen. Ich atmete tief durch und setzte mich mit dem Wisch in der Hand erst mal an den Küchentisch.

Als ich mich beruhigt und meine Gedanken geordnet hatte, ging ich zurück ins Esszimmer. »Du, sag mal«, stellte ich Friedrich ohne Umschweife zur Rede, »für wen hältst du dich eigentlich, Don Juan?« Und ich knallte den Zettel vor ihm auf den Tisch. Er meinte ruhig und gelassen: »Es war ein unbedeutender Ausrutscher. Völlig belanglos. Mach dir einfach keine Sorgen, ich liebe nur dich.«

Was sollte ich machen? Ich wollte ihn doch immer noch. Und auf keinen Fall war ich bereit, diese schöne Beziehung, die ich mit ihm schon über drei Jahre führte, aufzugeben. So verzieh ich ihm wohl oder übel.

Was folgte, war der Weg nach unten. Direkt proportional zu meinem Stolz und meinem Selbstwertgefühl ging es mit unserer Liebe bergab. Ich litt unter der Gleichgültigkeit, mit der Friedrich manche Probleme einfach vom Tisch wischte, unter meiner Unfähigkeit, mit ihm eine Unterhaltung zwischen Erwachsenen zu führen, und meiner Angst, ihn zu verlieren. Obwohl er im Laufe der Zeit (wir näherten uns der Fünf-Jahres-Marke) fast schon bei mir eingezogen war, war er immer noch der Freigeist geblieben, der er nun einmal war. Obwohl sämtliche seiner Hemden in meinem Schrank hingen, das Bad vollgestopft war mit unser beider Toilettenutensilien und er fast jeden Abend zu mir kam, enthielt er mir vor, wie es in seinem Innersten aussah. Nun hatte er endlich sein Haus gebaut, und obwohl ich ihm geholfen hatte, die ganze Bude auf Vordermann zu bringen, erwähnte er niemals auch nur mit einem Wort, dass ich mit ihm einziehen sollte. Ich glaubte auch nicht so recht daran, obwohl ich es insgeheim vielleicht hoffte. Der Haussegen hing gewaltig schief, aber da keiner von uns darüber sprach, wurde das Thema nie auf den Tisch gebracht. Vielleicht hätte ich ihn darauf ansprechen sollen, aber in unseren Gesprächen ging es nie um derartige Probleme, und ich wollte die Beziehung nicht noch mehr belasten. Vielleicht ein feiges Verhalten von mir, aber solange ich die Augen vor der Wirklichkeit verschloss, hielt mein Märchen an.

An meinem vierzigsten Geburtstag holte er mich ab und bat mich, ihn zu begleiten. Er müsste etwas mit einem seiner Handwerker regeln. Ich willigte ein, und wir fuhren los. Er brachte mich zu einem noblen Restaurant, und ich schöpfte immer noch keinen

Verdacht, als er mir die Wagentür aufhielt. Verwundert betrat ich das Lokal, und eine Horde von Freunden und Bekannten begrüßte mich lauthals mit Geburtstagsglückwünschen. Mit der Hälfte davon hatte ich mich für den Abend verabredet, um ganz gemütlich meinen Geburtstag zu feiern. Friedrich hatte noch mal so viele Bekannte von uns eingeladen und diese Überraschungsparty für mich geplant. Ich war gerührt. Wir verbrachten einen äußerst netten und unterhaltsamen Abend, der noch nicht zu Ende war, als wir glücklich und satt zu Hause ankamen. Die heiße Liebesnacht, die folgte, ließ mich wieder hoffen, dass sich alles zum Guten wenden würde. Auch ohne große Reden zu schwingen.

Zwei Wochen später stand Friedrich erneut vor meiner Tür. Diesmal packte er wortlos seine ganzen Sachen und verstaute sie in seinem Wagen. Ohne eine Erklärung. Da erwachte ich plötzlich aus meiner Erstarrung. Zu spät. Ich schrie und zeterte wie ein Marktweib, was die Situation nicht besser machte. Er reagierte überhaupt nicht. Und startete den Wagen.

Vielleicht habe ich ihm zu viele Freiheiten gelassen und zu wenig dafür eingefordert. Ich bin heute noch stolz darauf, dass wir keine typische Toy-Boy-Geschichte hatten, sondern mein jüngerer Liebhaber ein Partner auf Augenhöhe war, der sich nicht von mir aushalten ließ, sondern mir ganz im Gegenteil ein Leben im Luxus bot. Aber teure Geschenke sind nicht alles, und statt ihrer hätte ich wohl besser etwas mehr Verständnis verlangen sollen. Oder Rücksicht auf meine Gefühle. Unsere Beziehung scheiterte an der Unfähigkeit zu kommunizieren. Dass auch er verliebt war, bezweifle ich bis heute nicht. Aber aus irgendeinem Grund konnten wir uns nicht verständigen. Ein Fehler, den ich keinesfalls auf den Altersunterschied schieben möchte, denn ich habe ihn ebenso begangen wie er.

Der Rosen-kavalier

Carmen (38), Floristin, Argentinien,
über
Sven (27), Student, Innsbruck

Meine Ehe war nicht so verlaufen, wie ich mir das vorgestellt hatte, und obwohl wir alles versucht hatten, hatten unsere Gefühle wohl nicht ausgereicht, um einander bis zum Tod zu ertragen. Mein Exmann war sieben Jahre älter als ich, und ich hatte ihn geheiratet, als ich 18 war. Ich hatte mein Heimatland verlassen und war ihm in diese kleine Stadt in den Alpen gefolgt. Nun wird sich so mancher denken, als Latina hätte ich mich nicht wohlgefühlt in der Enge des Tiroler Landes, in der winterlichen Kälte und unter all diesen doch recht zugeknöpften Menschen. Das Gegenteil war jedoch der Fall. Ich fühlte mich sofort zu Hause und pudelwohl. Das Problem war, dass mein Mann sich immer mehr zurückzog, zum wahren Stubenhocker mutierte und ich mir nicht wie eine 18-Jährige, sondern eher wie achtzig vorkam.

Mir ist zumut,
dass ich die Schwäche von allem Zeitlichen recht spüren muss,
bis in mein Herz hinein:
wie man nichts halten soll,
wie man nichts packen kann,
wie alles zerläuft zwischen den Fingern,
wie alles sich auflöst, wonach wir greifen,
alles zergeht wie Dunst und Traum. *

Aber das war jetzt vorbei. Ich war 34, frisch geschieden, stolze Mutter eines Sohnes und voller Nachholbedarf. Die Woche bestand aus sieben Freitagen, und meinen Geburtstag im Mai 2007 feierte ich drei Tage lang. Am dritten Tag und schon etwas überanstrengt vom Partymarathon, den ich mit meiner Freundin bestritt, landeten wir in einer Bar, wo wir einen Arbeitskollegen und seinen Freund Sven trafen. Jessica schien hin und weg von

---

* Alle nachfolgenden Textauszüge – dt. und ital. – aus: »Der Rosenkavalier« von Richard Strauss;
  Libretto: Hugo von Hofmannsthal

Letzterem zu sein, und amüsiert beobachtete ich, wie sich die beiden angeregt unterhielten. Der Kerl schien sie ganz schön anzubaggern, und er war ausgesprochen hübsch. Wir gingen noch zu mir nach Hause, und ich bekochte die beiden Turteltäubchen.

Mein improvisiertes Nudelgericht erntete begeisterte Kommentare, und ich musste grinsen. Für eine Südamerikanerin war ich eine miserable Köchin. Schließlich war ich von zu Hause abgehauen, sobald ich volljährig war, und das Verhältnis zu meiner Mutter war nie so toll gewesen, dass sie mich in die wichtigsten Kompetenzbereiche einer guten Ehefrau einweihen konnte: Kochen, Kuscheln und Kinder machen. In meinem Heimatland waren die Frauen quasi darauf programmiert, Mütter zu werden, und mir hatte diese Engstirnigkeit immer eine Höllenangst eingejagt. »Endlich einmal eine Frau, die kochen kann«, rief Jessicas Auserwählter begeistert aus. Ich lachte, erwiderte aber nichts. Junge, der hatte vielleicht blaue Augen.

Ich schielte hinüber zur Couch, auf der Jessica gecrasht war. Und wie ein Wrack sah sie auch aus. Komplett abgestürzt. Ich kicherte. Das mit der romantischen Liebesnacht würde wohl nichts mehr werden. Ich warf Sven einen mitfühlenden Blick zu, aber es schien ihm nichts auszumachen, dass seine Eroberung den Schlaf der Gerechten (und Besoffenen) schlief. Im Gegenteil, er schien froh darüber zu sein, und im Laufe des Gesprächs, das sich zwischen uns die nächsten drei Stunden entwickelte, fiel mir erst auf, dass er überhaupt kein Interesse an meiner Freundin zu haben schien, sondern wohl eher an mir. Ich war geschmeichelt und überrascht darüber, wie gut ich mit ihm reden konnte.

Wir sprachen über Gott und die Welt, ich erzählte ihm von den vielen Reisen, die ich mit meinem Exmann gemacht hatte. Meine Leidenschaft für Opern begeisterte ihn, obwohl er sich überhaupt nicht damit auskannte, und wir hörten noch stundenlang klassische Musik. Irgendwann umarmte er mich, und ich gab seinem schüchternen Drängen nach. Eine Nacht mit diesem jungen Adonis konnte ich mir ja wohl leisten, und ich bereute es nicht. Er war jung, aber nicht unerfahren, wir waren voneinander magisch angezogen, und obwohl wir versuchen mussten, leise zu sein, verbrachten wir eine heiße Liebesnacht. Ich war daran gewöhnt, dass die von Klischees umnebelten Erwartungen der Männer die Wirklichkeit meist überstiegen, wenn es darum ging, eine feurige Latina flachzulegen, aber in diesem speziellen Fall kann ich ohne falsche Bescheidenheit sagen, dass ich ihnen gerecht wurde. Feuer will schließlich auch entfacht werden, und nicht allen Männern ist es gegeben, eine Frau im Bett so richtig glücklich zu machen. Schüchtern, aber nicht unbeholfen, zeigte mir dieser 23-Jährige, was ich in den letzten Jahren meiner etwas eingeschlafenen Ehe versäumt hatte. Und ich war froh, dass ich anscheinend doch nichts verlernt hatte.

Dass Sven am nächsten Morgen verschwunden war, überraschte mich nicht, und glücklich und zufrieden frühstückte ich mit meiner Freundin und arbeitete das Geschehene auf. Zum Glück hatte sie kein Auge auf Sven geworfen, was mir ein schlechtes Gewissen ersparte. Wir hatten keine Telefonnummern ausgetauscht, und das war mir recht. Für eine Beziehung war ich zu unternehmungslustig und vorsichtig durch meine gescheiterte Ehe. Auch wusste ich aus eigener Erfahrung, wie problematisch ein so großer Altersunterschied sein konnte. Ich hatte oft im Schatten meines älteren Mannes gestanden, konnte mich nicht entfalten und war schließlich fast daran zerbrochen. Außerdem war ich Mutter eines 13-jährigen Jungen, der Mittelpunkt meines Lebens war, und mit dem ich das Zusammensein noch genießen wollte, bevor er flügge wurde. So verstrichen zwei Wochen, und ich hatte die schöne, aber kurze Episode schon fast vergessen, als ich diesen Typen beim Einkaufen anrempelte. Er war hoch gewachsen, hatte schöne blaue Augen und erinnerte mich an jemanden. »Hoppla, Entschuldigung!«, rief er aus und musterte mich dann ungeniert. Fieberhaft durchforstete ich mein Gedächtnis. Kannten wir uns?

Hatten wir vielleicht sogar etwas miteinander gehabt? Beschämt strengte ich meine grauen Zellen an. In den letzten Wochen hatte ich nichts anbrennen lassen, und wenngleich ich nur mit Sven geschlafen hatte, hatte ich doch wild geflirtet, geknutscht und eben alles nachgeholt, was ich mit 18 versäumt hatte.

»Du bist doch ... Carmen, oder?« Der unbekannte Typ beäugte mich mit zusammengezogenen Augenbrauen, und mir fiel es wieder ein. Sven hatte doch mal seinen Zwillingsbruder erwähnt. »Äh, ja. Und du bist ...?« Er strahlte mich an: »Patrick. Sehr erfreut. Mein Bruder hat von dir erzählt. Ich glaube, ich sollte dir wohl seine Nummer geben.« Er grinste breit. Ich begann, von einem Fuß auf den anderen zu trippeln. Wirklich? Oh mein Gott. Was genau Sven seinem Bruder wohl alles erzählt hatte? Ich hoffte, dass ich nicht rot angelaufen war, aber Patrick plapperte ganz unbefangen weiter. Die Handynummer nahm ich gern an, und das Ebenbild meines One-Night-Stands schien so freudig überrascht, dass ich mich drei Wochen später tatsächlich bei Sven meldete.

Er erkannte mich sofort an der Stimme. »Carmen?«, fragte er erfreut, und mein Herz machte einen Hüpfer. Ich versuchte, mir meine Aufregung nicht anmerken zu lassen, und fragte ihn ganz unverfänglich, was er so machte. Er war gerade in der Kletterhalle und wollte mich am nächsten Tag sehen. Ich verscheuchte das Bild seines nackten Oberkörpers und ermahnte mich, dass ich es

Er erkannte mich sofort an der Stimme. »Carmen?«, fragte er erfreut, und mein Herz machte einen Hüpfer.

ihm nicht zu leicht machen durfte, wenn ich nicht verletzt werden wollte. Daher sagte ich leichthin: »Ja, aber nur, wenn du mir Blumen mitbringst.« Er schwieg kurz und meinte dann leichthin: »Gut, wenn es dir nichts ausmacht, dass ich sie im Park stehle. Morgen ist nämlich Sonntag.« Das hatte ich nicht bedacht, und ich schalt mich eine dumme, prätentiöse Kuh. Der arme Junge. Am nächsten Tag guckte ich dann doch etwas bedröppelt drein, wie er mit einer Rose in der Hand vor meiner Tür stand. Ich liebe es, wenn Männer auf Kleinigkeiten achten. Das lieben alle Frauen.

Ich weiß, warum du traurig bist, mein Schatz.
Weil du erschrocken bist und Angst gehabt hast.
Hab ich nicht recht? Gesteh mir nur:
Du hast Angst gehabt,
du Süße, du Liebe.
Um mich, um mich!

Der Zufall hatte so energisch nachgeholfen, dass wir wohl nicht anders konnten, als uns zu verlieben. Und es war wie früher in der Schule. Wir teilten all unsere Erlebnisse, hockten stundenlang zusammen und hielten Händchen, kochten zusammen und unternahmen Ausflüge. Keiner von uns nahm zunächst das Wort »Beziehung« in den Mund, obwohl es schon längst eine war. Ich hatte immer noch Bedenken, aber Sven erklärte mir immer wieder ernsthaft, dass er froh war, mich getroffen zu haben, weil ich eine richtige Frau sei. Er meinte, die Frauen in seinem Alter wären allesamt doofe Gänschen. Ich hatte meine Zweifel an dieser Aussage, unter anderem weil ich wusste, dass es eben auch sehr reife, vernünftige, frauliche Zwanzigjährige gab. Aber irgendwann ließ ich ihm seine Vorurteile einfach und genoss, wie er mich anbetete. Das machte mir das Leben leichter. Im Gegensatz zur Tatsache, dass ich eine Heidenangst hatte, seinen Eltern vorgestellt zu werden.

Eines Tages war es dann so weit. Ich machte gerade Mittagspause und ging auf dem Weg vom Büro an Svens Haus vorbei. Er stand auf dem Balkon und rauchte eine Zigarette, und als er mich sah, rief er mir zu: »Hallo Schatz, möchtest du auf einen Sprung heraufkommen?« Ich wusste, dass er noch bei seinen Eltern wohnte, schließlich war er noch Student, deshalb fragte ich zurück, ob er allein sei. »Klar, komm, ich mach dir einen Kaffee!«, kam es zurück. Gleich beim Eintreten wurde mir klar, dass er mich hereingelegt hatte. »Svennie, wer ist das?« Seine Mutter kam ahnungslos aus dem Schlafzimmer und schreckte erst einmal zurück, als sie mich erblickte. Zumindest kam mir das so vor. Wie gesagt, ich war noch nicht so weit. Außerdem

Ich brabbelte irgendwas von »sehr erfreut« und bemerkte, dass seine Mutter mir nicht in die Augen sah, als ich ihr die Hand reichte. Das konnte ja heiter werden.

stand ich da in voller Büromontur, die in meiner Firma immer sehr elegant ausfiel, und überlegte, wie alt ich darin wohl erst aussehen musste. Verdammt, wir waren erst drei Monate zusammen, musste das sein? Sven meinte mit einem Grinsen in den Augen: »Das ist meine Freundin, von der ich dir erzählt habe, Mama: Carmen.« Ich brabbelte irgendwas von »sehr erfreut« und bemerkte, dass seine Mutter mir nicht in die Augen sah, als ich ihr die Hand reichte. Das konnte ja heiter werden.

Als sie meinen Blick nach zwei Minuten Small Talk, die sich anfühlten wie zwei Stunden, immer noch nicht erwiderte, suchte ich verzweifelt nach einem Thema, das sie interessieren könnte. Da fiel mir ein, dass Sven mir erzählt hatte, sie sei – wie ich – ein passionierter Blumenfan.

Schon sprudelte es wie ein Wasserfall aus mir heraus, und ich faselte von Samen, Pflanzen, Dünger und Blütezeiten. Plötzlich hatte ich ihre volle Aufmerksamkeit. Endlich schaute sie mich richtig an und beteiligte sich lebhaft am Gespräch. Der Grundstein für ein gutes Verhältnis mit seiner Frau Mama war gelegt, und es sollte bis zum heutigen Tag so bleiben. Und auch der Vater, von dem ich immerhin wusste, dass er die Freundin von Svens Zwillingsbruder einem Kreuzverhör unterzogen hatte, war unglaublich sympathisch und vorurteilsfrei. Ich weiß nicht, ob er wusste, dass ich verheiratet gewesen und Mutter eines Teenies war. Jedenfalls fragte er nie danach, sondern hörte einfach nur aufmerksam zu.

Eine Beziehung mit einem jüngeren Mann zu führen ist nicht immer leicht. Svens Freunde hatten vollkommen andere Interessen als ich – wie es sich auch gehört, schließlich waren sie alle Studenten um die zwanzig, und da war es nun einmal interessanter, wer wo studierte, was mit wem hatte und wie wo herumlief. Sie alle gaben sich Mühe, mit mir zu reden, allerdings ließ sich eine gewisse gezwungene Atmosphäre nicht immer vermeiden. Ich war Ausländerin, gute zehn, wenn nicht 15 Jahre älter als die meisten von ihnen, und sprach nicht einmal gut deutsch, was bei dem seltsamen Tiroler Dialekt nicht wirklich hilft. Abgesehen vom Freundeskreis gab es natürlich auch Unterschiede in der Lebensauffassung von uns beiden. Sven war zwar reif und hatte mir im richtigen Moment einen Dämpfer gegeben, den ich nach meinem Partyleben wohl gebraucht hatte, allerdings war er mir manchmal fast etwas zu – konservativ. Mit meinen Interessensgebieten Meditation, Yoga, tibetischer Medizin und indischer Kultur konnte er nicht allzu viel anfangen. Manchmal schien er richtiggehend gelangweilt zu sein. Dann vermisste ich seine sensible Seite, die er zwar hatte, aber nur selten zeigte. Ich wollte, dass er sich öffnete, mich an seinen Gedanken, Gefühlen und Plänen teilhaben ließ, aber er war einfach kein großer Redner. So kam ich ins Grübeln und fasste sein Desinteresse an meinen Hobbys zunehmend als Gleichgültigkeit an meiner Person auf.

Die Zeit, die ist ein sonderbares Ding.
Wenn man so hinlebt, ist sie rein gar nichts.
Aber dann auf einmal,
da spürt man nichts als sie:
Sie ist um uns herum, sie ist auch in uns drinnen.
In den Gesichtern rieselt sie, im Spiegel da rieselt sie,
in meinen Schläfen fließt sie.

Und zwischen mir und dir da fließt sie wieder.
Lautlos, wie eine Sanduhr.

Wir waren fast drei Jahre zusammen, und ich kam immer
öfter ins Grübeln. Ich hatte
bereits aufgehört, jeden Morgen meine Yogaübungen zu
machen, bevor ich zur Arbeit
ging. Schließlich wohnte Sven

> »Ich will, dass du alles tust, um mir zu
> beweisen, dass ich wirklich die Eine für
> dich bin. Denn wenn ich dir das nicht
> abkaufe, lasse ich dich ziehen.«

praktisch bei mir. Ihm gefiel meine verspielt eingerichtete Wohnung mit den selbst gemalten Bildern, den vielen Pflanzen und den
Opernpartituren, mit denen ich die kahlen Wände verziert hatte.
Das bedeutet allerdings auch, dass ich immer weniger Freiraum
hatte. Ich wusste, wie das enden würde, wenn ich nichts unternahm. Eine Unzufriedenheit hatte sich breitgemacht, die durch
seine mangelnde Begeisterung für meine Interessen noch geschürt
wurde. Und wenn man sich von seinem Mann vernachlässigt
fühlt, kommt einem schnell der Gedanke: »Will er eigentlich noch
mit mir zusammen sein?«

Der nächste Gedanke ist in einer Beziehung mit einem Jüngeren
der: »Er will vielleicht noch andere Erfahrungen machen, vielleicht
bin ich ihm dabei im Weg.« So stellte ich ihn vor die Wahl. »Wenn
du mich wirklich willst und dir deiner Sache sicher bist, musst du
dich anstrengen. Ich will, dass du alles tust, um mir zu beweisen,
dass ich wirklich die Eine für dich bin. Denn wenn ich dir das
nicht abkaufe, lasse ich dich ziehen.« Es hätte mir leidgetan, weil
ich seine ganze Familie unglaublich lieb gewonnen hatte, und ich
dachte wirklich schon, es wäre vorbei. Aber Sven kämpfte. Er
gab mir zu verstehen, dass er mich wirklich wollte, und dass er
für diese Beziehung zwar Opfer bringen wollte, aber dass ihm
das nicht schwerfiel. Eine Gratwanderung. Wir sahen uns weniger
häufig, er wohnte nicht mehr ständig bei mir, und ich hatte meinen

Freiraum. Dafür akzeptierte ich, dass er nun mal kein Interesse an dem ganzen »esoterischen Quatsch« hatte, mit dem ich mich beschäftigte. Ich konnte zum Glück mit seinem Zwillingsbruder hervorragend darüber reden. Aber das Herz klopfte nur bei Sven schneller. Und so überstanden wir diese Krise und sind heute glücklicher als je zuvor. Seit über drei Jahren.

Di rigori armato il seno
contro amor mi ribellai
ma fui vinto in un baleno
in mirar due vaghi rai.
Ahi! Che resiste puoco a stral di fuoco
cor di gelo di fuoco a stral.

Der Sonnyboy

Arianna (40), Bibliothekarin, Barcelona,
über
Juan (28), Barkeeper, Buenos Aires

Te gusta el negro?« – Oh. Was antwortet man bloß auf eine derart unverschämte Frage? Ich blicke an mir herunter und merke jetzt erst, dass ich von Kopf bis Fuß schwarz angezogen bin. Ach so. Der Typ will sich nicht nach meinen sexuellen Vorlieben bezüglich der Hautfarbe erkundigen, sondern nur wissen, ob mir die Farbe Schwarz gefällt. Ich glaube, ich sollte mal wieder in den Schatten gehen.

»Schwarz und Rot sind meine Lieblingsfarben«, antworte ich im Vorbeigehen. Auch wenn es vielleicht ganz unverfänglich gemeint war, frage ich mich doch, was der Kerl überhaupt will. Fängt mich einfach auf meinem Strandspaziergang ab und stellt doofe Fragen. Da kann ja jeder kommen.

»¿Española?«

Genau. Und ich wette, Spanierinnen gefallen dir auch außerordentlich gut, denke ich noch zynisch, da verkündet er mir diese Wahnsinnsneuigkeit auch schon lauthals. Schatten. Cocktail. Jetzt. Sofort. Keine Lust auf einen Plausch mit dunkelhäutigem Beachboy. So gut er auch aussehen mag.

Ich trolle mich mit einem letzten eisigen Lächeln an die Strandbar, wo mir Tony wie immer einen seiner hervorragenden Mojitos mixt. Das Einzige, was mir heute mein kaltes schwarzes Herz erwärmen kann. Es ist zwei Uhr nachmittags, unweit der Bar spielen ein paar gebräunte Mexikaner Beachvolleyball, die Sonnenanbeter liegen faul am Strand herum und unterhalten sich über Ausgehmöglichkeiten, Wassertemperatur und darüber, wer heute an der Reihe ist, Gras zu besorgen. Englische, italienische und holländische Gesprächsfetzen dringen herüber, während ich lustlos auf einem Minzblatt herumkaue. Ein Nachmittag in der Karibik wie jeder andere.

Tony glotzt neugierig zu mir herüber, während er ein Glas abtrocknet. »Anstrengende Nacht gehabt?« Ich stöhne auf. Die letzte Nacht. Was soll's, ich kann mich ja ein bisschen bei Tony ausheulen, vielleicht geht's mir danach besser. Dieser dickliche Alte, der sich immer an »meinem« Strand herumtreibt, hat es endlich geschafft, mich zum Essen auszuführen. Es handelt sich um einen steinreichen Italiener, und aus Langeweile hatte ich zugesagt, obwohl ich genau wusste, dass er mich nur flachlegen wollte. Nach dem ausgezeichneten Dinner nahm er mich noch mit ins Casino, wo ich sein Geld verpulvern durfte und mir einen ordentlichen Rausch ansoff, um mir seine Gegenwart etwas erträglicher zu machen. Natürlich blieb ihm die erhoffte Gegenleistung für den öden Abend verwehrt. Ich stehe nun mal nicht auf schleimige Senioren. Nicht einmal, wenn sie mir Koks anbieten – das übrigens wie seine Anmachsprüche von äußerst billiger Qualität war. »Mexiko enttäuscht mich«, beklage ich mich bei meinem geduldigen Barkeeper. Der zwinkert mir aufmunternd zu, schweigt (Gott sei Dank) und spendiert mir einen weiteren Mojito.

Gegen Abend, ich erhole mich gerade leidlich von meinem Kater, fällt ein Schatten auf mich, wie ich in der Sonne brate. Was denn nun schon wieder? Oh, der Beachboy. Er grinst mich an und schwenkt etwas vor meinen Augen. Mit verkniffenem Gesicht schaue ich genauer hin und erkenne zwei Paar Ohrringe. Ein rotes und ein schwarzes. Ein Lächeln rutscht mir heraus. »Ein kleines Geschenk für dich«, meint der Typ mit einem breiten Grinsen, »und ich würde gern mit dir ausgehen.« Ausgehen? Hier? Missmutig stiere ich ihn an: »Auf Touristendiscos hab ich aber keine Lust, Junge. Außerdem bin ich verkatert, nicht auf der Suche nach einer Romanze und enttäuscht von den Drogen hier in eurer Gegend.«

Er lächelt unbeirrt weiter und streckt mir seine Hand entgegen. »Ich bin Juan. Aus Argentinien. Und keine Angst, wir gehen in keine Touristenbude. Ich werde dich auch nicht doof anmachen, und mach dir mal keine Sorgen wegen dem Rest. Ich hab um sieben Feierabend.« Er deutet auf die Strandbar ein paar Meter weiter, an der er wohl arbeitet. Dann tippt er sich mit dem Finger an die Stirn und schlendert davon. Nicht unlässig, wie ich zugeben muss. Na ja, was soll's. Ich habe ja sonst nichts zu tun, und der fette alte Italiener, der unser kurzes Gespräch von seiner Sonnenliege zwei Reihen hinter mir mitverfolgt hat, schaut schon wieder so lüstern zu mir herüber.

Und so kreuze ich um viertel nach sieben an der Bar auf. Juan ist gerade dabei, den Laden dichtzumachen, und scheint sich aufrichtig zu freuen, mich zu sehen. Er hat ein sehr einnehmendes Wesen, wie ich feststelle. Eines von der Sorte, die einen die eigenen Probleme vergessen lässt. Ich setze mich auf einen Barhocker. »Dir scheint die Sonne wohl aus dem Arsch, was?« Er lacht. »War wohl sehr schlimm, der Abend mit dem Italiener, was?« Damit nimmt er mir den Wind aus den Segeln, und ich muss kichern. »Hat sich ja schnell herumgesprochen, der lustige Abend mit dem alten Fettsack. Nicht, dass du glaubst, ich hätte was mit dem laufen.«

Ich sage das nicht, um mit dem Kerl zu flirten. Hoffentlich versteht er mich richtig. Aber meine Sorge ist unbegründet, wenn ich mir seinen Gesichtsausdruck so anschaue. Der scheint sich nicht viele Gedanken über derartige Dinge zu machen. »Wie heißt du eigentlich?«, fragt er einfach. »Arianna«, antworte ich höflich. »Ich wollte eigentlich einen Fortbildungskurs in Chiapas machen, hat aber nicht geklappt. Und so gönne ich mir eben einen Strandurlaub.« Er nickt verständnisvoll. »Eine weise Entscheidung. Komm, lass uns gehen.«

Er führt mich an ein Fleckchen Strand, das tagsüber von Surfern und Kiffern (beziehungsweise kiffenden Surfern) bevölkert ist. Wir spazieren ein Stück, finden einen Felsen zum Herumklettern, liegen im Sand und rauchen einen Joint. Ich rauche normalerweise kein Gras, dafür Juan umso mehr. Ein paar Züge sind genug, um meinen Kopf leicht wie einen mit Helium gefüllten Luftballon zu machen. Ich hüte mich, die Wirkung meinem jungen Begleiter zuzuschreiben, obwohl er wirklich sehr attraktiv ist mit seinen zu Zöpfen geflochtenen Haaren, den dunklen Augen und dem sorglosen Lächeln. Er hat sogar gutes Koks aufgetrieben. »Ich könnte dich küssen«, strahle ich ihn zwischen zwei Lines an. »Tu es«, ist seine ruhige Antwort. »Ach nein, lass mal.« Darauf habe ich jetzt keine Lust. Ich sollte vielleicht wirklich nicht immer ausschließlich das tun, worauf ich Lust habe. Aber vor allem im Umgang mit Männern fällt mir das tierisch schwer. Entweder sie tun, was ich will, oder sie können gleich ein-

> *Juan kommt auf mich zu. »Guten Morgen, Sonnenschein!«, strahlt er mich an, und ich starre auf seinen nackten Oberkörper.*

packen. Na gut, eine Ausnahme. Ich lasse zu, dass seine Lippen meinen Mund streifen. Aber nur kurz.

Ich erwache in meinem Hotelzimmer. Die Sonne scheint durch die Vorhänge, und ich bin gut gelaunt. Der Abend mit Juan war schön, auch wenn er am Ende doch einen schwachen Versuch gestartet hat, mich herumzukriegen. Ich kichere. Wenn mich nicht alles täuscht, hatte er irgendwann spät am Abend Schwierigkeiten, seinen Ständer vor mir zu verstecken. Ich sollte dem Knaben wohl besser keine Hoffnungen machen. Beim Verlassen meines Hotels ändere ich schlagartig meine Meinung. Juan kommt auf mich zu. »Guten Morgen, Sonnenschein!«, strahlt er mich an, und ich starre auf seinen nackten Oberkörper. Der aussieht, als wäre er meinem ganz persönlichen Katalog »Dinge, die ein Mann haben muss, damit ich mit ihm ins Bett gehe« entsprungen. »Äh.« – »Ich sehe schon, du bist morgens nicht sehr gesprächig. Willst du einen Zug?« Schon hält er mir seinen Joint entgegen. Ich nehme ihn allerdings gar nicht wahr, sondern starre innerlich stöhnend auf seine breiten Schultern, das formvollendete Sixpack und die Wespentaille mit den leicht hervorstehenden Hüftknochen. Scheiße. Na gut, nur noch ein Strandspaziergang, dann ist aber Schluss.

»Du bist eine harte Nuss«, bemerkt Juan ein paar Tage später. Wir sind bei unserem fünften oder sechsten Strandspaziergang, ich bin immer noch angelegentlich damit beschäftigt, das Fräulein

»Rührmichnichtan« zu geben und ihn eiskalt abblitzen zu lassen, sobald er sich mir nähert. Er scheint sich nichts draus zu machen. Noch nicht. Irgendwann machen wir wieder rum, er liegt auf mir, und ich werde fast rot, weil er schon wieder steinhart ist. Langsam mache ich mir Sorgen, dass er körperliche Schäden davonträgt. »Mein armer Junge«, ich streiche ihm über den Kopf, »wie hältst du das bloß aus?« – »Gar nicht mehr«, kommt es keuchend zurück, »bitte mach etwas. Irgendwas.« Ja ja, schon gut. Ich erbarme mich und hole ihm einen runter. Das macht mich jetzt aber selbst scharf. Als er endlich mit einem Stöhnen kommt, schaue ich ihn ernst an und sage: »Jetzt. Jetzt will ich dich ficken.«

Scheißtiming, denke ich noch, da liegt er auch schon wieder mit einem halben Grinsen und einer kompletten Erektion auf mir. Oha. Was für ein Mann. »Wie alt bist du gleich noch mal? Sechzehn?«, frage ich ihn überrascht. »Achtundzwanzig«, keucht er und macht sich ans Werk. Hm. Ich möchte nicht zickig erscheinen oder schwer zufriedenzustellen, aber sein hektisches Rein und Raus katapultiert mich nicht gerade in schwindelnde Höhen sexueller Ekstase. Anfängerfehler, denke ich. Sex ist kein Leistungssport, aber bring das mal einem Mann bei. Dabei ist er so lieb und nett. Wie gesagt, wenn ein Mann es beim ersten Sex nicht bringt, wird er normalerweise sofort meiner Vagina verwiesen. Nicht so Juan. Grübelnd liege ich danach neben ihm und frage mich erstaunt, warum ich ihn in dieser kurzen Zeit so sehr ins Herz geschlossen habe. Warum ich ihn auch morgen wieder in mein Höschen lassen werde. Und warum in aller Welt wir nicht verhütet haben. Letztere Frage habe ich wohl laut ausgesprochen, denn er rollt sich zu mir herüber und versichert mir mit ernsthafter Miene: »Ich habe mich in dich verliebt. Und ich

> »Mein armer Junge«, ich streiche ihm über den Kopf, »wie hältst du das bloß aus?« – »Gar nicht mehr«, kommt es keuchend zurück, »bitte mach etwas.«

will nicht verhüten. Wenn ich dir ein Kind machen würde, wäre das kein Problem.« So einfach ist das also. Und vielleicht habe ich zu viel Sonne abgekriegt in diesen letzten Tagen am Strand, vielleicht bin ich auch verliebt und von seinem Charme benebelt: Was er sagt, klingt in meinen Ohren total logisch und natürlich. Und so kommt es, dass ich es mit vierzig Jahren zum ersten Mal in meinem Leben mit einem Typen treibe, ohne zu verhüten. Mit einem zwölf Jahre jüngeren Typen aus einem fernen Land, in den ich mich verknallt habe und der ein Kind von mir will.

Und hier sitze ich nun, zwei Monate später. Ich telefoniere jeden Tag mit Juan. Wir unterhalten uns oft bis spät in die Nacht, und wann immer ich ihn höre, packt mich die Sehnsucht nach der Unbeschwertheit und dem einfachen Lebensstil in Latein-amerika. Die Erinnerung an die Tage und Nächte mit ihm. Nach unserem unspektakulären ersten Mal hat sich der Sex bedeutend verbessert, und ich bin nicht nur auf körperlicher Ebene total ver-schossen in meinen feurig-fröhlichen Argentinier. Es packt mich die Lust, wieder wegzufahren in diese Welt, in der wildfremde Menschen einen auf der Straße anlächeln und alles, was nicht lebensbedrohlich ist, nicht als Problem angesehen wird. Ich ver-misse Juan. Verdammt, ich vermisse sogar seinen Hund.

Natürlich habe ich nicht komplett meinen Verstand verloren. Sollte Juan hier in Barcelona auftauchen, er würde keine offenen Türen einrennen. Und das ist nicht bildlich gesprochen. Er müsste wohl in einem Hotel unterkommen, denn ein Mann kommt mir so schnell nicht ins Haus. Die Mauern um mein Innerstes sind immer noch da. Daran ändert auch die Tatsache, dass ich mich Hals über Kopf in Juan verliebt habe, nichts. Ich habe ihm zwar mein Handy dort gelassen, mit all meinen Fotos und Adressen, aber nur, weil ich wusste, dass ich ihn wiedersehen würde. Er hat mich nämlich zu sich nach Hause eingeladen, nach Buenos Aires. In eine Stadt, die ich immer schon besuchen wollte. Heute habe ich mit seiner Mutter telefoniert – eine freundliche Latinomama, die mich sofort in ihr Herz geschlossen hat, nicht zuletzt, weil ich ihren Sohn dazu gebracht habe, sich nach langer Zeit endlich mal wieder bei ihr zu melden – und ihr berichtet, dass ich gebucht habe. Für Weihnachten.

Seit ich aus meinem Urlaub, den ich um gut einen Monat überzogen habe, zurückgekehrt bin, habe ich die Männer hier nicht einmal eines Blickes gewürdigt. Juan hat dafür gesorgt, dass ich mich endlich etwas geöffnet habe, und zwar ihm und der Welt, in der er lebt. Mag sein, dass in den Ferien alles anders ist, aber es kommt mir vor, als vertrockne ich hier in meiner Heimat, auf diesem Kontinent, wo die Menschen so kompliziert sind und alles so trostlos scheint. Ich ziehe ein Land, in dem die Menschen zwar weniger haben, aber lachend und singend auf der Straße tanzen, jederzeit dem oberflächlichen Leben, das ich hier führe, vor. Und was heißt hier Altersunterschied? Der Fettsack vom Strand war nur zehn Jahre älter als ich und schien mir Lichtjahre von meiner Welt entfernt. Und »fröhlich« oder »sorglos« waren keine Attribute, die ich mit so einem Kerl in Verbindung brachte. »Steinhart« schon gar nicht.

Das Lichtlein in seinem Herzen

Hannelore (67), Rentnerin, Aosta,
über
Herbert (56), arbeitslos, Aosta

Ich war 44 Jahre alt, »in der Blüte meines Lebens«, wie mir meine Freundin Corinne immer wieder versicherte. Ich glaube, mich zu erinnern, dass sie diesen Spruch auch gebracht hatte, als sie mich überredete, auf eine dieser *Sagre*, eine Art Kirchweih auf Italienisch, in einem nahe gelegenen Skiort zu gehen. An ihren Ausruf »Es wird höchste Zeit, dass du wieder einen Mann kennenlernst!« erinnere ich mich jedenfalls genau. Mein Enthusiasmus hielt sich in Grenzen, ich begleitete sie dennoch und ließ mich von ihr widerwillig neben so einen Typen hinsetzen, den ich nicht kannte. Mein Mann war im Alter von 38 Jahren gestorben, und seitdem hatte ich andere Männer nicht einmal angeschaut. So entlockte mir auch der gut aussehende Mann in den frühen Dreißigern neben mir nur ein müdes Lächeln.

Nicht, dass ich etwas gegen Männer gehabt hätte. Es war nur so, dass ich alle an dem einen maß, der viel zu früh gegangen war. Ich war auch nicht zur kauzigen Alten mutiert. Nur etwas vorsichtig im Umgang mit dem anderen Geschlecht. Nur selten, so hatte ich festgestellt, konnten die Herren Schritt mit mir halten. Oft waren die »Guten« auch schon vergeben. Oder es hatte einen guten Grund, warum sie mit Mitte vierzig noch Single waren. »Alte Buben«, oder wie wir Italiener sagen, *Mammoni*. Mir war es zu anstrengend, Zeit und Energie aufzuwenden, um irgendwann herauszufinden, dass etwas mit den Kandidaten, die um mich buhlten, nicht stimmte. Und irgendeinen Haken gab es doch immer.

»Ich heiße übrigens Herbert«, stellte sich mein Banknachbar mit einem Lächeln vor. »Du bist wohl als kleines Kind in den Charme-Topf gefallen«, entfuhr es mir, »wobei … du bist ja immer noch ein halbes Kind.« Er verzog keine Miene. »Madame wollen jetzt aber nicht hören, wie gut Sie sich gehalten haben, oder?« Sein eleganter Konter auf meine giftige Bemerkung stimmte mich nachgiebig. »Hannelore«, stellte ich mich vor und streckte ihm die Hand entgegen, »entschuldige bitte, wenn ich etwas kratzbürstig war. Aber mit zunehmendem Alter empfindet man

Kuppelversuche von Freundinnen als eine Zumutung. Ich muss jetzt gehen. War nett, dich kennenzulernen.« Herbert deutete einen altmodischen Handkuss an, eine Geste, die so überhaupt nicht zu seinem jungen, feschen und forschen Auftreten passen wollte, und ich musste unfreiwillig lächeln.

Ja, so fing das damals vor 23 Jahren an mit Herbert und mir. Es entwickelte sich eine fulminante Affäre, die schön war, solange sie andauerte. Herbert entstammte einer angesehenen Familie, war ein sehr attraktiver Mann und ein feinfühliger Liebhaber. Und alle drei Dinge sollten zu Komplikationen führen. Aber der Reihe nach. Zunächst genoss ich das Leben an der Seite meines jüngeren Liebhabers. Ich hatte mich zwar verkrochen gehabt, aber noch keineswegs mit dem Leben abgeschlossen. Und dass ich gute zehn Jahre älter war als Herbert, ließ er mich nie spüren. Im Gegenteil. Er bewunderte mich dafür, dass ich Energie für zwei hatte, respektierte mich, war aber trotzdem in der Lage, mich zu führen. Zumindest am Anfang.

Der Anfang vom Ende stellte sich bereits nach einem Jahr ein. Immer öfter kam es zu Streitereien. Das Bizarre an der Sache war, dass Herbert dann regelmäßig zur Flasche griff und mitten in der Nacht vor meiner Haustür stand und um Einlass bettelte. Ich glaube, meine Kinder können sich heute noch daran erinnern, wie wir mucksmäuschenstill zusammen im Bett saßen und darauf warteten, dass er verschwand. Am nächsten Morgen war er dann immer weg, nicht ohne ein Häufchen Zigarettenstummel und eine leere Whiskeyflasche zurückzulassen. Ich fand dieses Verhalten reichlich dämlich und fragte seine Mutter um Rat. Die lachte mir ins Gesicht. »Herbert ist ein Alkoholiker, und das schon seit Jahren.« Ich starrte sie an. »Aber wie …«, stammelte ich, »ich meine, da hätte ich doch etwas merken müssen!« Ich erinnerte mich an unseren gemeinsamen Urlaub auf Sardinien, die vielen Unternehmungen mit ihm und meinen Kindern. Ich hatte niemals auch nur die leiseste Ahnung gehabt, dass Herbert krank war.

»Du kriegst das gar nicht mit, Hannelore. Bevor du am Morgen aufstehst, hat er schon den ersten Whiskey intus«, meinte sie spöttisch. Dieses Spöttische war ihr Markenzeichen, und angewidert wandte ich mich von dieser hartherzigen Person ab. Mittlerweile wusste ich von den Problemen, die Herbert mit seiner Familie hatte. Probleme, die nicht wenig zu seiner Alkoholsucht beigetragen haben dürften. Es war so, dass die Eltern unmöglich viel von ihren Kindern erwarteten. Sie mussten – glaube ich – schon in der Schule die Besten sein, die besten Partien machen, die schönsten Kinder und die größten Villen haben. Das führte dazu, dass Herbert einem extremen Druck ausgesetzt war, dem er nicht entkommen konnte. Also lebte er über seine Verhältnisse. Er war selbstständiger Unternehmer, und bis zu seiner Krankheit liefen die Geschäfte auch gut, wie er nicht müde wurde zu betonen. Aber irgendwann knickte er ein, und alles ging den Bach runter.

Ich denke, Herbert hat sich bewusst eine ältere Frau ausgesucht, die ihn etwas bemuttert und ein bisschen von dem Druck von ihm wegnimmt. Bei einer älteren Frau musste er sich nicht auch noch beweisen, ein Umstand, der ihm auf anderen Gebieten schon schwerfiel. Ich nahm ihn so, wie er war, ein schöner, sensibler Mann, der meine Erwartungen erfüllte, wenngleich er an anderen zerbrach.

> Ich nahm ihn so, wie er war, ein schöner, sensibler Mann, der meine Erwartungen erfüllte, wenngleich er an anderen zerbrach.

Was mich von ihm entfremdete, war eine Entwicklung, die er selbst verschuldete: Er war vor mir mit einer anderen zusammen gewesen, einer richtig wilden Sexnudel, wenn man seinen Erzählungen glauben konnte. So wie er mir von ihr erzählte, erkannte ich bald, dass es eine Art Hörigkeit gewesen war, die ihn immer wieder zu ihr zurückkehren ließ. So auch während er mit mir zusammen war. Es dauerte nicht lange, und ich kam ihm auf die Schliche. Er war ein ganzes Wochenende lang verschwunden. Wir hatten eine Verabredung, und er tauchte einfach nicht auf. Zuerst dachte ich, er sei wohl irgendwo abgestürzt und in seinem Rausch nicht einmal in der Lage, das Handy zu bedienen. Als ich ihn aber wiedersah, erzählte er mir, dass er das Wochenende mit seiner Ex verbracht hatte. »Du hättest wenigstens anrufen können«, schäumte ich. »Weißt du, sie wollte unbedingt und hat nicht lockergelassen«, hatte er noch die Courage zu sagen. Ich hatte die Schnauze gestrichen voll, jagte ihn zum Teufel und wies ihn ausdrücklich darauf hin, dass er niemals wiederkommen sollte. Ich musste mich um meine Kinder kümmern. Dummerweise hatten auch sie Herbert ins Herz geschlossen, und jetzt herrschte ein gewisser Erklärungsbedarf. Dafür hätte ich ihn erwürgen können.

Natürlich stand er nächtens prompt wieder vor meiner Tür. Mit der Zeit amüsierten wir uns über den Belagerungszustand. Die Tür aufzumachen hätte nichts gebracht, Herbert war immer sternhagelvoll. So harrten wir aus, bis sich die Wogen glätteten und er eines Tages wegblieb. Ich habe gehört, dass er mittlerweile eine Freundin hat, die sich etwas um ihn kümmert. Außerdem war sie so schlau, bei seinen Eltern eine Art Unterhalt einzufordern dafür, dass sie ihn betreute. Denn einer Betreuung kam diese Beziehung streckenweise gleich. Ich war immer zu stolz dazu gewesen. Ich hatte ihm sogar noch Geld geliehen, als er in der Klemme steckte, aus Angst, man könnte mich verurteilen, weil ich mit ihm zusammen war.

Der Mensch lernt dazu und wird gelassener. Ich jedenfalls. Und so sehe ich die turbulenten zwei Jahre mit Herbert als das, was sie waren: eine stürmische Zeit mit vielen Höhen und noch mehr Tiefen. Wie so viele sensible Menschen war Herbert ein intelligenter Mann gewesen, mit beeindruckendem Allgemeinwissen und gutem Herzen. Dass er als Alkoholiker endete, liegt nicht nur an ihm, sondern in einem gewissen Maß auch an den Umständen. Und auch ihm zu helfen lag nur zum Teil in meiner Macht. Hilfe muss auch angenommen werden, und ich hatte leider gegen Ende der Beziehung das Gefühl, ich würde mich um ein viertes Kind kümmern müssen. Und das war mir zu viel.

Manchmal laufen wir uns noch zufällig über den Weg. Dann begrüßt er mich mit immer denselben Worten: »Du wirst immer das Lichtlein in meinem Herzen sein.«

TOY BOY 17

How deep is your love?

Jens (31), Spediteur, Wien,
über
Christiane (44), Fotografin, Wien

Bei einer Menge Beziehungen erkennt man relativ schnell, ob sie funktionieren oder nicht. Ob dieser eine Mensch es wert ist, Kompromisse einzugehen – oder ob es nicht doch besser ist, sich noch etwas umzusehen. So war das auch mit Christiane. Obwohl es mir total leidtat, dass der Alltag mit ihr nicht funktionierte, musste ich die Beziehung wohl oder übel beenden.

Es hatte vor zwei Jahren alles ganz viel versprechend angefangen. Ich war 29 und nicht unbedingt auf der Suche nach einer Beziehung, was ja immer die beste Voraussetzung ist, doch jemandem ins Netz zu gehen. Christiane lernte ich in einem Lokal kennen. Sie saß an der Bar und war genau mein Typ. Etwas freaky, mit langen blonden Rastazöpfen und einem reizenden Gesicht. In ihrem Nasenflügel glitzerte ein Piercing. Mir fiel keine bessere Anmache ein als die, ihr einen weiteren Wodka auszugeben. Sie bedankte sich höflich mit einem müden Lächeln, und wir führten ein kurzes Gespräch. Sie schien nicht uninteressiert, nur hundemüde. Der Grund dafür war, wie ich erfahren sollte, dass sie gerade von einer Hochzeit kam. Sie war nämlich Fotografin. Ich war ganz bezaubert von dieser zierlichen Person mit den lieben Gesichtszügen und packte mein ganzes Charme-Repertoire aus. Sie verriet mir, dass sie zweifache Mutter und bereits 42 war. Das haute mich dann doch vom Hocker. Sie sah einfach nicht wie eine MILF* aus. Etwas älter hatte ich sie zwar schon geschätzt, aber niemals über vierzig. Aber ich ließ mir nichts anmerken, schließlich wollte ich die Frau unbedingt näher kennenlernen. »Ich finde dich wirklich nett, ich halte mich heute nur kaum mehr auf den Beinen«, meinte sie entschuldigend, »treffen wir uns ein anderes Mal?« – »Bei mir oder bei dir?«, entfuhr es mir scherzhaft. Sie musterte mich provozierend. »Was schlägst du vor?« Oha, damit hatte ich nicht gerechnet. Schlagfertig erwiderte ich: »Bei mir.« (Das mit den Kindern hatte mich doch etwas abgeschreckt.)

* »Mother I'd Like To Fuck«

Wir trafen uns eine Woche darauf, um bei mir zu Hause einen Film anzuschauen. Ich halte nichts davon, bei Frauen mit meiner sensiblen Seite Eindruck zu schinden. Die gibt es zwar, ist aber kein Grund, den ersten Abend mit einer romantischen Komödie zu verbinden, nur weil die Tussi sich dann an einen kuschelt. Ein echter Mann kriegt das auch ohne Hilfestellung hin. So wählte ich für unser erstes Date einen meiner Lieblingsfilme, *Adams Äpfel*. Ein schräger dänischer Streifen, der am besten dazu geeignet war herauszufinden, ob Christiane auf meiner Wellenlänge lag. Das tat sie eindeutig, denn wir guckten den Film nicht einmal zu Ende, sondern landeten schnell in der Kiste.

Ich war hingerissen von ihr, und irgendwie schwante mir schon, dass der Kick der Eroberung diesmal nicht alles war, was ich mir erwartete. Ich hatte mich verknallt. Ganz untypisch für mich. Normalerweise brauche ich lange, um mich zu verlieben, aber bei Christiane brannten alle Sicherungen durch. Ich verliebte mich schnell und heftig, und während ich noch mit ihr beim Sex zugange war, rasten die Gedanken in meinem Kopf um die Wette. Ich wollte sie nicht einfach nur vögeln, ich wollte sie beim Schlafen beobachten, ich wollte sie ungeschminkt sehen, ich wollte alles über sie wissen, über ihr Leben, ihre Arbeit, ihre Ansichten. Es war das zweite Mal in meinem Leben, dass ich mich verliebt hatte, und während es beim ersten Mal eine Weile gedauert hatte, war ich nun wie vom Blitz getroffen. Der Sex war großartig. Und zwar nicht etwa, weil Christiane als erfahrene ältere Frau mich in alle möglichen Sexgeheimnisse einweihte. Diese Kleinjungenfantasie muss ich leider enttäuschen.

Es war großartig, weil ich noch nie mit einer Frau zusammen gewesen war, die so lustvoll bei der Sache war. Christiane schien den Sex richtig auszukosten, sie stöhnte und wand sich unter mir, und das machte mich immer schärfer. Die Mittzwanzigerinnen, die ich vor ihr gehabt hatte, wirkten auf einmal fad und angestrengt, und als Mann um die dreißig reicht es einem einfach nicht mehr, einen Orgasmus vorgespielt zu kriegen. Man will Lust bereiten, echte, unverfälschte Lust, und je geiler die Frau ist, umso besser ist der Sex für einen selbst. Als Zwanzigjähriger gibt man sich vielleicht noch mit diesem Reinstecken-Kommen-Gehen zufrieden, aber mittlerweile waren meine Ziele höher gesteckt. Und Christiane übertraf all meine Erwartungen. Sie kam, und das nach zwei Minuten. Und zwar ohne Zuhilfenahme von Zunge oder Händen. Ich war wie vor den Kopf geschlagen. Irgendwo hatte ich mal gelesen, dass Frauen ihren sexuellen Zenit erst um die vierzig erreichen, aber dass ich einmal auf den lebenden Beweis treffen würde, hätte ich nicht zu hoffen gewagt.

Noch immer total überfahren, lag ich neben Christiane, als sie plötzlich aufstand. »Wo willst du hin?«, nuschelte ich träge in meinem postorgasmischen Dämmerzustand. »Komme gleich«, flötete sie zurück. Ich schloss die Augen, lächelte ein dämliches Was-bin-ich-verliebt-Lächeln und wartete. Als sie nach fünf Minuten noch nicht zurück war, raffte ich mich auf und ging zu ihr ins Bad. »Was machst du da?«, fragte ich nach einem verblüfften Blick in den Spiegel. »Nichts«, gab sie lässig zurück. »Du schminkst dich? Warum denn? Bist du bescheuert?« Seufzend drehte sie sich zu mir um. »Sieh mal, ich bin einfach keine siebzehn mehr.« Mir lag auf der Zunge zu sagen: »Das habe ich bereits gemerkt, schließlich habe ich mich gerade ausgiebig mit deinem gesamten Körper beschäftigt.« Aber ich sagte nichts. Christiane war durchaus attraktiv, wenngleich ihre Figur nicht mehr der eines Teenies entsprach. Aber das erwartete ja auch niemand. Niemand – außer sie selbst, offensichtlich. Ich versuchte ihr diese Restaurierungsversuche auszureden, ohne Erfolg. Na ja, wenn es sie glücklich machte, dachte ich …

Es stellte sich heraus, dass Christiane wohl nicht gleich empfand wie ich. Immer wieder betonte sie, dass wir nur eine Sexgeschichte am Laufen hätten, während ich bereit war, alles für diese Beziehung zu geben. Sie war wohl ein gebranntes Kind. Christiane hatte einige kurze Beziehungen hinter sich, nichts Ernstes. Allerdings gab es da einen Typen, der wohl eine Art Notnagel für sie zu sein schien. Immer wieder war sie in der Vergangenheit zu ihm zurückgekehrt, obwohl er sie ausgesprochen mies behandelte. Ich sah das ganz objektiv, denn auch ich war – wie so viele Männer – des Öfteren ein Arsch gewesen, wenn es um

Es stellte sich heraus, dass Christiane wohl nicht gleich empfand wie ich. Immer wieder betonte sie, dass wir nur eine Sexgeschichte am Laufen hätten ...

das »schwache« Geschlecht ging, und ich erkannte einen Windhund, wenn von ihm die Rede war. Und so setzte ich alles daran, meine Freundin diesen Kerl vergessen zu lassen, indem ich ihr zeigte, wie eine aufrichtige Beziehung funktionierte.

Ich las ihr jeden Wunsch von den Augen ab, ging auf sie ein, wollte ergründen, wer sie wirklich war. Auf meine unumwundenen Liebesbekundungen reagierte sie zunächst ungläubig, dann überrascht. Es schien ihr noch kein Mann begegnet zu sein, der es ernst gemeint hatte. Bis sie schließlich doch nachgab und etwas zugänglicher für meine ehrlichen Worte wurde. Im Nachhinein frage ich mich, ob ich sie zu dieser Beziehung, die zwar nur ein halbes Jahr dauern sollte, gedrängt habe. Aber jeder Mensch ist für sich selbst verantwortlich. Für Christiane war Verantwortung zwar ein Begriff, mit dem sie nicht allzu viel anfangen konnte, aber ich merkte, dass sie sich mir immer mehr öffnete. Ich lernte ihre Söhne kennen, die 17 und zwanzig Jahre alt waren. Der Ältere fand mich ziemlich cool, was kein Wunder war. Der 17-Jährige steckte mitten in der Pubertät und war etwas skeptisch, was die neue Eroberung seiner Mutter anging. Ebenso verständlich.

Was den Sex anging, hatte ich den Vorsatz gefasst, Christiane etwas zu beweisen und nicht umgekehrt. Ich hielt nichts von dieser Klischeebeziehung zwischen der erfahrenen Frau und dem jungen Frischling, wo die Alte dem Jungen zeigt, wo es langgeht. Sie hatte mehr Erfahrung als ich, aber bei manchen sexuellen Spielarten reagierte sie dann doch verblüfft – oder extrem zurückhaltend. Ich fand heraus, dass ihre On/Off-Beziehung ein Unterwäsche-fetischist sei, sodass sie es mittlerweile fast hasste, Strapse zu tragen. Kein Problem, dachte ich, es gibt ja noch so viele andere tolle Sachen. Also tanzte ich mit Dildos und Liebeskugeln an. Die Fesseln waren ihr dann doch ein bisschen zu heftig, aber auf alles andere ließ sie sich gern ein. So hatte ich immer das Gefühl, der Mann in der Beziehung zu sein, und ich war es nicht nur in dieser Hinsicht.

Ich regelte Christianes gesamten Alltag, weil sie einfach nichts auf die Reihe bekam. Ich meine das nicht einmal böse. Sie war einfach eine Chaotin. Ich half ihr beim Umzug, was eine Selbstver-ständlichkeit war. Allerdings half ich ihr auch regelmäßig, wenn sie ihren Wohnungs- beziehungsweise Autoschlüssel verlegt hatte, wenn sie Termine vergaß, ihr Handy verloren oder Rechnungen nicht bezahlt hatte. Dabei war ich selbst mit zwei Jobs mehr als ausgelastet. Irgendwann wurden die Dinge, die ich anfangs wie selbstverständlich für sie erledigt hatte, zur Last. Sie war einfach nicht imstande, ihr Leben halbwegs zu organisieren. Da half es auch nichts, dass sie mit mir endlich eine emotionale Nähe erlebte, die sie noch nie erlebt – oder vergessen geglaubt hatte. Ich wurde zunehmend ärgerlicher und bekam das Gefühl, mehr zu geben, als ich zurückbekam.

> *Ich regelte Christianes Alltag, weil sie einfach nichts auf die Reihe bekam.*

Dazu kam, dass Christiane eine wahre Sklavin ihrer Emotionen war. Sie war ausgeflippt und wechselhaft, ihre Gefühle schwankten zwischen totaler Glück-seligkeit und abgrundtiefer Trauer – und das mehrmals am Tag. Irgendwann schaffte ich es nicht mehr, ihren Alltag für sie zu or-ganisieren und zugleich ihr Fels in der Brandung zu sein. Es war, als würde man mit einem Kind zusammen sein, nicht mit einer gestandenen Frau. »Ich kann nicht mehr«, sagte ich eines Tages resigniert zu ihr, »ich halte es einfach nicht mehr aus, ständig deine ganzen Angelegenheiten zu checken. Tut mir leid.« Sie schaute mich mit großen Augen an. Ich weiß nicht, ob sie verstand, was für eine Bürde auf meinen Schultern lag. Vielleicht waren diese ganzen »Kleinigkeiten«, wie sie sie nannte, auch nicht so wichtig für sie, und sie verstand nicht, warum ich so viel Aufhebens um die Sache machte. Ich mochte sie als Menschen, ich liebte sie sogar, aber unsere Beziehung war zum Ding der Unmöglichkeit geworden. Dabei wohnten wir noch nicht einmal zusammen.

So kam es, wie es kommen musste. Ich trennte mich von Christiane. Trostsex zu finden war nicht schwierig. Allerdings wurde meine neue Flamme dann auf Facebook gemobbt. Sie erhielt schräge Mitteilungen, wer sie sei, dass sie eine Schlampe wäre und so weiter. Christiane war es nicht einmal zu dumm, ihren richtigen Namen anzugeben. Irgendwann kehrte dann Ruhe ein. Ich habe gehört, dass Christiane zu ihrem Notnagel zurückgekehrt ist. Der war ja auch außer sich gewesen, als er gehört hatte, dass sie mit mir zusammen war. Er hatte sogar ihre Wohnung demoliert, und sie hatte geschworen, die Sache ein für allemal zu beenden. Hat wohl nicht geklappt.

TOY BOY 18

Die Wahnsinnsoma

Julia (64), Rentnerin, Tirol,
über
Charlie (40), Unternehmer, Wolfsburg

Zu Silvester 2009 habe ich mir ein Geschenk gemacht. Ich leistete mir den Luxus einer Affäre mit einem 24 Jahre jüngeren Mann. Dabei bin ich so gar kein männermordender Vamp, müssen Sie wissen. Bevor ich den Charlie kennenlernte, war ich eine brave Ehefrau und Mutter, etwas pummelig, aber gepflegt, und meilenweit vom Gedanken an einen Seitensprung entfernt. Schon gar nicht mit dem Charlie. Der ist ja sieben Jahre jünger als meine Tochter.

Ausschlaggebend dafür, dass ich dem jungen Charmeur ins Netz ging, war wohl die Tatsache, dass ich seit 1994 keinen Sex mehr gehabt hatte. Ich habe nicht einmal jemanden, dem ich einen Vorwurf machen kann. Meinem Mann etwa, der seit seinem Schlaganfall behindert war und der Pflege bedurfte? Dem Leben? Mir selbst, weil ich nicht herumvögeln wollte, nur weil mein Roland mir nicht mehr die körperliche Befriedigung geben konnte, die durchaus noch angebracht zu sein schien? Ach. Um ehrlich zu sein, war ich nicht einmal mehr sonderlich scharf auf dieses Herumgeturne. Wird ja auch lächerlich ab einem gewissen Alter. So in etwa dachte ich damals darüber. Bis Charlie in jener Silvesternacht auftauchte und mich einfach umhaute. Anders kann man das nicht beschreiben, so etwas hatte ich seit über dreißig Jahren nicht erlebt. Er war nicht einmal besonders hübsch mit seinem kahlgeschorenen Kopf, aber schick angezogen, ein bisschen größer als ich und von einer liebenswerten Art. Mir gefiel, wie er mich beim Reden anfasste, nicht aufdringlich, sondern einfach ganz unbefangen und locker. Und auch die Tatsache, dass er Kettenraucher war, machte ihn nur noch cooler. Ein lieber Kerl, dachte ich mir gleich. Seine Sprüche brachten mich zum Lachen, und ich verspürte zum ersten Mal nach langer Zeit wieder jene Unbeschwertheit, die ich bereits verloren geglaubt hatte. Ich hatte es nicht immer leicht gehabt, mein verstorbener Mann war meine große Liebe gewesen, und auch Roland hatte ihn nicht in den Schatten stellen können. Mein verstorbener Mann hatte mich allerdings nicht immer gut behandelt, hatte Affären gehabt, unter denen ich sehr gelitten habe. Sogar einen Selbstmordversuch hatte ich seinetwegen unternommen. Die Ehe mit Roland war da schon etwas ruhiger verlaufen. Zu ruhig, was unser Sexleben anging, das ja spätestens nach dem Schlaganfall praktisch nicht mehr vorhanden war.

»Ich bin ja viel älter als du«, kokettierte ich, als Charlie nun begann, mir eindeutige Avancen zu machen. »Ach, weißt du«, sagte er unbekümmert, »ich war mit einer zwanzig Jahre älteren Frau verheiratet. Sie ist leider an Krebs gestorben.« Ich muss wohl nicht extra erwähnen, dass ihn dieser Mitleidsbonus nur noch attraktiver machte. Was für ein Mann! Und ausgerechnet der hatte sich in mich verliebt!

In dieser Silvesternacht, die wir bei einer gemeinsamen Freundin verbracht hatten, begann unsere stürmische Affäre. Dabei wäre ich für den Anfang bereits mit einem harmlosen Bussi zufrieden gewesen. Der Abend war so schön gewesen, mein Selbstbewusstsein war aus der Reserve gelockt worden, und ich schwebte eh schon im siebten Himmel. Die Wohnung der Freundin sollte in den kommenden Monaten zu unserem Liebesnest werden. Ich blühte auf, er war ein sensibler Liebhaber, und ich verlor meine anfängliche Verschämtheit ziemlich schnell. Das Gewissen plagte mich nie – eine der Annehmlichkeiten des Alters. Wenn man mit über sechzig nicht weiß, was richtig und falsch ist, hat man im Leben nämlich etwas nicht mitgekriegt. Mein Mann wusste bald von meiner Affäre, er ließ mir aber jeden Freiraum, den ich brauchte. Ich ging allein weg, konnte tun und lassen, was ich wollte, und auch wenn unsere Lebenssituation durch seine Krankheit etwas schwierig war, legte er mir keine Steine in den Weg.

Charlie schien mich ehrlich zu mögen, und auch wenn unsere Beziehung auf Sex basierte, brachte ich ihm ebenso eine gewisse Zuneigung entgegen. Als ich erfuhr, dass er eine gleichaltrige Freundin hatte, stellte ich ihn deshalb zur Rede. Ich hatte mich wohl ein bisschen in ihn verliebt. Nicht so sehr, dass ich in tee-niehafte Schwärmerei ausgebrochen wäre, aber doch genug, dass es mir einen Stich gab. Er erklärte mir, dass er mit seiner Freundin zwar nicht zusammenlebte, sie aber nicht aufgeben wollte, weil das mit uns eh keine Zukunft hätte. Ich verstand ihn, auch wenn es wehtat. Ich hätte die Geschichte an diesem Punkt beenden können, wollte sie aber noch auskosten. Charlie tat mir so gut. Ich fand zu neuem Selbstbewusstsein und verlor 15 Kilo Gewicht. Als ich einmal probehalber in die Jeans meiner Enkelin schlüpfte und sie mir wie angegossen passte, lachte die Kleine und sagte einfach nur: »Oma, du bist der Wahnsinn!« Plötzlich hatte ich den Mut, High Heels zu tragen und meine Beine zu zeigen. Ich legte mir eine flottere Frisur zu und wechselte meinen Stil. Aus der konservativen Julia war eine flippige, lebenslustige Frau in den besten Jahren geworden. Ich hatte noch nie einen Liebhaber gehabt und genoss jede Sekunde mit Charlie, egal ob er mich zum Essen oder zum Tanzen ausführte, ob wir Skifahren gingen oder einfach nur im Bett lagen.

Ich hatte noch nie einen Liebhaber gehabt und genoss jede Sekunde mit Charlie ...

Natürlich war das die Sonnenseite. Der Charlie konnte nämlich auch anders: Manchmal versprach er anzurufen und meldete sich dann tagelang nicht. Oder er bat mich, ihn anzurufen, und schaltete das Handy aus. Ich versuchte, ihm zu erklären, dass er es ja nur sagen müsste, wenn er seine Ruhe haben wollte. Er aber schien eine Art perverses Vergnügen daran zu finden, mich nach seiner Pfeife tanzen zu lassen. So kam es, dass meine Enttäuschung über diesen Menschen immer größer wurde.

Ich zerbrach mir den Kopf darüber, warum aus dem charmanten Gentleman ein Mistkerl geworden war, und fragte mich, ob er ernsthaft von mir erwartete, bei seinem Spielchen mitzumachen.

Die Verliebtheit schwand, und ich begann klarer zu sehen. Ich bemerkte, dass ich meinem jungen Liebhaber unendlich dankbar sein konnte, dass er mich aus meinem Dornröschenschlaf erweckt hatte. Ich hatte mich sehr zum Positiven verändert, und das war zum Großteil sein Verdienst. Noch immer bin ich sehr zufrieden mit mir, wenn ich in den Spiegel schaue, ich kriege Komplimente und traue mich selbstbewusst unter die Leute. Ich bin mir der Tatsache bewusst, dass ich ohne meinen Seitensprung ganz anders drauf wäre. Alt, dick und unglücklich wahrscheinlich.

Irgendwann meldete Charlie sich gar nicht mehr. Nur einmal rief er noch an. Ob ich ihm denn einen getragenen Schlüpfer schenken könnte, als Erinnerung. Was ich natürlich tat. Warum auch nicht?

Gefunden im Internet

Sophie (40), zahnmedizinische Assistentin, München,
über
Mirko (29), irgendwas mit EDV, München

Wo ich meinen Toy Boy herhabe? Aus dem Internet. Früher war das ja etwas schwieriger, da musste man sich immer auf Schulhöfen herumdrücken … und in Zeiten, in denen man alles schneller, günstiger und einfacher per Mausklick kriegt, warum nicht auch einen Partner fürs Leben? Jetzt aber mal im Ernst: Ich habe Mirko wirklich im Internet kennengelernt. Nein, keiner dieser Dating-Chats, wo denken Sie hin. Die Community nennt sich »Lokalisten« und ist eine Mischung aus studiVZ, Chat und Forum.

Aus Langeweile und auf Drängen meiner Tochter hin hatte ich mich dort angemeldet und war auf Mirko gestoßen. Zwar war er damals schon ein ziemlicher Arsch für sein zartes Alter von 26 Jahren, und ich war 37 und damals noch ziemlich verheiratet, aber wir kamen trotzdem ins Gespräch. Das könnte daran gelegen haben, dass ich laut meinem Profil süße 16 war. Wie Mirko mir heute etwas zu oft versichert, hätte er »damals alles genommen«, so sehr war er auf der Suche. Ich denke aber, weder er noch ich waren auf eine Liaison aus. Mein Mann ließ sich zwar etwas gehen und unsere Liebe war schon ziemlich eingerostet, aber mir lag noch an der Ehe, schließlich hatten wir zwei Kinder. Und Mirko schien auch nicht der harte Kerl zu sein, als der er sich gern ausgab, denn er litt damals noch unter der Trennung von seiner Exfreundin, die er ziemlich angebetet hatte. Warum er als ziemlicher Arsch rüberkam? Nun, er war zwar zurückhaltend, wies aber sehr viele meine Aussagen mit einem schroffen »Das verstehst du eh nicht!« ab. Ich dachte mir noch, was für ein Macho, war aber dann doch irgendwann neugierig auf ihn. Er verstand sich sehr gut darauf, mich neugierig zu machen und sich selbst als geheimnisvoll darzustellen.

Trotzdem beschränkte sich unsere »Freundschaft« ein ganzes Jahr lang auf das Internet. Ich brachte in dieser Zeit meine Scheidung über die Bühne, Mirko rannte seiner Freundin hinterher, ich vermittelte ihm Schritt für Schritt meine Eckdaten, darunter natürlich auch mein wahres Alter. Als ich es ihm gestand, reagierte er gelassen. »Das dachte ich mir schon«, war sein Kommentar im Chat, »jedenfalls, dass du nicht sechzehn bist. Aber gleich so alt ...« – »Hey, du musst jetzt nicht beleidigend werden«, meinte ich säuerlich, »meine Tochter meinte, ich solle mich hier anmelden. Und aus Langeweile habe ich das

> *Mein Leben zu der Zeit glich einer Achterbahnfahrt. Ich räumte die Scherben meiner Ehe weg und schüttete Mirko mein Herz aus.*

getan. Vielleicht auch, um mich von meiner zerbrechenden Ehe abzulenken. Wie auch immer.« – »Ist deine Ehe denn nicht mehr zu retten?«, fragte Mirko nach einer Weile nach. Ich seufzte und tippte dann: »Ich glaube nicht. Wir haben alles versucht, was in unserer Macht stand, und es scheint, als wäre es einfach zu wenig.« Nach einer kurzen Pause schrieb Mirko zurück: »Das tut mir leid.« – »Das muss es nicht«, gab ich traurig zurück.

Mein Leben zu der Zeit glich einer Achterbahnfahrt. Ich räumte die Scherben meiner Ehe weg und schüttete Mirko mein Herz aus. Er reagierte sehr verständnisvoll und löcherte mich nicht mit Fragen nach dem Warum und Weshalb. Vielleicht baute ich deshalb eine Beziehung zu ihm auf, die, wenngleich sie nur virtuell war, immer inniger wurde. Er schien mich zu verstehen und versuchte nicht, mir gute Ratschläge zu geben. Vielleicht traute er sich wegen meines Alters nicht, vielleicht – und das schien mir wahrscheinlicher – war er einfach nur zurückhaltend und respektvoll genug, mir einfach nur zuzuhören. Irgendwann beschlossen wir, es wäre an der Zeit, uns kennenzulernen. Der Vorschlag kam von mir.

Natürlich wussten wir bereits, wie der andere aussah. Wir hatten Fotos ausgetauscht und Videochats geführt. Obwohl Mirko sehr viel jünger war als ich, wirkte er immer etwas zu ernst für sein Alter. Auf eine attraktive Weise ernst. Das absolute Gegenteil von mir, ich war schon immer eine Frohnatur und seit dem Entschluss, mich von meinem Mann zu trennen, hatte ich mir fest vorgenommen, jeden Tag zu genießen, als wäre es mein letzter. Mirkos ruhige und aufmerksame Art, mit gewonnenen Eindrücken umzugehen, ob offensichtlich oder zwischen den Zeilen, faszinierte mich schon, bevor wir aufeinandertrafen.

Es war ein sonniger Apriltag in einem noch ziemlich kühlen München, als wir uns endlich in Fleisch und Blut gegenüberstanden. Ich hatte den Park als Treffpunkt gewählt, in dem ich mit meinem Hund Gassi zu gehen pflegte. Und so war Lupo natürlich auch bei diesem Treffen dabei. Mirko war mit der S-Bahn gekommen,

Mirko war total fasziniert von mir, wie er mir später gestand. Und wenn ich ehrlich bin, ließ auch er mich nicht kalt.

und wir gingen spazieren. Ich weiß noch genau, was ich anhatte: meine heiß geliebten Reiterstiefel – ich reite nämlich leidenschaftlich gern –, dazu einen Mantel mit hochgeschlagenem Kragen und eine dieser französischen Baskenmützen, natürlich in Schwarz. Stilvoll und klassisch, aber mit Pep. Ich hatte es vielleicht nicht direkt darauf abgesehen, einen bleibenden Eindruck bei Mirko zu hinterlassen, aber sollte sich dieser doch etwas seltsame Vogel aus dem Chat auch »in echt« als sympathisch und attraktiv erweisen, würde ich mit meinem Auftritt sicher punkten, dachte ich mir. Und ich hatte recht. Mirko war total fasziniert von mir, wie er mir später gestand. Und wenn ich ehrlich bin, ließ auch er mich nicht kalt. Er war gut aussehend, schlank und groß gewachsen. Groß genug, dass ich mich in seine Arme kuscheln konnte, das sah ich sofort. Und da ich kein zierliches Ein-Meter-fünfzig-Weibchen bin, ist so etwas äußerst selten. Ins Gespräch vertieft, drehten wir unsere Runden, bis wir beschlossen, in einem gemütlichen Bistro einzukehren. Die anfängliche Scheu verflog im Nu, und Mirko erwies sich als amüsanter Erzähler und guter Beobachter.

Während wir uns angeregt unterhielten, stellte ich insgeheim fest, dass er mir immer nur ganz kurz in die Augen schaute, um dann gleich meinen Mund zu fixieren. Als ich ihn darauf ansprach, meinte er, ihm würde mein Mund so sehr gefallen. Dabei hätte jeder Amateurpsychologe feststellen können, dass er einfach nur schüchtern war. Wie süß. Ich verliebte mich nicht sofort in ihn, genoss es aber, mit ihm zu plaudern, ihm gegenüberzusitzen, ohne die sichere Distanz des Computerbildschirms.

Wir beendeten das Treffen mit einer herzlichen Umarmung und einer höflichen, freundschaftlichen Verabschiedung. Wir hatten geredet und gelacht, ich hatte ihm sogar etwas vorgesungen – eine weitere Leidenschaft, der ich in jedem passenden und unpassenden Moment nachgehe. Er schien ziemlich angetan von meiner offenen Art, und ich freute mich, ihn etwas aus der Reserve gelockt zu haben. Mirko hatte mir nämlich viel erzählt, von seiner Exfreundin (über die er endlich hinweg war), seiner Familie, die im Gegensatz zu ihm sehr religiös war, und von seinem bisherigen Lebensweg, der wohl nicht immer rosig verlaufen war. Und auch ich war in seiner Gegenwart vollkommen unbefangen und selbstsicher gewesen, mochte seine jungenhafte und doch ernste Art und fühlte mich mit ihm auf einer Wellenlänge.

Trotzdem sollte es eine Weile bis zu unserem Wiedersehen dauern. Ich hatte da nämlich jemanden kennengelernt, zufälligerweise genau im gleichen Internetforum, in dem ich auf Mirko aufmerksam geworden war. Ermutigt durch mein erstes »richtiges« Treffen mit einer Internetbekanntschaft, traf ich mich auch mit diesem Mann, der ungefähr in meinem Alter war – und wie sich herausstellte, weniger auf tiefschürfende Gespräche als auf unverbindlichen Sex aus war. Das Ende vom Lied: Ich landete mit ihm im Bett und sah ihn nie wieder.

Hätte ich mehr Erfahrung mit Männern gehabt, wäre ich vielleicht nicht auf den Typen hereingefallen. Welche Frau hat denn mit 38 erst ihren zweiten Liebhaber? Mein Ex war der erste Mann in meinem Leben gewesen – und für lange Zeit der einzige. Dieser One-Night-Stand war eine lehrreiche, wenn auch verzichtbare Erfahrung. Nun ja, ich zog einen Strich unter diese uncharmante Begegnung. Die Nacht mit dem Kerl war nicht einmal so schlecht gewesen, aber definitiv nichts, was ich gesucht oder mir nochmals gewünscht hätte.

Ich wollte Mirko zunächst nichts davon erzählen. Dann aber schalt ich mich kindisch. Zwischen uns war ja nichts gelaufen, unser erstes Treffen konnte man ja auch nicht als das Knüpfen zarter Bande beschreiben, und überhaupt war von seiner Seite kein Hinweis darauf gekommen, dass er auf mich stand. Diese Überlegungen machten mich nachdenklich. Wollte ich denn, dass er auf mich stand? Hatte ich mich verliebt? Fest entschlossen, diesen beunruhigenden Fragen nicht auf den Grund zu gehen, erzählte ich ihm von meinem erotischen Ausflug in die Welt des oberflächlichen Beischlafs mit einem Fremden. Und was tat Mirko? Er tröstete mich ganz lieb. Da konnte ich auch keine Einwände erheben, als er sich wenig später ein paar Mal mit einer gewissen Angelika traf. Unsere Bekanntschaft schien also doch eher in Richtung Freundschaft zu laufen.

Ich nahm diese Entwicklung beruhigt und doch etwas enttäuscht zur Kenntnis. Natürlich war es klüger, sich das Leben als frisch getrennte Ehefrau nicht gleich mit einer Beziehung zu einem elf Jahre jüngeren Kerl zu verkomplizieren, andererseits … andererseits übte Mirko eine besondere Anziehung auf mich aus, die ich schon lange nicht mehr gespürt hatte. Weder bei meinem Mann noch bei meinem One-Night-Stand. Die Art von Anziehung, die sich über alle rationalen Überlegungen hinwegsetzt. Die Gedanken in einem weckt, die so gar nichts mit dem ständigen Bewusstsein zu tun haben, dass man doch als zweifache Mutter nicht solche Flausen im Kopf haben sollte. Früher oder später musste ich mir eingestehen, dass ich mich entgegen meiner Absicht wohl doch etwas verknallt hatte.

»Treffen wir uns mal wieder?«, fragte mich Mirko eines Tages im Chat. Freudig überrascht schrieb ich ihm zurück: »Klar. Gehen wir wieder spazieren?« Das Treffen lief in ungefähr so ab wie unser erstes. Und auch das, welches darauf folgte. Dann wurde ich langsam etwas ungeduldig. Ich wurde nicht schlau aus dem Kerl. Manchmal ließ er deutlich durchblicken, dass er auf mich stand, dann wieder war er schroff und abweisend. Eine harte Nuss. Ich fühlte mich herausgefordert und beschloss, die Dinge etwas zu beschleunigen – schon allein meinem Selbstwertgefühl zuliebe. Schließlich war ich eine ansehnliche Erscheinung, und Mirko hatte mir klar zu verstehen gegeben, dass ihn der Altersunterschied nicht abschreckte. Also sah ich keinen Grund, der dagegen sprach, unsere Freundschaft zu vertiefen …

Wir gingen ins Kino, es lief *Kirschblüten – Hanami*. Wie ich da so schniefend neben Mirko saß und er tröstend seinen Arm um mich legte, wirkte ich wohl nicht sehr verführerisch, aber ich konnte nicht anders. Ich bin ein sehr mitfühlender Mensch, und dieser traurige Film rührte mich einfach zu Tränen. Obwohl ich ausgesehen haben muss wie ein Waschbär, nahm Mirko mich am Ende des Films in die Arme und küsste mich endlich. Ich atmete innerlich auf. So begann eine sehr romantische Phase unseres Zusammenseins. Wir trafen uns öfter, schmusten und hielten Händchen, hatten aber keine Eile, den nächsten Schritt zu tun. Meine Trennung war noch zu frisch, und er war kein Aufreißertyp, sodass wir einfach die Zeit zusammen auskosteten.

Trotz unserer Treffen schrieben wir uns auch weiterhin über Internet. Zum Geburtstag schickte Mirko mir einen wunderschönen Liebesbrief, der inzwischen leider verloren gegangen ist. Aber ich erinnere mich noch genau, was drin stand. Er hatte mir geschrieben, dass das Alter unwichtig sei, dass es wunderschön wäre, die Tage mit mir zu verbringen, und wie es wohl sein möge, wenn dann erst die Nächte dazukämen. Er schrieb mir liebevolle SMS, nette kleine Gedanken und entpuppte sich überhaupt als echter Romantiker. Etwas, was ich von ihm nicht erwartet hätte, da er sehr zynisch sein konnte. Etwas, was eine Seite in mir berührte, die ich schon vergessen geglaubt hatte. Ich fühlte mich unheimlich lebendig, wenn ich bei ihm war, und sehnte mich immer mehr nach ihm, wenn wir nicht zusammen waren.

Schließlich hatten wir zum ersten Mal Sex, und es war genauso gut, wie ich es mir ausgemalt hatte. Im Gegensatz zu unserem ersten Kuss, den ich provoziert hatte, verführte mich Mirko nach allen Regeln der Kunst. Was soll ich sagen, es war scharf. Schön. Und befreiend. Am nächsten Tag jedoch kamen mir Zweifel. Ich schrieb Mirko: »Und du bist sicher, dass du nicht zu jung für mich bist?« Er zögerte nur kurz, bevor er antwortete: »Na toll. Genau das will ein Mann nach der ersten Nacht hören.« Ich musste schmunzeln. Es war nicht einmal Nacht gewesen, sondern helllichter Tag, und wir waren gleich zweimal übereinander hergefallen. Eine äußerst lustvolle Erfahrung für mich. Als Mutter zweier Kinder sind die Momente rar gesät, die sich für Spontansex am Nachmittag eignen, und außerdem war ich immer eine eher zurückhaltende Liebhaberin gewesen.

Im Gegensatz zu unserem ersten Kuss, den ich provoziert hatte, verführte mich Mirko nach allen Regeln der Kunst. Was soll ich sagen, es war scharf.

Das erste Mal mit Mirko hatte mir eine neue Seite an mir offenbart. In seiner Wohnung konnte ich mich richtig gehen lassen, ich schämte mich nicht vor ihm, sondern war selbstbewusst und … na ja, vielleicht sogar etwas laut.

Ich verdrängte den bedrückenden Gedanken an den Altersunterschied, der uns trennte. Meistens gelang mir das ganz gut.

Vor allem, wenn wir gerade dabei waren, Liebe zu machen. Die Zweifel kamen immer, wenn mir gerade einfiel, dass er elf Jahre jünger als ich und gleichzeitig auch elf Jahre älter als meine Kinder war. Dass die Mutter Sophie ein ganz anderer Mensch war als die Liebhaberin Sophie. Gegenüber meinen Kindern war ich aufopfernd, fürsorglich und autoritär. In Mirkos Armen wurde ich zu Wachs, ganz anschmiegsam, aber auch fordernd und lustvoll. Ich hatte keine Scheu mehr davor, mir endlich das zu holen, was mir zustand – gefühlsmäßig und im Bett. Und genau diese Gratwanderung beunruhigte mich etwas. Aber Mirko war ein Meister darin, mir diese schwermütigen Gedanken zu nehmen und mit mir im Hier und Jetzt zu leben.

Indem wir unsere Beziehung nun auch auf das Körperliche verlegt hatten, begann für mich eine wahre Entdeckungsreise. Mirko war ein sehr fantasievoller Liebhaber, der gern Sachen ausprobierte. Dazu gehörte auch Spielzeug, das er bei gelegentlichen Streifzügen durch Internet-Sexshops fachmännisch auswählte. So kam es, dass er eines Tages mit einem breiten Grinsen im Gesicht und einer verdächtig neutral verpackten Schachtel in der Hand vor meiner Tür stand. Ich freute mich über das Geschenk, er ließ mich aber noch zappeln und meinte, ich solle das Paket erst im Schlafzimmer auspacken. Als wir zu Bett gingen, und das dauerte nicht lange, machte ich mich freudig ans Auswickeln des Päckchens. Um dann etwas doof aus der Wäsche und auf die Kugeln zu starren, die da an einer Schnur befestigt vor mir lagen. Mirko lachte: »Das sind Liebeskugeln. Die festigen die Muskulatur. Nicht, dass du das nötig hättest, aber ich denke, du solltest sie mal ausprobieren. Ich habe gelesen, dass die für ganz angenehme Gefühle sorgen …« Etwas skeptisch beäugte ich die eigentlich recht harmlos aussehenden Plastikdinger. Mirko bestand darauf, sie mir einzuführen, und zwar am nächsten Tag, bevor wir in den Park gingen. Eigentlich ging das ganz reibungslos, ich spürte die Kugeln ein bisschen bei jedem Schritt, und ein durchaus angenehmes Gefühl stellte sich ein. Bis wir die grandiose Idee hatten, Federball zu spielen. Bei jedem Hüpfer befiel mich ein mulmiges Gefühl. Ein schrecklicher Gedanke drängte sich mir auf: Oh Gott, bin ich etwa schon so ausgeleiert, dass ich die Dinger verliere?

Und tatsächlich spürte ich plötzlich, als ich zu einem Hechtsprung ansetzte, wie mir die Kugeln im wahrsten Sinne des Wortes entglitten. »Verdammt!«, entfuhr es mir. »Die flutschen raus! Ich habe keine Muskeln da unten!« Ich war den Tränen nahe, und Mirko musste mir auf dem ganzen Nachhauseweg gut zureden, damit ich mich wieder einkriegte. Die Lage erwies sich schließlich als weit weniger dramatisch, als zunächst angenommen. Am nächsten Tag führte ich mir die Kugeln selbst ein und stellte fest, dass ich meiner mitnichten ausgeleierten Vagina unrecht getan hatte. Mirko hatte die Teile nicht tief genug eingeführt. Im Grunde musste man die einfach nur wie einen Tampon einlegen, dann flutschte da nichts mehr. Wie dem auch sei, die Kugeln nahmen das gleiche Ende wie das Federballset: gekauft und zwei Mal benutzt.

Nicht nur die Welt der Sexspielzeuge war Neuland für mich. Mirko verband mir die Augen und ölte mich vom Kopf bis zu den Füßen ein, er bedeckte meinen Körper mit Schokolade (eine Erfahrung, die mir immer in Erinnerung bleiben wird, weil er mir dabei – versehentlich, wie er später beteuerte – in den Kitzler biss), und mein Exmann hätte mich verflucht, hätte er erfahren, wie viel Spaß es mir plötzlich machte, meinem Freund einen zu blasen ...

Gleichzeitig mit unserem Sexleben entwickelte sich auch unsere emotionale Bindung weiter und wurde immer enger. Irgendwann kam der Zeitpunkt, an dem wir uns unserer Umwelt stellen mussten. Meine Tochter hatte Mirko schon kennengelernt, und sie fand ihn »ganz okay«. Ich hatte mir die ganze Zeit einen Kopf gemacht, und auch er war nervös gewesen, aber schließlich hatte sich alle Sorge in Wohlgefallen aufgelöst. Er mochte mich so sehr, dass ihm meine Familiensituation nichts ausmachte. Eigene Kinder wollte er sowieso nicht, womit ein möglicher Streitpunkt von vornherein wegfiel. Es gab natürlich noch genügend andere.

Im Laufe der Zeit stellte sich heraus, dass ich mit Mirko oft, aber dafür gut streiten konnte. Ein nicht unwichtiger Punkt in Beziehungen. Was eine wirkliche Hürde darstellte, waren seine Eltern. Von Mirko wusste ich, dass sie mich absolut nicht akzeptierten. Die Konstellation »erzkatholische polnische Einwanderer« und »geschiedene Halbtürkin« war ja auch nicht gerade vorteilhaft. Und wie mein Freund mich immer wieder zu erinnern pflegte, war eine geschiedene Frau für seine Eltern fast schlimmer als eine Ehebrecherin. Oder war es das Gleiche?

Die Konstellation »erzkatholische polnische Einwanderer« und »geschiedene Halbtürkin« war ja auch nicht gerade vorteilhaft.

Wie dem auch sei, unser erstes gemeinsames Weihnachten verbrachten wir bei meinen Eltern. Mirko hatte sich dafür sogar mit seinen Eltern gestritten. Vor einem Jahr endlich stellte er mich ihnen offiziell vor, und nachdem sich die erste Aufregung etwas gelegt hat, dürfen wir mittlerweile sogar bei ihnen übernachten. Es kostete mich einiges an Kraft, nicht das Handtuch zu werfen. Wer will sich schon mit fast vierzig Jahren in einer Situation wieder finden, die einen an die eigene Schulzeit erinnert? Ich brauchte doch keinen Segen von irgendwelchen Eltern, die mich aufgrund meiner Lebensentscheidungen sowieso verurteilten.

Aber irgendwie behielt meine Zuneigung und Solidarität gegenüber Mirko die Oberhand. Schließlich hatte auch er es nicht leicht mit einer geschiedenen Mutter von Zwillingen. Und wenngleich unsere Lebenssituation so unterschiedlich war wie Tag und Nacht, so schafften wir es doch bisher immer, diese Tatsache zu überwinden und uns auf das Wesentliche zu konzentrieren: auf uns. Und auf das, was uns verbindet, nicht das, was uns trennt.

Von alten Tanten

Heidi (40), Verkäuferin, Meran,
über
Basti (30), Verkäufer, Meran

Mach dir nichts draus, irgendwo da draußen läuft der Richtige herum.«

»Jeder Topf findet seinen Deckel.«

»Auch wenn der Topf schon etwas ... abgenutzt ist.«

»35 ist ja heutzutage kein Alter.«

Das Schlimme an den gut gemeinten Aufmunterungsversuchen meiner Tanten war, dass sie nicht an mich gerichtet waren, sondern an meine Mutter. Die an jenem Abend vor fünf Jahren mit schmerzlich verzogener Miene am Tisch saß und mich mit ihrem »Ich werde niemals Enkelkinder haben«-Blick vorwurfsvoll anguckte. Ich ließ die mäßig versteckte Kritik an einem Singledasein an mir abprallen und verkniff mir jeglichen Kommentar. Dabei hätte mir so vieles auf der Zunge gelegen. Dass es andere Ziele im Leben gibt, als sich einen Mann zu angeln. Dass ich gar keine Zeit für eine Liebesbeziehung hatte. Dass ich auch so ein erfülltes, glückliches Leben führte. Und dass meine letzte richtige Beziehung für meinen Geschmack fast etwas zu lange gedauert hatte.

Schmunzelnd sinnierte ich über Hansjörg nach. Der Gute war acht Jahre lang mein Freund gewesen. Wir waren zusammengekommen, da war ich 15 gewesen, und bis ich 23 war, hatte ich an seiner Seite nicht wirklich viel erlebt. Irgendwann waren die vier »S« in unserem Leben als Paar aufgetaucht (Samstag, Sportstudio, Sex, Schlafen), und das war der Anfang vom Ende gewesen. Die Geschichte hatte mit einem Heiratsantrag geendet, den ich leichten Herzens abgelehnt hatte. Ich hatte mich einfach noch zu jung gefühlt, und ich verspürte den Drang, etwas zu erleben. So waren die letzten zwölf Jahre mit Partys, Freundschaften, Reisen und unverbindlichen Affären gefüllt gewesen. Und ich war noch lange nicht müde.

Seufzend erhob ich mich, entschlossen, das Kaffeekränzchen, das genau so ablief wie alle Zusammenkünfte mit der Familie, wo die arme, alleinstehende Heidi Gesprächsthema Nummer eins war, zu verlassen. Ich zwinkerte meiner Mutter aufmunternd zu, sie konnte ja nichts für ihre altmodischen Vorstellungen, und verabschiedete mich. Ich hatte noch eine Verabredung. Wir waren eine Gruppe von zehn Freundinnen, allesamt Singles, und das Thema Männer spielte für uns alle eher eine untergeordnete Rolle.

»Hallo, ich bin Basti«, begrüßte mich der sympathische Junge. Er arbeitete in einem Bekleidungsgeschäft ganz in der Nähe und war – wie alt? Vielleicht siebzehn?

Es wurde ein wilder Abend, und am nächsten Morgen tauchte ich entsprechend verkatert an meinem Arbeitsplatz auf. Als Verkäuferin muss man immer halbwegs präsentabel aussehen, und so traf ich mich mit einer Kollegin auf einen Kaffee in der Bar an der Ecke, um den Kreislauf in Schwung zu bringen. Wir quatschten über dies und jenes, und ich war nicht besonders aufnahmefähig. Deshalb hielt sich meine Begeisterung in Grenzen, als sie mir einen Bekannten vorstellte.

»Hallo, ich bin Basti«, begrüßte mich der sympathische Junge. Er arbeitete in einem Bekleidungsgeschäft ganz in der Nähe und war – wie alt? Vielleicht siebzehn? Schlapp erwiderte ich seinen Händedruck, aber der Gute schien sich noch unterhalten zu wollen. »Wir kennen uns bereits«, sagte er. »Wir waren sozusagen Nachbarn, als du in dem Geschäft neben unserem gearbeitet hast.« Ach ja? Das war gute zehn Jahre her. Ich verkniff mir den Kommentar, der mir auf der Zunge lag (»Du hast mit sieben schon gearbeitet?«). Als er schließlich gegangen war, klärte mich meine Kollegin über sein Alter auf. Er war 25. Ein richtig junger Hüpfer.

Ich maß dieser Begegnung keine Bedeutung bei. Auch als ich Basti einige Zeit später öfter zu Gesicht bekam, machte ich mir noch keine Gedanken. Irgendwann verbrachten wir auch allein Zeit miteinander. Wir hatten viele gemeinsame Interessen, und so schien mir das nur natürlich. Während ich die Freundschaft zu meinem erheblich jüngeren »Kollegen« jedoch als rein platonisch betrachtete, fiel mir auf, dass er mich oft länger als nötig anschaute, und das auf eine andere Art als andere Frauen. Nicht zaghaft, sprach ich ihn eines Tages darauf an, und er gab zu, dass er sich von mir angezogen fühlte. Ich fiel aus allen Wolken, und ich schimpfte mit ihm wie mit einem ungezogenen Kind. »Dir ist schon klar, dass das nicht gut gehen kann? Du bist in einem Alter, das ich schon lange hinter mir habe. Ich bin zwar noch gern auf der Piste, möchte aber doch langsam, na ja, du weißt schon …« – »… einen Gang runterschalten?«, half er mir auf die Sprünge. »Ja, genau.« – »Du weißt aber schon, dass ich nicht gerade der Party-löwe bin«, grinste er mich an, »ich gehe lieber spazieren als in den Club, bin generell ein Stubenhocker und ziehe ein gutes Gespräch sinnloser, äh, Vielweiberei vor. Das hast du sicher schon bemerkt.« Hatte ich, und das durchaus mit Wohlwollen. Trotzdem schockierte mich sein Geständnis eher, als dass es mir geschmeichelt hätte. Außerdem entsprach er wohl nicht den Wunschvorstellungen meiner Mutter, was ihren potenziellen Schwiegersohn betraf. Und die Tanten würden sich wohl ins Fäustchen lachen. Sie alle hatten ihre Familienverhältnisse nämlich bereits »unter Dach und Fach gebracht«, als sie in Bastis Alter gewesen waren.

Meiner abwehrenden Haltung zum Trotz ließ Basti nicht locker. Es fiel mir aber auch schwer, ihn auf Abstand zu halten. Wir hatten einfach so viel zu reden, trafen uns viel zu häufig, und ich grübelte immer öfter über uns nach. Ich fragte mich – und ihn – nach dem Grund für seine Avancen und vermutete eine Art Beuteschema dahinter. Aber Fehlanzeige. Der Bursche hatte immer nur jüngere Freundinnen gehabt. Die Beziehungen hatten nie lange gehalten, und seine weiblichen »Kumpels« waren im Schnitt älter als er, weil er sich einfach ernst genommen fühlte und mehr mit ihnen gemeinsam hatte. Seiner Meinung nach waren ältere Frauen »entspannter«, wie er mir immer wieder versicherte. Er wusste ja nicht, dass ich mir beim bloßen Gedanken daran, mit ihm ins Bett zu gehen, fast in die Hose machte. Ja, dieser Gedanke kam mir mittlerweile ziemlich oft in den Sinn, und ich harrte mit einem mulmigen Gefühl der Dinge, die da noch kommen würden. Frauen haben ja ein Gespür dafür, wenn sich etwas entwickelt, ob sie nun zwanzig sind oder vierzig. Außerdem hatte mir einmal ein Mann gesagt: »Letztendlich entscheidet doch ihr, ob es etwas wird oder nicht. Wir armen Männer können nur baggern, hoffen und abwarten.«

Schließlich kriegte Basti mich, indem er mir zu fortgeschrittener Stunde in einer überfüllten Bar *Hotel California* vorsang. Ich wurde leider von einem Lachkrampf geschüttelt, und auch das Gejohle der anwesenden Menschenmassen, die genauso angeschickert waren wie wir beide, trug nicht dazu bei, der Situation die gebotene Romantik zu verleihen. Aber das war uns beiden egal. Ich verbrachte jene Nacht bei ihm zu Hause, und mein mulmiges Gefühl bezüglich unseres »ersten Mals« erwies sich als unbegründet. Der Funke war nun endgültig auf mich übergesprungen, und für diese eine Nacht schob ich all meine Ängste und Vorurteile beiseite. Am nächsten Morgen allerdings waren meine Zweifel wieder da und ließen sich auch nicht verscheuchen, als Basti mir klarmachte, dass er mit mir zusammen sein wollte.

»Du weißt schon noch, was du gestern alles zu mir gesagt hast? Von wegen, dass du mich liebst und so«, fragte ich Basti zögerlich. »Jep«, erwiderte er unbefangen, »und ich meinte jedes Wort so, wie ich es gesagt habe.«

Schließlich kriegte Basti mich, indem er mir zu fortgeschrittener Stunde in einer überfüllten Bar »Hotel California« vorsang.

Zwei Wochen darauf beendete ich unsere Beziehung wieder. Ich hatte mich noch nicht einmal getraut, ihn meinen Freundinnen, geschweige denn meiner Familie vorzustellen, und die Sorge über die Reaktion meines Umfelds auf den Altersunterschied, der uns trennte, nahm eher zu als ab. Ich konnte mir einfach nicht vorstellen, dass das mit uns gut gehen könnte, und ich hatte ziemlich großen Schiss vor der Meinung der anderen. Dass ich Basti nun absägte, war eine Kurzschlusshandlung, die er enttäuscht mit den Worten kommentierte: »Ist es deine Entscheidung, oder machst du dir Gedanken über das, was die Leute über uns reden könnten?« Ich beschloss, ehrlich zu sein, und erwiderte beschämt, dass wohl Letzteres den Ausschlag gegeben hatte. Traurig sah er mich an und zuckte mit den Achseln. »Na, dann.«

Es folgten drei Tage, die für mich schlimmer als befürchtet verliefen. Ich hatte Basti lieb gewonnen und sehnte mich wahnsinnig nach ihm. Obwohl ich diese Zeit für mich brauchte, dachte ich doch jede freie Minute an ihn und stellte meine Entscheidung infrage. Ich war 35 Jahre alt, »gefirmt und getauft«, wie man bei uns so schön sagt. Da sollte es doch möglich sein, eine eigene Entscheidung zu treffen, ohne sich um die Meinung anderer zu scheren. Die Tatsache, dass wir in einer Kleinstadt lebten, in der die Leute sich schon das Maul über einen zerrissen, wenn man in meinem Alter noch ausging, hatte mir wohl den Blick für das Wesentliche vernebelt. Außerdem, wenn ich so an meine Tanten dachte, war es auch nicht besser, wegen seines Daseins als »alte Jungfer« mitleidig angeschaut zu werden. Sollten die doch ihren Gesprächsstoff bekommen. Ich gab mir einen Ruck und rief Basti an, um ihn um Verständnis und um Verzeihung zu bitten. Von da an waren wir endlich ein »richtiges« Paar.

Die nächste Gelegenheit für kalte Füße kam schneller als gedacht. Nach nur einer Woche legte mich mein Liebster aufs Hinterhältigste herein, indem er seine gesamte Familie einlud, die extra aus seiner Heimatstadt zu uns kam, um mich kennenzulernen. Ich hatte keinen blassen Schimmer gehabt und fand mich plötzlich

> *Mein Liebster legte mich aufs Hinterhältigste herein, indem er seine gesamte Familie einlud, die aus seiner Heimatstadt zu uns kam, um mich kennenzulernen.*

unter zwölf Leuten wieder, die alle neugierig auf die neue Frau an Bastis Seite waren. Ich hätte ihn umbringen können. Zu seiner Verteidigung muss ich allerdings sagen, dass seine Mutter sehr gelassen reagierte, da sie auch einen 15 Jahre jüngeren Lebenspartner hatte, und mich alle sehr wohlwollend in ihren Kreis aufnahmen. Das versöhnte mich ein bisschen mit meinem ungestümen Freund und bewahrte mich diesmal auch davor, gleich wieder die Flucht zu ergreifen. Ich erzählte sogar meiner Familie von ihm, und wenn die Kommentare auch nicht überschwänglich ausfielen, so fanden sich meine Leute doch erstaunlich schnell mit der Lage der Dinge ab. Vielleicht war meine Mutter auch nur froh, mich endlich in festen Händen zu wissen, sodass sie nicht lange nachbohrte und alles infrage stellte.

Auch ich hörte auf, mir unnötige Gedanken zu machen, und genoss von da an das Leben an der Seite meines jungen Freundes, der doch im Geiste manchmal wesentlich erwachsener zu sein schien als ich. Er sah ohnehin ein bisschen älter aus als dreißig, redete wie ein Mann in meinem Alter, hatte ein ruhiges Wesen, das sich positiv auf meine quirlige Art auswirkte, und war mit seinen blonden Haaren und den blauen Augen sehr attraktiv. Was auch meine Freundinnen fanden, die ihn begeistert als neuen Gefährten an meiner Seite akzeptierten und kein Wort über den Altersunterschied verloren.

Nach drei Jahren Beziehung mit sehr vielen Höhen und kaum nennenswerten Tiefen überraschte mich Basti schon wieder. Er überredete mich zu einer Bergtour, etwas, was wir häufig gemeinsam unternahmen, schleifte mich nach acht Stunden Fußmarsch auf einen Felsen, von dem aus man angeblich einen sagenhaften Blick auf den Sonnenuntergang hätte, und wie ich mich widerwillig und schnaufend neben ihm niederließ, machte er mir einen Heiratsantrag. Mit zitternden Fingern hielt er mir einen Ring unter die Nase, den er mir mit einem roten Nähfaden um die Finger wickelte. Verblüfft starrte ich ihn an. »Der rote Faden, der steht für die ewige Liebe, sozusagen für eine Extraportion Treue und Stabilität. Das ist ein Brauch, den ich irgendwo mal aufgeschnappt habe, und die Idee hat mir gefallen. Bei dir muss man ja auf Nummer sicher gehen«, erklärte er mir. Im Nachhinein erst gestand er mir, dass er unglaublich nervös gewesen war, weil er ja wusste, dass ich schon einmal einen Antrag abgelehnt hatte. Auch dass er bei meiner Mutter bereits ganz altmodisch um meine Hand angehalten hatte, bevor er mich fragte, sollte ich erst später herausfinden. In jenem Moment verschlug es mir die Sprache. Doch nach einer Schweigeminute sagte ich begeistert Ja.

Das alles liegt nun zwei Jahre zurück. Ich habe mir da wohl einen wahren Überredungskünstler geangelt. Ich, die ich nie kirchlich heiraten wollte, fand mich ganz in Weiß vor dem Traualtar wieder und ließ die ganze Zeremonie mit allem Pipapo nicht nur über mich ergehen, sondern hatte sogar noch meinen Spaß daran. Erst einen Monat vor der Hochzeit hatte ich die Pille abgesetzt, denn mit Babybauch heiraten wollte ich in meinem Alter dann doch nicht. Unser kleiner Tobias ist jetzt 15 Monate alt, und meine Zweifel sind restlos ausgeräumt. Wer hätte das gedacht.

Fünf Jahre sind eine ganze Welt

Malena (28), Studentin, Madrid,
über
Harun (23), Student, Mumbai

Fünf Jahre sind viel Zeit. In sechzig Monaten kann man vieles machen. Sich verlieben, sich entlieben und wieder aufs Neue verlieben, seine Adresse oder Telefonnummer ändern, die Universität abschließen oder eine ganze Ausbildung machen, in einem Unternehmen anfangen zu arbeiten, der Arbeit müde werden und sich nach etwas anderem umsehen, ein paar Mal um die Welt fahren oder für eine Weile an einem ungewöhnlichen Ort leben.

Diese Geschichte begann vor drei Jahren, genau mit der Krise, in die ich geriet, als mir klar wurde, dass meine Arbeit, die ich nun bereits über ein Jahr ausübte, nicht meinen Vorstellungen vom Leben entsprach. Und so stöberte ich im Dickicht der Auslandsstipendien, und mein Unternehmungsgeist führte mich an den Ort, mit dem ich am wenigsten gerechnet hatte … nach Indien.

Ich reiste mit einer Mischung aus Angst und Aufregung in das Land, aber wenn ich ehrlich bin, bestand gar kein Grund dafür. Ich hatte bereits ein paar der Stipendiaten kennengelernt, die mit mir das Jahr über zusammenarbeiten sollten, und wir kamen allesamt ungefähr zum gleichen Zeitpunkt in Indien an. Außerdem erwartete uns ein weiterer Bekannter aus Spanien, Egoitz, der uns in den ersten Tagen beherbergen sollte. Für jemanden, der noch niemals in Indien gewesen ist, ist es schwierig, sich eine konkrete Vorstellung von diesem Land zu machen. Auch wenn es heutzutage nach *Slumdog Millionär* einigen leichter fällt – einem Film, den ich mindestens dreimal angeschaut hatte, bevor ich den Flughafen Chhatrapati Shivaji von Mumbai betrat. Trotzdem überraschte mich alles, was da noch kommen sollte, über alle Maßen. Über zwanzig Millionen Menschen, die in einer Stadt lebten, die für acht Millionen ausgelegt war, und dass bei dreißig Grad Lufttemperatur. Es kam mir so vor, als müsste man der Luftfeuchtigkeit den Sauerstoff förmlich entreißen. Eine schwierige Aufgabe für meine nikotingeschädigte Lunge.

Gegen zwei Uhr morgens kamen wir also bei Egoitz zu Hause an, dem seltsamen Basken, der uns bei sich aufnahm. Wir gingen direkt zu Bett und wachten erst am nächsten Nachmittag mit einer Mischung aus Jetlag und Schläfrigkeit von der Hitze auf. Wir verbrachten etwas Zeit damit, das Viertel zu erkunden, und entdeckten einige landestypische Besonderheiten wie zum Beispiel die Rikschas – motorisierte Fahrzeuge, die dazu dienten, sich durch die Menschenmassen zu schlängeln, welche die

> *Wir blickten uns für weniger als zwei Sekunden fest in die Augen, und in diesem Moment wusste ich bereits, dass Probleme auf mich zukommen würden.*

Straßen bevölkerten. Auch fiel uns die Neugier und Bewunderung in den Gesichtern der Inder auf. Kein Wunder angesichts unserer kreidebleichen Hautfarbe, ein Andenken an den spanischen Winter.

Egoitz hatte etwa einen Monat zuvor ein paar indische Jungs kennengelernt. Einer von ihnen hatte ihn angesprochen, als er einen Tag am Strand verbrachte. Die Inder schienen überrascht gewesen, einen Europäer unter den indischen Sonntagsausflüglern anzutreffen. Der junge Mann namens Salim wurde schon nach kurzer Zeit zum ständigen Begleiter und Animateur der einsamen Nachmittage von Egoitz. Als dieser nun die Ankunft von weiteren Spaniern, darunter auch Frauen, ankündigte, die er auszuführen gedachte, warf sich Salim in Schale, schnappte sich seinen besten Freund Harun, und es dauerte nicht lange, bis die beiden beim Basken auf der Matte standen.

Salim und Harun trafen ein, als wir gerade beim Vorglühen waren, mit einigen Drinks, die wir zu Hause leerten. Egoitz öffnete die Tür, und Salim ging direkt auf mich und meine Mit-Stipendiatin Irene zu, um die einzigen Frauen im Raum mit einem breiten Lächeln zu begrüßen. Diese überschwängliche Aufmerksamkeit verhinderte jedoch nicht, dass mein Augenmerk auf Harun fiel. Wir blickten uns für weniger als zwei Sekunden fest in die Augen, und in diesem Moment wusste ich bereits, dass Probleme auf mich zukommen würden.

Dazu muss ich sagen, dass ich meine Reise nach Indien mit gebrochenem Herzen angetreten hatte. Bevor ich mein Land verließ, hatte ich mich der Folter eines Intensivkurses unterzogen, einer Spezialisierung, die uns auf das Jahr im Ausland vorbereiten sollte. Natürlich hatte ich mich in den seltsamsten Vogel des ganzen Kurses verknallt. Alberto war Vegetarier, Yogi und Philosoph mit einer Obsession für osteuropäische und besonders russische Frauen, weshalb mir (als genauem Gegenteil seines Beuteschemas) seine Aufmerksamkeit zunächst sehr geschmeichelt hatte. Er gab mir das Gefühl, jemand ganz Besonderes zu sein. Im Endeffekt stellte sich jedoch heraus, dass er einzig und allein daran interessiert war, mich an seiner Angel zappeln zu lassen und von mir bewundert zu werden, ohne mir im Gegenzug viel zu geben. Aus diesem Grund und wegen anderer gescheiterter Beziehungen wusste ich genau, dass ich mich nicht in Indien verlieben durfte – komme was wolle. Nicht in das Land und nicht in seine Bewohner. Aber je weniger man sucht, desto mehr findet man.

Vor mir stand also Harun und starrte mich etwas schüchtern und trotzdem irgendwie unverfroren an. Er war groß gewachsen und trotz seiner für Inder typischen mageren Statur von stolzer Haltung. Seine Haut hatte die Farbe eines perfekten *Café con leche*. Sein Haar war schwarz, voll und glänzend, und er trug es etwas länger und zerzaust, als Kontrast zu seinem restlichen Äußeren, das gepflegt und ordentlich war. Ein niedliches, schmales Kinnbärtchen verlieh ihm ein erhabenes Aussehen und nahm seinem Gesicht etwas von seiner Jungenhaftigkeit. In jenem Moment war ich ganz in den Anblick seines Gesichts versunken, und er schien mir ein äußerst attraktiver Mann zu sein. Als sein Blick jedoch auf mich fiel, erfasste mich, so kitschig es klingen mag, eine Art Schwindelgefühl.

Nachdem wir uns vorgestellt hatten, setzte sich Salim zwischen Irene und mich und unterzog uns einem Kreuzverhör nach allen Regeln der Kunst. Er fragte nach unserem Leben in Spanien und danach, was wir von Indien und seinen Einwohnern hielten. Während wir ihm geduldig Rede und Antwort standen, musterte ich Harun aus den Augenwinkeln. Dieser hatte sich zu Egoitz gesellt und half ihm, Gläser und Getränke bereitzustellen. Ich sah sie tuscheln, und wenig später kreuzte Egoitz mit breitem Lächeln wieder am Tisch auf und sagte zu mir: »Du gefällst ihm.« Angesichts meiner ungläubigen Miene versicherte er mir, dass Harun ihm gerade gestanden hatte, dass er mich attraktiv fand. Er hatte auch gefragt, ob ich einen Freund hätte.

Ich fühlte mich wie ein Teenager. Ein Gefühl, das während des folgenden Jahres mein ständiger Begleiter werden sollte. In Wahrheit hatte ich auch schon bemerkt, dass etwas zwischen uns war, kein Funke wie in den Hollywoodfilmen, aber eine spontane Anziehung, nennen wir es »Chemie«. Das alles traf mich aber etwas unvorbereitet, und mir war es peinlich, von Egoitz praktisch mit der Nase darauf gestoßen zu werden.

Damals konnte ich die Inder, was ihre Religion betraf, noch nicht auseinanderhalten, und so war es Egoitz, der uns darüber aufklärte, dass seine Cola trinkenden Freunde Moslems waren. Ich bin kein Mensch mit Vorurteilen gegen Andersgläubige, allerdings erinnere ich mich noch gut daran, wie mich dieser Hinweis ernüchterte und ich mich schwierigen Zeiten entgegenblicken sah. Etwas mit einem Inder anzufangen ist eine Sache, aber man muss schon ein Händchen dafür haben, einen Moslem aus dem Drittel der – größtenteils hinduistischen – Bevölkerung herauszufischen, das dieser Religion angehört. Ich erinnere mich, dass mir der Gedanke durch den Kopf schoss, dass mir ein Hindu wohl eher gefallen hätte. Ein Gedanke, der mir heute ziemlich unanständig erscheint.

Moslem oder Hindu, ich dachte nicht daran, etwas mit einem Kerl anzufangen. Ich wollte mich vergnügen und die unzähligen Möglichkeiten entdecken, die ein Land wie Indien für mich bereithielt. Ich musste viel lernen, denn meine letzte Erfahrung hatte mich so sehr verletzt, dass ich noch kein Interesse an einer neuen Beziehung hatte. Zumindest redete ich mir das ein. Doch je weiter die Nacht und das Gespräch mit Harun fortschritten, desto mehr faszinierte er mich.

Harun war ein Immobilienmakler. Sein Vater, der im Norden Indiens lebte, kam für sein Wirtschaftsstudium auf, aber Harun weigerte sich, auch noch Geld für seine Lebenshaltungskosten von ihm anzunehmen. So arbeitete er als Wohnungsvermittler für Bürger der Mittel- und Oberschicht in den Vierteln von Bandra, Khar und Juhu. Natürlich wusste er, dass Irene, Marta und ich eine Wohnung suchten, sodass ich sein lebhaftes Interesse auf seine berufliche Tätigkeit schob. Diese Entdeckung entspannte mich etwas, und ich machte mir keine Sorgen mehr darüber, dass das Gespräch in intimere Gefilde abschweifen könnte.

Doch je weiter die Nacht und das Gespräch mit Harun fortschritten, desto mehr faszinierte er mich.

In diesem entspannten Zustand, wir befanden uns inzwischen in einer nahen Diskothek, überraschte mich Harun mit seinem Alter. Ich hatte natürlich seine kindlichen Gesichtszüge bemerkt, daran änderte auch das Bärtchen nichts, aber mir wäre gar nicht in den Sinn gekommen, dass er jünger sein könnte als ich. Die Inder haben mir immer schon das Gefühl vermittelt, als hielten sie sich sehr gut, und schienen mir immer etwas jünger auszusehen, als sie wirklich sind. Aber dass Harun fünf Jahre jünger war als ich, summierte sich mit der Tatsache, dass er Inder war, auf zehn. Eine Kluft tat sich auf. In Indien scheint das Leben langsamer zu laufen, und die Erfahrungen, die ein westliches Kind mit fünfzehn

Jahren vorzuweisen hat, hat ein Inder meistens mit 25 noch nicht gemacht. Diese schockierende Erkenntnis verwandelte meinen neuen Freund in einen Heranwachsenden und veränderte das Bild, das ich von ihm hatte. Trotz allem schien Harun fest entschlossen, mich zu erobern.

Und wenn ich auch nicht vorhatte, dem nachzugeben, endete es doch immer damit, dass ich seine Einladungen annahm. Zu Beginn war die Ausrede die, dass ich mir ja einige Wohnungen ansehen musste, die meinen Freundinnen und mir gefallen könnten, dann suchte ich eine Wohnung für mich allein, später begleitete ich ihn auf eine indische Hochzeit, und am Ende fiel mir auf, dass ich keinen einzigen Tag lang ohne ihn sein wollte.

Ich war kaum einen Monat in Indien, als ich beschloss, mich einfach mitreißen zu lassen. Das erste Mal, als ich das Kratzen seines Bärtchens an meinem Kinn spürte und seine prächtigen, vollen Lippen die meinen berührten, dachte ich: Wie bescheuert ich doch bin. Einen ganzen Monat habe ich jetzt mit meinen Zweifeln und dummen Unsicherheiten verbracht, statt das hier zu genießen. Aber es blieben ja noch neun Monate übrig, und ich hatte nicht vor, die zu verschwenden.

So begann unsere Geschichte. Wir sahen uns fast täglich, und Harun erklärte mir die Stadt, die Restaurants, Bräuche und Traditionen. Er war eine hervorragende Gesellschaft und hatte nur Augen für mich. Außerdem war er der perfekte Reisebegleiter. Wenn es ihm am Anfang auch schwergefallen war, das Konzept »Tourismus« nachzuvollziehen, so war er bald begeistert von der Idee zu reisen, nur um neue Orte zu sehen, und schlug selbst Unternehmungen vor. Wir verbrachten viel Zeit mit Gesprächen und damit, unsere Lebensgewohnheiten zu vergleichen. Schon bald wurde uns bewusst, dass uns trotz unserer starken Gefühle füreinander wohl kein Happy End beschieden sein würde. Eines Tages redeten wir über die Zukunft, und wenngleich es nicht konkret um uns beide ging, wurde Harun plötzlich sehr ernst und sagte mir, es tue ihm leid, aber er wüsste, dass er mich niemals heiraten könne.

Die Wahrheit ist, dass mich die Idee, dass es nicht für immer sein würde, anfangs sehr beruhigte. Ich wollte Harun nicht verletzen, und ich wusste, ich wollte nicht in Indien leben. Ich wollte nicht, dass er sich Hoffnungen machte. Auch setzten uns die kulturellen Unterschiede sehr zu. Er war Inder, Moslem und gerade einmal zwanzig Jahre alt. Aber trotzdem ließ er mir im Gegensatz zu anderen Indern, die ich als besitzergreifend erlebt hatte, sehr viel Freiheit. Er rief mich an, aber nicht ständig. Er wartete ab, bis ich auch Interesse zeigte, und er schien mir das Wechselspiel von Nähe und Distanz, das für eine Fernbeziehung so wichtig ist, sehr gut zu beherrschen. Wir vereinbarten, dass wir das Jahr gemeinsam verbringen und dann schon sehen würden, wohin es uns führt.

Mit der Zeit entdeckte ich seinen fröhlichen Charakter, seine Ehrlichkeit, Loyalität und Treue, Qualitäten, die mich faszinierten und ihn immer mehr schätzen ließen. Er war ein Mann der festen Überzeugungen und soliden Werte, aber mit einer großen Lust am Lernen und einer nahezu exzessiven Neugier. Er wollte immer alles genau wissen und war sehr ehrgeizig. Rückblickend denke ich, dass sein Verhalten darauf zurückzuführen war, dass er sich in einer Lebensphase befand, die bereits lange hinter mir lag. Einer Phase, in der er noch nicht so recht wusste, was er mit der Welt anfangen sollte.

Harun war eben jünger als ich. Er war dabei, sein Studium abzuschließen, und musste Pläne für danach schmieden. Jeden Tag kreuzte er mit einer neuen Idee auf, einem neuen »Traum seines Lebens«. Manchmal erinnerte er mich an Homer Simpson und seine traumtänzerischen Unterfangen, die nie länger als eine Episode dauerten. Aber in diesen Plänen von Harun kam ich normalerweise nicht vor. Natürlich hatten wir abgemacht, nur eine bestimmte Zeit zusammen zu verbringen, aber sogar unsere

Reibereien steigerten meine Liebe zu ihm noch, und ich war immer weniger gewillt, Harun zu verlieren.

Wir begannen, uns immer öfter zu streiten, die meiste Zeit über dumme Missverständnisse und kulturelle Unterschiede. Aber vor allem störte mich, dass er keine festen Arbeitszeiten und keine geregelte Stelle hatte, dass er zu seltsamen Zeiten bei mir zu Hause auftauchte, und dass er mir immer erst in letzter Sekunde mitteilte, wann wir uns sehen könnten. Er traf seine Entscheidungen schnell und ohne die Konsequenzen abzuwägen. Im Nachhinein beklagte er sich dann und zermarterte sich das Hirn über den nächsten Schritt, der zu unternehmen war. Auch an mir machten mich gewisse Veränderungen nervös. Manchmal wurde ich wütend und führte mich, nun ja, wie eine Spanierin aus dem Bilderbuch auf. Ich verlor komplett die Beherrschung, keifte und schrie, sodass Harun mich mehr als einmal fragte, ob ich denn verrückt sei. Dadurch wurde mir klar, dass er den Grund für meine Wutausbrüche nicht wirklich verstand. Anfangs versuchte ich ihm noch zu erklären, dass wir Spanierinnen, im Gegensatz zu den Inderinnen, auf eigenen Beinen stehen und nicht im Schatten eines Mannes, der uns beschützt. Das spitzte die Situation noch zu. So liberal Harun auch war, bestimmte Dinge konnte man als Frau in Indien nicht erwarten.

Eines Tages war es wieder einmal so weit. Wir hatten einen Mordsstreit, in dessen Verlauf ich ihn der Wohnung verwies, weil ich allein sein wollte. Er warf mir vor, dass das eine der größten Beleidigungen gewesen sei, die eine Person ihm jemals an den Kopf geworfen habe, und dass es ihn sehr verletzt hätte. Er verbrachte ein paar Stunden damit, zu schmollen und nicht auf meine Anrufe zu reagieren, und ich erkannte, dass die Beziehung bereits zu verworren war, um sie zu retten.

> *So liberal Harun auch war, bestimmte Dinge konnte man als Frau in Indien nicht erwarten.*

Es gab noch so einige Situationen, in denen wir beinahe Schluss gemacht hätten, aber das Ganze schien doch nicht so einfach zu sein. Einer von beiden rief letztendlich immer an. Wir lebten beide in der gleichen Stadt, fünfhundert Meter voneinander entfernt, und doch schien es keinen Ausweg zu geben. Wir sehnten uns nacheinander, wenn wir getrennt waren, konnten aber auch nicht mehr miteinander sein. Seine Freunde, allesamt liebe und besorgte Landsleute, mischten sich auch ein und riefen mich an, wenn Harun ohne mich traurig war oder mich sehen wollte.

Harun hatte manchmal eine sehr unschuldige Sicht der Dinge, und wie ein Zehnjähriger stellte er mir ständig Fragen nach dem Warum. Manchmal fühlte ich mich wie seine Mutter, ich beantwortete tausend Fragen zu verschiedensten Themen, ich ermahnte ihn zu studieren, nicht zu lange über seinen Videospielen zu sitzen, nicht das Essen zu vergessen. Ich erinnerte ihn daran, dass es ihm zu keinem besseren Job verhelfen würde, wenn er bis ein Uhr mittags durchschlief … Es war meine Schuld, dass ich zuließ, dass sich dieses Verhaltensmuster durchsetzte. Ich hätte ihn einfach in Ruhe lassen sollen. Aber ich konnte es nicht ertragen, diesen wunderbaren und doch so verlorenen Mann zu sehen, wie er nicht wusste, was er mit sich anfangen sollte. Und ich konnte ihm auch nicht helfen. Im Gegenteil, ich glaube, ich machte ihm manchmal sogar Angst.

Eines Tages schließlich musste ich mir eingestehen, dass ich gegen Windmühlen ankämpfte, und in meinem Kopf flüsterte eine Stimme: »Weder mit dir noch ohne dich überwinde ich meine Probleme …« Ich beschloss, dass es so nicht weitergehen konnte, weil es eine Tortur war. Daher genoss ich von da an seine Gesellschaft und versuchte nicht mehr, ihn zu einem besseren Menschen zu machen. Das führte zu einer Besserung unserer Beziehung. Nun, sagen wir, zumindest zu ihrem Fortbestehen. Wir liebten uns doch wie verrückt und wollten um jeden Preis zusammenbleiben.

Die Zeit verflog, und ehe wir es uns versahen, war schon Dezember. Man hatte mir angeboten, drei Monate bei der Produktion eines Filmes für einen spanischen Auftraggeber in Mumbai mitzuarbeiten, daher wollte ich nur für einen Monat in meine Heimat zurückkehren, um dort Weihnachten zu feiern. Ich verabschiedete mich von meinen Freunden

> *Ich sehe Harun immer noch vor mir, mit seinem unerschütterlichen Lächeln und wie er mir zuwinkt, während ich die Sicherheitskontrolle passiere.*

und ließ den Großteil meiner Habseligkeiten in Mumbai zurück. Harun begleitete mich zum Flughafen, und wir verabschiedeten uns ohne große Umstände. Ich hasse Abschiede, und ich wusste, in weniger als einem Monat würden wir wieder zusammen sein. Auch freute ich mich auf Spanien, darauf, meine Familie und meine Freunde wiederzusehen, das erschien mir auch ganz verständlich und einfach. Es gab keine großen Worte oder gar Tränen. Ein Kuss und ein liebevoll gemurmeltes »Gute Reise« waren uns genug.

Ich sehe Harun immer noch vor mir, mit seinem unerschütterlichen Lächeln und seinem niedlichen Spitzbärtchen, wie er mir zuwinkt, während ich die Sicherheitskontrolle passiere. Er wirkte ruhig und glücklich, weil er wusste, wie gut mir die Zeit zu Hause mit den Meinen tun würde.

Ich kehrte nie zurück. Die Dreharbeiten verzögerten sich um sechs Monate wegen Unstimmigkeiten bezüglich der Genehmigung durch die indische Regierung, und in der Zwischenzeit wurde mir eine Stelle in Neuseeland angeboten. Diese Nachricht war niederschmetternd für uns beide, aber wir hatten keine vernünftigen Alternativen. Harun musste sich für seinen MBA vorbereiten und verließ Mumbai.

Fünf Jahre sind viel. Für Harun und mich waren fünf Jahre eine ganze Welt. Eine Welt, die zwischen uns lag.

Schnappschüsse einer Liebe

*Judith (40), Sekretärin, Garmisch-Partenkirchen,
über
Diego (30), Hotelier, Kufstein*

Unser allererstes Foto. Es zeigt uns mit schiefem Lächeln beim Tanzkurs. Bei der Haltungsnote gibt es erste Abzüge, auch, was die augenscheinliche Kompatibilität angeht. Ich sehe neben ihm aus wie eine zarte blonde Elfe, einen Kopf kleiner als er und zehn Jahre jünger, als ich damals tatsächlich war.

Tatsächlich war ich vor sieben Jahren, als das Foto entstand, 33 und Diego 23. Beide waren wir Singles und ziemlich oft auf Achse. Ich hatte gerade angefangen, mein Singleleben nach einer gescheiterten Beziehung so richtig zu genießen, da zwang man mich auch schon dazu, als Tanzpartnerin für diesen mir bis dato unbekannten Typen einzuspringen, der die Gelegenheit prompt dazu nutzte, mit mir zu flirten.

Er hatte sich mit zwei Freunden für den Tanzkurs angemeldet, und obwohl ich als erfahrene Tänzerin eigentlich Besseres zu tun hatte, ließ ich doch keine Stunde aus. Wenngleich ich mir jedes Mal aufs Neue schwor, nicht mehr hinzugehen. Ich erinnere mich noch genau an seine ersten Worte. Er kam in den Saal und fragte die Lehrer: »So, habt ihr eine gefunden für mich?« Ich merkte schon nach der ersten Stunde, die wir zusammen verbrachten, dass er nicht auf den Mund gefallen war. Er war unterhaltsam, beredt, schlagfertig und süß. Und er trieb mich in den Wahnsinn, weil er vor jedem Schritt fragte: »Bist du so weit?« Ja, ich war so weit. Schließlich tanzte ich schon ein Leben lang und er war gerade dabei, die ersten Schritte zu lernen! So hatte das also angefangen mit uns, mit einer Tanzstunde, während der Diego ständig dieselbe Figur mit mir übte, und das nur, weil er dabei seine Hand knapp oberhalb meines

> *Ich merkte schon nach der ersten Stunde, dass er nicht auf den Mund gefallen war. Er war unterhaltsam, beredt, schlagfertig und süß.*

Hinterns parken musste. Und der Schnappschuss ziert heute unser erstes Fotoalbum.

Weihnachten 2004

Oh Gott, Weihnachten im Kreis meiner Familie. Und mittendrin, mit etwas gequältem Lächeln: Diego. Eigentlich hatte ich nicht vorgehabt, ihn meinen Eltern schon so früh vorzustellen, aber sie hatten vom Altersunterschied zwischen uns Wind gekriegt und darauf bestanden. Wir waren zu diesem Zeitpunkt ungefähr seit einem Tag »richtig« zusammen. Nachdem Diego nämlich beim Tanzkurs eine Wette verloren hatte, musste er mich zum Essen ausführen. Er hatte mein Alter auf 27 Jahre geschätzt. Als ich ihm mein wahres Alter gesagt hatte, war er am Boden zerstört gewesen. Ich hatte ihn regelrecht aufmuntern müssen. Aber trotz aller Andeutungen meinerseits, das mit uns könne nichts werden, und trotz seiner Bedenken hatte es schließlich doch mit uns geklappt. Ich hatte aber auch einen untrüglichen Hinweis aus meiner Kindheit dafür, dass er der Richtige war. Als ich zehn oder zwölf war, hatte ich nämlich einen Ring gefunden – einen schönen, goldenen Ring mit einem eingravierten »D«. Seither bildete ich mir ein, der Mann, den ich einmal heiraten würde, trüge einen Namen mit dem Anfangsbuchstaben »D«. Aber zurück zu der niedlichen Gruppenszene auf dem Foto: Meinem Vater sieht man an, dass er sich sofort blendend mit meinem neuen Freund verstand. Kein Wunder, er stammte aus demselben Ort, und die beiden unterhielten sich stundenlang. Ein Wunder, dass sie überhaupt die Zeit fanden, zwischendurch Luft zu holen. Aber auch den Rest meiner Familie eroberte Diego mit seiner offenen, klugen Art und seinen lustigen Sprüchen im Sturm.

Ach, unser erster Kurzurlaub! Ich mit zerzaustem Haar und roten Wangen neben meinem strahlenden Freund und seinem schnittigen BMW, mit dem er mich immer wieder zu Spritztouren überredete, im romantischen Stubaital. Das Auto war aus dem Nichts aufgetaucht, etwa zu dem Zeitpunkt, als Diego mir gestanden hatte, dass er gar kein Elektriker sei, sondern einer wohlhabenden Hoteliersfamilie entstammte. Er half zwar bei seinem Onkel als Elektriker aus, hatte sich diese Ausrede aber zurechtgelegt, um eventuelle Frauen, die es nur auf sein Geld abgesehen hatten, abzuschrecken. Ich hatte mir fast in die Hose gemacht vor lauter Lachen. Was für eine absurde Geschichte. Doch als ich zum ersten Mal bei ihm zu Hause war, verstand ich ihn ein wenig.

Silvester

Ein Schnappschuss von mir bei der Arbeit. Ich musste mir den Respekt von Diegos Eltern nämlich im wahrsten Sinne des Wortes erarbeiten. Das Foto zeigt mich beim Dekorieren der Tische im Restaurant des Familienhotels. Neben mir steht seine Mutter, die mich wohlwollend bei meinem Tun beobachtet. Seine Mutter hatte mich sofort ins Herz geschlossen, während sein Vater mich lange Zeit misstrauisch beäugte. Diegos Mutter hatte schon Verdacht geschöpft, als er eines Tages mit Fieber und Bronchitis darauf bestanden hatte, zum Tanzkurs zu gehen. So war sie eine der Ersten gewesen, die von uns erfahren hatte. Das Einzige, was sie gefragt hatte, war: »Ist sie verheiratet? Hat sie Kinder?« Glücklicherweise konnte Diego die Fragen verneinen, und so war für sie alles in bester Ordnung. Ihr Mann hingegen hatte sich Sorgen gemacht, als er vom großen Altersunterschied zwischen uns gehört hatte. Bei der Aussage »ältere Frau« hatte er wahrscheinlich an eine Matrone oder – noch schlimmer – an einen alternden Vamp gedacht, gut fürs Bett, aber nichts fürs Leben. Als er mich dann persönlich kennengelernt hatte, war ihm die Erleichterung förmlich vom Gesicht abzulesen. Trotzdem behandelte er mich noch lange wie eine Fremde und ließ keine Gelegenheit aus, das mich oder Diego spüren zu lassen.

»Du bist frei, niemandem Rechenschaft schuldig, und er ist ein cooler Typ. Wenn es nichts wird, verbringst du eine tolle Zeit mit ihm ...«

Ich war ohnehin sehr unsicher gewesen, ob ich diese Einladung annehmen sollte. Schließlich hatte ich mir einen Ruck gegeben, nicht zuletzt, weil meine Freundinnen mir gut zugeredet hatten. Während einige wenige meinten: »Pass auf, steigere dich da bloß nicht in etwas hinein, der Typ ist zehn Jahre jünger, sei bloß vorsichtig«, überzeugten mich andere mit den Worten: »Du bist frei, niemandem Rechenschaft schuldig, und er ist ein cooler Typ. Wenn es nichts wird, verbringst du eine tolle Zeit mit ihm, wenn mehr daraus wird, umso besser.« Ich suchte keinen Freund zum Spaßhaben, ich wollte etwas Ernstes, eine Familie gründen, sesshaft werden. Zu meiner großen Überraschung machte mir Diego klar, dass er genau das auch wollte. So hatte er mich in das Hotel seiner Familie entführt, das einem wahren Märchenschloss glich. Bei meinem ersten Erscheinen dort, es war ein strahlend sonniger Wintertag gewesen, hatte mich die gesamte Belegschaft empfangen. Alle hatten ihre Arbeit unterbrochen und waren neugierig herbeigerannt, um die »Neue« des Juniorchefs zu bestaunen.

Sommer 2005

Ein Wermutstropfen, dieses Foto von mir mit Diegos Vater und seiner Schwester. Kaum hatte mein Schwiegerpapa in spe mich nämlich akzeptiert, fing Susi an, gegen mich zu hetzen. Meine verzweifelten Versuche, von seiner Familie akzeptiert zu werden, indem ich in ihrem Betrieb mithalf, waren nicht bei allen auf Begeisterung gestoßen. Und seine Schwester hatte sich wohl zurückgesetzt gefühlt, weshalb ihre Sticheleien immer heftiger wurden. Zum Glück ließ sich niemand wirklich davon beeinflussen. Aber ich muss zugeben, dass ich schon oft überlegt habe, das Ganze zu beenden.

Schlussendlich überwog immer die Liebe zu Diego, der es mir aber auch wirklich leicht machte, so vernarrt in ihn zu sein. Er war ein aufrichtiger Kerl, witzig und treuherzig, ein Bild von einem Mann. Und je mehr Ablehnung sich in unserem Umfeld breitmachte, desto enger schweißte uns das zusammen. Auch seine Freunde waren nämlich neidisch und wollten ihm einreden, er könne »eine wie mich gar nicht halten«, und ich »wäre eine Nummer zu groß für ihn«.

Juni 2006

Unser Hochzeitsfoto! Ich schaue ganz aufgeregt in die Kamera, mit meinen roten Wangen und den glänzenden Augen. Diego sieht aus ... eigentlich sieht er aus wie immer.

> Er war ein aufrichtiger Kerl, witzig und treuherzig, ein Bild von einem Mann.

Das Bild bringt mich immer wieder zum Schmunzeln. Wenn man bedenkt, wie turbulent die Wochen vor unserer Heirat waren, ist es ein Wunder, dass wir es doch geschafft haben. Es ging dann doch alles ziemlich schnell. Eineinhalb Jahre nach unserem Kennenlernen sollte es so weit sein, die Kirche war reserviert, die Gäste eingeladen, und die Einzigen, die nicht mehr so überzeugt von der Idee zu sein schienen, waren wir. Ich war etwas überrumpelt, und das, obwohl mir Diego eigentlich keinen richtigen Heiratsantrag gemacht hatte. Er hatte nur hin und wieder Bemerkungen fallen gelassen, dass wir doch »eigentlich« heiraten könnten, dass es »langsam Zeit« wäre und so weiter. Später hatte er mir erklärt, dass er Angst gehabt hätte, ich würde Nein sagen. Außerdem wusste er genau, dass er mich sanft überreden musste. Ich hatte seinen Vorschlag schließlich mit meinem Vater besprochen, der auch nicht gerade begeistert war. »Jetzt schon?«, hatte er entsetzt ausgerufen. »Er ist doch noch so jung!« Auch meine Freundinnen waren etwas erschrocken. Ich hatte trotzdem eingewilligt. Und aufgeatmet, als Diego zwei Wochen vor der Hochzeit einen Streit vom Zaun brach, der uns beide an dieser Entscheidung zweifeln ließ. So war das oft zwischen uns. Wir tickten beide oft erst einmal eine Runde aus, um danach zu einem Entschluss zu kommen, der uns richtig vorkam. Meistens war das derselbe Entschluss, den wir bereits vor dem gemeinsamen Durchdrehen gefasst hatten, aber das war uns egal. Das Ergebnis zählte. Und in diesem Fall war es der Schritt des ungleichen Brautpaares vor den Traualtar!

August 2006

Das Foto zeigt uns beide – eng umschlungen und stolz wie Schneekönige in unserem Vorgarten sitzend. Jawohl. Unser Vorgarten. Das war nämlich so: Als wir gerade erst von der Hochzeitsreise nach Sri Lanka zurück waren, setzten wir einen Kaufvertrag für eine hübsche Eigentumswohnung mit einem Makler auf. Trotz der deutlichen Besserung meines Verhältnisses zu Diegos Familie hatten wir nämlich beschlossen, uns ein eigenes Nest zu suchen. Einen Zufluchtsort vor den Widrigkeiten des Lebens, denen wir uns als Paar mit umgekehrtem Altersunterschied zwangsläufig ausgesetzt sahen. Und wie immer, wenn alles lief wie am Schnürchen, drehte einer von uns durch – und um. Auf dem Weg zur Unterzeichnung des Vertrags machte Diego nämlich zwei Kilometer vor unserem neuen Heim eine Kehrtwendung in Richtung altes Zuhause. Ich starrte ihn fassungslos an, und er sagte nach einer ganzen Weile nur: »Ich mag die Wohnung nicht. Sie gefällt mir jetzt doch nicht.« Ich schäumte vor Wut. Dreimal dürfen Sie raten, wie es schließlich ausging. Wir drehten irgendwann wieder um, unterschrieben den Wisch und leben seit fast fünf Jahren glücklich und zufrieden in unserem Eigenheim. Ich freue mich schon auf das Drama, wenn wir erst einmal Nachwuchs haben.

Eine Frau, die weiß, was sie will

*Jonas (33), Gemeindeangestellter, Klagenfurt,
über
Elke (50), Hausfrau, Lienz*

Ich bin ein einfacher Mensch. Also nicht »einfach« im Sinn von »beschränkt«. Falls Ihnen das so vorkommt, dann liegt das daran, dass ich seit meiner Erfahrung mit einer älteren Frau und den damit verbundenen Komplikationen (wenn wir es so nennen wollen) nicht mehr derselbe wie früher bin. Es ist vielleicht auch ungerecht, ihr die Schuld an dem zu geben, was passiert ist. Vielleicht muss man das Leben einfach so nehmen, wie es kommt, und nach vorne schauen. Das tue ich auch. Zumindest habe ich mir das fest vorgenommen. Aber Sie wollten meine Meinung dazu hören, wie das so ist mit den älteren Frauen und den jungen Männern, also blicke ich noch ein letztes Mal zurück in die Zeit vor sieben Jahren. Wenn Sie meine Geschichte zu Ende gelesen haben, werden Sie mir hoffentlich nachsehen, dass ich mich nicht an alles erinnere. Mein Gedächtnis lässt mich des Öfteren im Stich.

Ich suchte Zuneigung, Nähe, kurz gesagt, eine, die mich endlich einmal ranließ.

Wie gesagt, ich bin ein einfacher Mensch. Aus ebensolchen Verhältnissen, bodenständig und grundehrlich. Als hart arbeitender Handwerker ließ mir das Leben auch mit 26 nicht viel Zeit für Wein, Weib und Gesang. Weshalb ich immer ungeduldiger wurde auf der Suche nach etwas Zeitvertreib jenseits des üblichen Trotts, der Geldsorgen und der Zukunftsplanung.

Ich war also nicht auf der Suche nach einer Beziehung, wie übrigens die wenigstens meiner Altersgenossen, als ich Elke in dieser Diskothek kennenlernte. Ich suchte Zuneigung, Nähe, kurz gesagt, eine, die mich endlich einmal ranließ.

Elke war 43 und sah gute zehn Jahre jünger aus. Blond, blauäugig und nicht gerade unansehnlich, war sie im schummrigen Licht an der Bar meine Traumfrau für jenen Abend. Ach, hätte ich sie doch niemals angesprochen. Aber der Alkohol verlieh mir Mut, sie erwiderte meine Annäherungsversuche mit einem

Lächeln und ging auf meine dummen Sprüche ein. Ich hatte schon bemerkt, dass sie etwas älter war als ich, aber das war mir nur recht. Ich wollte keine dieser Kletten, die sich gleich wer weiß was erhofften, sobald man sie abschleppte. Ich wollte etwas Unkompliziertes, Lockeres. Und vor mir hatte ich eine gestandene Frau, die mir verheißungsvolle Blicke zuwarf, und ich konnte und wollte ihr nicht widerstehen. Nach einigem Hin und Her und ein paar Drinks, die ich ihr spendiert hatte, ging sie bereitwillig mit mir nach Hause. Meine erste Nacht mit ihr verlief so, wie ich sie mir in meinen kühnsten Träumen nicht ausgemalt hatte. Sie stellte alles Mögliche mit mir an, und obwohl ich nur auf der Suche nach einem kleinen Abenteuer gewesen war, war ich ihr sofort verfallen. So etwas fühlt sich ja am Anfang noch ganz aufregend und gut an. Und mit bloß einem Vierteljahrhundert auf dem Buckel konnte ich beim besten Willen noch nicht abschätzen, dass eine derartige Faszination auch ihre Tücken haben konnte. Wir verausgabten uns in jener Nacht, und ich war sofort begeistert von meiner erfahrenen Liebhaberin.

Als sie mich am nächsten Tag anrief, hatte ich meinen ursprünglichen Plan, nur eine Nacht mit dem heißen Feger zu verbringen, etwas abgewandelt. Plan B trat in Kraft, der beinhaltete, von nun an zu Elke zu fahren, wann immer es meine Zeit erlaubte. Ich fraß ihr aus der Hand und fand den Gedanken, doch eine längere Verbindung mit ihr einzugehen, gar nicht mehr so abschreckend. Zu keiner Zeit fragte ich sie (oder mich), was eine Mutter von zwei Kindern in ihrem Alter wohl in einer verkommenen Dorfdisse zu suchen hat. Stattdessen hörte ich mir ihre Geschichte an. »Weißt du, der Vater meiner Kinder hat sich aus dem Staub gemacht«, klagte sie, »er ist auf und davon und hat mich eiskalt sitzengelassen. Geschlagen hat er mich auch.« Und wenn sie dann ein paar Tränen vergoss, nahm ich sie in die Arme, bestürzt und wütend darüber, was der Kerl ihr angetan hatte. Ich hatte ehrliches Mitgefühl mit ihr, und wenn wir auch eher eine Sexbeziehung führten, so wollte ich doch für sie da sein. Auch spornte sie mich nicht nur zu Höchstleistungen im Bett an, sondern gab mir eine Art von Geborgenheit, die ich vielleicht bei einer jüngeren Frau nicht gefunden hätte. Ich weiß, es ist eine seltsame Mischung: Sex und Geborgenheit. Eine Mischung, die sehr oft in Verhältnissen zwischen älteren Frauen mit jüngeren Partnern vorkommt, wenn Sie mich fragen. Seltsam, aber anziehend. Unkonventionell, aber sehr, sehr verlockend. Und weil Männer sich auch gern etwas einreden, wenn es um Beziehungen zum anderen Geschlecht geht, wertete ich den Enthusiasmus, mit dem Elke im Bett bei der Sache war, als Zeichen von Zuneigung.

Dass Elke vor allem einen Versorger suchte, dämmerte mir erst langsam. Ich war vielleicht kein Adonis, aber doch ein ganz netter Kerl, und so erlag ich der Illusion, sie könnte mich um meiner selbst willen mögen. Nicht etwa, weil ich immerhin einen festen Arbeitsplatz hatte und mich mit ihren Kindern verstand. Als sie schwanger wurde, brach dann auch nicht gleich eine Welt für mich zusammen, sondern ich kümmerte mich selbstverständlich um sie. Wir arbeiteten eine Saison zusammen und führten einen Gastbetrieb, und ich merkte, dass es Elke ausnehmend gut gefiel, dass ich gewohnt war, für meinen – und mittlerweile ihren – Unterhalt zu schuften. Ich schöpfte keinen Verdacht. Auch nicht, als ihre Ausgaben immer höher wurden. Nicht einmal, als eine Handyrechnung über 3000 Euro ins Haus flatterte. Zur Rede stellte ich sie erst eine ganze Weile später, und es stellte sich heraus, dass sie das Geld gebraucht hatte, um mit ihrem Exfreund zu telefonieren. Der sie geschlagen hatte.

Ich weiß, es ist eine seltsame Mischung: Sex und Geborgenheit. Eine Mischung, die sehr oft in Verhältnissen zwischen älteren Frauen mit jüngeren Partnern vorkommt.

Und so veränderte sich unser Verhältnis. Elke sprang mit mir um wie mit einem Schulbub, und im Vergleich zu ihr war ich das vielleicht auch. Ich gab die Hoffnung nicht auf, dass sie sich ändern und wieder zu sich kommen würde, und dachte an unseren gemeinsamen Sohn. Lösen konnte ich mich nicht von ihr, denn immer wieder köderte sie mich mit dem, was mich am stärksten an sie band: Sex. Und so sah ich mein Kind immer seltener, verbrachte wieder nur noch die Nächte bei ihr und ließ mir nicht anmerken, dass mich ihr Verhalten zutiefst verletzte.

Eines Nachts, ich war gerade dabei, meinen Kummer in Bier zu ertränken, rief sie mich an – und ihr Ex war plötzlich am Telefon. »Komm doch her, wenn du dich traust, ich mach dich fertig«, waren die Worte dieses Proleten. Das ließ ich mir nicht zweimal sagen. Ich trank mir noch etwas Mut an, stieg in mein Auto und machte mich auf den Weg zu ihr – und ihm. Die ganze Geschichte dauerte zu diesem Zeitpunkt bereits zwei Jahre an, und ich war dieses Hin und Her leid. So kam es mir ganz gelegen, dass dieser brutale Kerl, von dem Elke nicht loszukommen schien, mir den Fehdehandschuh hinwarf.

Ich sollte nie ankommen. Auf dem Weg zu ihr und ihrem Exfreund-Wieder-Lover kam ich mit dem Auto von der Straße ab und erlitt ein schweres Schädel-Hirn-Trauma. Ich lag acht Wochen im Koma und verbrachte insgesamt das nächste halbe Jahr in verschiedenen Krankenhäusern. Doch auch in dieser schwierigen Situation enttäuschte mich Elke. Sie zog hinter meinem Rücken über mich her, beklagte sich über meine langsamen Fortschritte und über meinen Jähzorn, der angeblich seit dem Unfall noch schlimmer geworden war, und kam mich nur besuchen, wenn sie Geld brauchte. Obwohl ihr Ex ganz klar ein Ekelpaket war und sie nur über ihn jammerte, schien er trotzdem wieder mit ihr zu verkehren, in welchem Sinn auch immer. Langsam dämmerte mir, was ich mir da für eine Schmarotzerin aufgegabelt hatte. Sie wundern sich jetzt vielleicht, wenn ich Ihnen erzähle, dass das Ganze noch ein Jahr lang so ging. Aber an das erste halbe Jahr nach meinem Unfall kann ich mich kaum erinnern, ich musste vieles erst wieder neu erlernen, und noch heute habe ich mit den Folgen zu kämpfen. Ich gab Elke die Schuld daran, dass ich von der Straße abgekommen war, weil ich doch auf dem Weg zu ihr gewesen war. Im Grunde wusste ich aber, dass ich zu viel getrunken hatte. In einer derartigen Situation ist man einfach nicht rational.

Also wurschtelten wir uns durch die nächsten Monate. Wir redeten, stritten, kämpften um diese Beziehung, die gar keine war. Ich wollte ihr zeigen, dass nicht alle Männer wie ihr Ex-freund waren, dass ich sie ändern konnte, dass ich bereit war, gut für mein Kind zu sorgen. Und meinetwegen auch für sie. Meine Mutter begann, sich Sorgen zu machen. Und zwar nicht wegen des Altersunterschieds. Ich wusste, dass meine Oma auch fünf Jahre älter als mein Opa gewesen war, damals war das kurzzeitig ein Thema im Verwandten- und Bekanntenkreis gewesen, aber die beiden waren glücklich miteinander gewesen. Erleidet nun eine Beziehung, die eh schon durch den Altersunterschied belastet ist, neue Turbulenzen, ist es schwierig weiterzumachen.

Ein Jahr nach meinem Unfall trennten wir uns. Ich denke, dass Elke heute wieder mit ihrem Ex zusammenlebt. Sie sagt es zwar nie, wenn ich meinen Sohn besuche, aber ich habe da so einen Ver-dacht. Und langsam, ganz langsam spüre ich, wie es mir zusehends egal wird. Mit mir hätte sie eine bessere Wahl getroffen, doch wenn sie mich nicht zu schätzen weiß, ist das ihr Pech. Mein Kind darf ich nur selten sehen, aber ich tröste mich mit dem Gedanken, dass es irgendwann freiwillig zu mir kommen wird, wenn es sieht, was für katastrophale Entscheidungen seine Mutter trifft.

Ich musste eine Umschulung machen und bin jetzt als Ge-meindeangestellter tätig. Den Gedanken an eine Partnerin habe ich nicht aufgegeben, allerdings möchte ich keine Ältere mehr haben. Nicht, dass unsere Probleme nur vom Altersunterschied herrührten, aber ich denke doch nicht, dass mich eine Dreißigjäh-rige so schamlos ausnutzen könnte. Das hoffe ich zumindest nicht.

Mich hat diese Beziehung gelehrt, dass Frauen eines gewissen Alters mit all ihren Erfahrungen (vor allem schlechten) und junge, neugierige Burschen ohne Lebenserfahrung einfach nicht zusammenpassen. Dass die Ältere in diesem Fall intelligenter war, stimmt zwar nicht, denn Elke hatte die Weisheit wohl nur mit einem ganz kleinen Löffelchen gefressen, aber schlau genug, um mich übers Ohr zu hauen, das war sie.

Nie mehr eine Alte!

*Helene (61), Gemüsehändlerin, Passau,
über
Karlheinz (54), Bauunternehmer, Passau*

Ich wollte eigentlich nie mehr eine ältere Partnerin!«, jammerte Karlheinz an meiner Schulter. Damals, vor fünf Jahren, war er gerade 49 geworden, und ich wusste mit meinen 56 Lenzen auch nicht, wie ich ihn trösten sollte. Also ließ ich es einfach sein. Wir hatten uns wieder einmal klammheimlich getroffen, da, wo uns mein Mann und seine Exfrau nicht finden konnten und auch die Lästermäuler nicht zugegen waren, die uns schon seit geraumer Zeit auf die Schliche gekommen waren.

»Du hast doch gesagt, du warst verzweifelt auf der Suche nach einer anderen, weil du nicht mehr ertragen konntest, wie dich deine Frau behandelt«, war das Einzige, was mir einfiel. Karlheinz hatte wirklich unter der Lieblosigkeit seiner »Alten« gelitten, und dass er ihre Schikanen auf ihr fortgeschrittenes Alter schob, versetzte mir einen Stich. Schließlich war ich auch sieben Jahre älter als er. Und obwohl er mit seiner stämmigen Statur, seinem gesetzten Alter und dem Vollbart nicht unbedingt in die Kategorie »Toy Boy« fiel, war der Altersunterschied doch manchmal ein Thema. Für unser Umfeld, versteht sich.

Wir kannten uns schon ewig, weil wir im selben Verein musizierten. Irgendwann war aus Freundschaft Liebe geworden. Mein Mann Alexander war ein grobschlächtiger Kerl, der mich und unsere drei Kinder tyrannisierte. Ein Macho vom alten Schlag, der glaubte, beweisen zu müssen, dass er alles – und alle – im Griff hatte. Bevor ich daran zerbrechen konnte, hatte ich mich in die Arme des lieben, zuvorkommenden Karlheinz geflüchtet. Und zwar mit dem vollen Einverständnis meiner Kinder. Als ich ins Grübeln geriet, ob ich denn nun wirklich meine unglückliche Ehe gegen dieses lockere Verhältnis und das unsichere Dasein als geschiedene Frau eintauschen sollte, sagte meine Älteste einmal zu mir: »Er tut dir gut, er liebt dich, und das kann man von unserem Vater leider nicht unbedingt sagen. Der wird sich nie ändern, bei dem ist Hopfen und Malz verloren. Wenn Karlheinz dich glücklich macht, sind wir es auch. Vergiss das nie.«

Karlheinz hatte mein Herz langsam erobert. Und ihm gegen-über hegte ich Gefühle, die ich bisher nicht gekannt hatte. Natürlich hatte ich meinen Mann gemocht, schließlich hatte ich ihn ja geheiratet. Aber diese totale Verliebtheit war damals nicht da gewesen, sonst hätte ich mich wohl da-ran erinnern können. Damals. Damals hatte man ja auch aus

Dieser sensible, verständnisvolle Mensch schien manchmal nicht einer anderen Generation, sondern einer anderen Galaxie anzugehören.

anderen Gründen geheiratet. Bei Karlheinz war das anders gewe-sen. Er war wirklich einmal in seine Frau verliebt gewesen. Und das machte mir etwas Angst. Dieser sensible, verständnisvolle Mensch schien manchmal nicht einer anderen Generation, son-dern einer anderen Galaxie anzugehören. Während das Problem in seiner Ehe war, dass ständig alles ausdiskutiert werden musste (eine Situation, die dazu führte, dass er sich immer häufiger in sei-nen Hobbykeller zurückgezogen hatte), war es in meiner Ehe so gewesen, dass überhaupt nicht geredet wurde. Mein Mann kam nach Hause, fragte, was es denn zu essen gäbe, ob ich geneigt sei, mit ihm zu schlafen, und das war's. Erniedrigend. Lieblos. Nicht mehr auszuhalten. Deshalb beschloss ich auch, den großen Schritt zu wagen, mich scheiden zu lassen und der Heimlichtuerei ein Ende zu setzen.

Mein Noch-Mann machte es mir sogar noch leichter. Eines Abends, wir waren gerade von einer Ballveranstaltung heim-gekehrt, auf der er mich wie üblich zur Schnecke gemacht hatte, weil ich ja angeblich nur »Blech redete« und mich »schrecklich doof aufführte«, meinte er zu mir: »Wenn du eh nie mehr zu Hause bist, können wir uns auch gleich scheiden lassen.« Ich sah ihn an und antwortete ganz cool: »Ja, klar, warum nicht.« Damit hatte er wohl nicht gerechnet, aber stur wie er war, musste er nun wohl oder übel einen Termin beim Rechtsanwalt vereinbaren. Die

Scheidung wurde auf sein Verlangen eingereicht, als Grund hatte er, glaube ich, angegeben, dass ich meinen ehelichen Pflichten nicht mehr nachkam. Mir war das alles auch schon egal. Ich kann das hier so gefühllos hinschreiben, weil ich keine Gefühle mehr für ihn hatte, dafür hatte er selbst gesorgt. Unsere gemeinsamen Kinder hatte er zu jenem Zeitpunkt bereits aus dem Haus geekelt. Dass ich ein Verhältnis hatte, wusste die ganze Stadt. Ob er auch dazugehörte, weiß ich bis heute nicht. Ich hatte mein halbes Leben für ihn geschuftet, ihm drei Kinder geschenkt, und er hatte uns alle wie Fußabstreifer behandelt. Nun sollte das richtige Affentheater aber erst anfangen. Denn obwohl ich mir einen Jüngeren gesucht hatte, mit dem ich sehr glücklich war, begannen auf einmal alle um uns herum, sich wie Kinder zu benehmen.

Die Tochter meines Liebhabers rief mich von seinem Handy aus an und fragte mich, wer ich sei. Ich blockte ihre neugierigen Fragen mit der Antwort ab, ich sei ihr keine Rechenschaft schuldig. Mittlerweile, das möchte ich hier der Vollständigkeit halber ergänzen, hat sich das Verhältnis zu ihr gebessert. Der Nächste, der sich irrational zu verhalten begann, war mein lieber Noch-Ehemann Alexander, im Bunde mit der Exfrau von Karlheinz, Nicole. Er suchte sie nämlich auf, was nicht allzu schwierig war, und … führte sie aus! Und zwar genau an die Orte, an denen ich mit Karlheinz verkehrte. Mir war das Ganze unendlich peinlich, wie sie da in unserer Stammkneipe beisammenhockten und uns beobachteten. Ich gebe zu, dass ich ihnen aus dem Weg ging, ich schämte mich so sehr für meinen Mann, dass ich nicht auch noch auf eine Konfrontation mit den beiden aus war. Natürlich waren sie verletzt, vor allem Nicole, für die Familie etwas »Heiliges« und Unantastbares war, aber es bestand doch keine Notwendigkeit, sich jedem als die verlassenen Ehepartner zu präsentieren. Dass die beiden sich in ihrer Opferrolle suhlten, machte mich ärgerlich. Sowohl ich als auch Karlheinz hatten unsere guten Gründe gehabt, unsere Ehen zu beenden, da war es doch lächerlich, dass unsere ansonsten ziemlich gefühllosen Partner den sterbenden Schwan als Paarlauf inszenierten.

Aber es kam noch besser. Unsere Expartner fingen nämlich auch noch ein Verhältnis miteinander an. Manchmal saßen wir bei Karlheinz zu Hause und malten uns aus, was die beiden wohl gerade treiben würden. Wir versuchten, die ganze Geschichte mit Humor zu nehmen, obwohl man sich ja vorstellen kann, dass die Situation nicht gerade einfach war. Für keinen von uns »Erwachsenen«, geschweige denn für unsere Kinder. Was unsere Expartner nicht bedacht hatten: All ihre lächerlichen Versuche, uns Schuldgefühle einzujagen, stärkten unsere Beziehung nur. Mit Karlheinz fand ich zu einer völlig neuen Art, eine Beziehung zu führen, voller Respekt, Verständnis und einer innigen Übereinstimmung, die unseren Altersunterschied in Vergessenheit geraten ließ. Er verwöhnte mich, etwas, was ich mit Alexander nie erlebt hatte. Kam ich von der Arbeit nach Hause, stand das Essen schon auf dem Tisch. Als ich an einer schweren Immunkrankheit litt, stand er mir zur Seite. Jeden zweiten Tag besuchte er mich im Krankenhaus. Ich wage zu behaupten, dass Alexander das nicht getan hätte. An seiner Seite wäre ich wahrscheinlich an mangelnder Zuneigung verreckt, um es drastisch auszudrücken. Als ich endlich nach Hause durfte, war Karlheinz außer sich vor Freude. Wie immer küsste er mich bereits an der Wohnungstür, nahm mich erst einmal in die Arme und wollte mich gar nicht mehr loslassen. Mit ihm konnte ich all die

> *Aber es kam noch besser. Unsere Expartner fingen nämlich auch noch ein Verhältnis miteinander an.*

Zärtlichkeit, die ich in meiner Ehe so schmerzlich vermisst hatte, ausleben, und das jeden Tag. Wir kuschelten ständig, und auch im Bett herrschte vollkommene Übereinstimmung. Alexander hatte barsch seine Rechte eingefordert, und der Akt an und für sich war eher eine Pflichtübung als leidenschaftliche Vereinigung gewesen.

Nun war ich entspannter, mein Freund übte keinen Druck auf mich aus. Unsere nächtlichen »Zusammenkünfte« fielen seltener aus, aber durchaus intensiver. Ich war am Ziel meiner Wünsche und Karlheinz glücklich mit seiner neuen Alten.

TOY BOY 25

Von wegen großer Junge

Lorena (64), Rentnerin, Zwickau,
über
Lorenz (56), Geschäftsführer, Zwickau

Lorenz war die blonde Ausgabe meines verstorbenen Mannes. Ein charmanter Weiberheld, nicht gerade eine Schönheit, aber mit einem umwerfenden Sinn für Humor gesegnet. Kein Wunder, dass er mein Herz im Sturm eroberte, damals vor zwanzig Jahren. Dieser 36-jährige Hansdampf in allen Gassen provozierte mich gekonnt, wann immer wir uns zufällig über den Weg liefen. Seine herausfordernden Blicke, die ich kleinmädchenhaft ignorierte, gingen über in witzige Bemerkungen, bis wir uns schließlich hie und da verabredeten. Er arbeitete im Ausland und war nur am Wochenende in der Stadt. Und zufällig verbrachte er jeden Samstagvormittag in dem Café, in dem ich mich mit meinen Freundinnen traf. Erst später erfuhr ich, dass der Mann einer Freundin mich unbedingt mit Lorenz verkuppeln wollte. Das war ihm gelungen.

Ich zierte mich zu Beginn, wie es sich für eine Dame gehört. Wir hatten uns im großen Kreis zu einem Skatabend getroffen, und Lorenz hatte die ganze Zeit mit mir geflirtet. Als er nun am selben Abend noch bei mir zu Hause anrief, war ich beschäftigt. Meine Kinder wimmelten ihn ab, darin hatten sie schon etwas Übung und machten sich einen Spaß daraus. Ich muss zugeben, auch ich verspürte eine Art heimliches Vergnügen, wenn Lorenz in den Tagen darauf anrief und ich nicht erreichbar war. Es war ein bisschen wie früher, und ich genoss dieses Spielchen, vor allem, weil ich wusste, was für ein Casanova mein Verehrer war. Na, dem würde ich es zeigen. Ich traf ihn zufällig bei einer Bergtour wieder, und wir verbrachten einen netten Nachmittag zusammen. Lorenz war unglaublich witzig, eloquent und … hatte ich erwähnt, dass er ein Charmebolzen war? Der Nachmittag ging in den Abend über, unsere ganze Truppe suchte ein Tanzlokal auf, und irgendwann verließ ich den Schuppen gemeinsam mit Lorenz.

»Wollen wir zu mir?«, fragte er mich spitzbübisch, und entgegen aller meiner Prinzipien nickte ich. Meine Kinder waren versorgt, und dieser Knabe gefiel mir nun doch schon eine ganze Weile, wenngleich ich ihn hatte zappeln lassen. So gingen wir in seine Wohnung, die er neu gekauft hatte und die deshalb noch nicht eingerichtet war. Was soll ich sagen, wir nahmen mit dem vorlieb, was wir hatten, was in diesem Fall der Küchenboden war. Natürlich gehört es sich für eine 44-Jährige nicht, sich dort den Verführungskünsten eines bald zehn Jahre jüngeren

> *Natürlich gehört es sich für eine 44-Jährige nicht, sich dort den Verführungskünsten eines bald zehn Jahre jüngeren Frauenhelden hinzugeben ...*

Frauenhelden hinzugeben, aber die Versuchung war zu groß. Lorenz war ein einfühlsamer Liebhaber, und weil ich nicht gerade leicht zu erobern gewesen war, zog er alle Register. Ich gefiel ihm, sowohl von meinem Äußeren her als auch was meinen Charakter betraf, das merkte ich an jeder seiner Berührungen. War er etwa verliebt?

Am nächsten Tag machten wir einen Spaziergang. Ich hatte den Rest der Nacht natürlich bei mir zu Hause verbracht und mich mit Lorenz für den Nachmittag verabredet. Er erzählte mir von seiner Freundin, die er in München hatte, mit der es aber nun aus wäre. Ich war geschmeichelt. Noch war ich nicht bereit, mich fallen zu lassen, ich war sehr zurückhaltend mit meinen Gefühlen, und je distanzierter ich war, umso energischer preschte Lorenz vor. Das gefiel mir. Rückblickend kann ich sagen, dass er wohl verliebter war als ich damals. Bei mir stellte sich die Liebe erst langsam ein. Ich denke, dass unsere Beziehung unter anderem deshalb so lange hielt. Wir unterhielten uns noch über dies und das, ich stellte fest, dass Lorenz über viele Themen Bescheid wusste und ein sehr unterhaltsamer Gesprächspartner war. Vielleicht einen Tick zu stoffelhaft, man merkte ihm an, dass er ein einfacher Mensch war, der über keine übermäßig geschliffenen Manieren verfügte, aber wer war ich denn, solche Ansprüche zu stellen? Wir kehrten noch in einem Restaurant ein, dessen Besitzerin uns beide kannte, und ich erinnere mich noch genau, wie die Alte zu ihm sagte: »Du, die ist viel zu schade für dich.« Ja, das ist mir in Erinnerung geblieben, und heute muss ich lächeln, wenn ich an jenen Abend zurückdenke. Wahrscheinlich hat die Frau recht gehabt.

Es war der Beginn einer langen Beziehung. 19 Jahre lang unternahmen wir aufregende Reisen zusammen, gingen jeden Freitag aus, trafen uns häufig zu sportlichen Unternehmungen und stellten unsere Bekannten einander vor, sodass wir am Ende einen riesigen, tollen Freundeskreis hatten. Lorenz verstand sich blendend mit meinen Kindern, mischte sich aber nie in deren Erziehung ein. Ich hätte es auch nicht gutgeheißen, wenn mein junger Freund die Rolle meines Exmannes übernommen hätte. Aber ich war froh, dass die Kleinen Lorenz mochten. Heute sind meine Kinder erwachsen und haben eine eigene Familie, und noch immer erinnern sie sich manchmal an die Späße und die Blödeleien, mit denen Lorenz zur allgemeinen Erheiterung in der Familie beitrug. Eine schöne Zeit, die gefüllt war mit der Energie und dem Tatendrang, von denen wir beide etwas zu viel abbekommen hatten. Einer Energie, die zu seinem Alter durchaus noch passte, aber bei Menschen meiner Altersklasse nur selten zu finden war. Deshalb würde ich Lorenz auch nicht direkt als meinen »Jungbrunnen« bezeichnen, wie viele ältere Frauen ihren jungen Liebhaber sehen, sondern einfach als Partner, der dieselben Interessen und denselben Pfeffer im Arsch hatte wie ich, sodass er das Beste aus mir herausholte.

> *Eine schöne Zeit, die gefüllt war mit der Energie und dem Tatendrang, von denen wir beide etwas zu viel abbekommen hatten.*

Allerdings sagte er des Öfteren, halb im Scherz, halb ernst: »Irgendwann wirst du mir zu alt werden, und ich suche mir eine Jüngere.« Wie gesagt, er konnte durchaus ein Stoffel sein. Ein leicht beeinflussbarer Stoffel. Und so wunderte es mich nicht, dass er seine Art mir gegenüber änderte, als er anfing, mit jüngeren Leuten unterwegs zu sein. Durch seine Arbeit hatte er eine ganze Menge Mittdreißiger kennengelernt, mit denen er sich durch seine gewinnende und amüsante Art gut verstand. Eine Entwicklung, die ich ihm zwar gönnte, aber doch etwas skeptisch beäugte, vor allem, weil die meisten seiner Kollegen Jäger und Singles waren und nichts Besseres zu tun hatten, als Frauen aufzureißen. Und so traten die schlechten Eigenschaften meines Freundes immer schmerzhafter in den Vordergrund. Sein lautes, ungehobeltes Auftreten, wenn er getrunken hatte, seine zunehmend tölpelhaften Avancen dem weiblichen Geschlecht gegenüber (er hatte mit den Jahren etwas an Haaren und Charme, aber nicht an Kilos verloren), seine respektlosen Äußerungen gegenüber älteren Personen, mich eingeschlossen.

Die letzten Jahre unserer 19-jährigen Beziehung war er meist solo unterwegs, flirtete mit anderen, soff mit seinen neuen Freunden und besuchte mich nur noch kurz an den Wochenenden. Mit mir ging er nirgends mehr hin, er ließ sich nur mehr bedienen, und ich wurde zum »Muttchen« degradiert. Dieses Verhalten machte mich regelmäßig richtig wütend. Meine Kinder waren erwachsen und aus dem Haus, und ich musste dieses Riesenbaby verpflegen, während der Spaß seinen jungen Kumpels vorbehalten war? Nicht mit mir, dachte ich unzählige Male, aber es blieb bei den wütenden Gedanken und einer zaghaften Kritik am Verhalten dieses Mannes, der sich bei mir eingenistet hatte und glaubte, ich würde ihn sowieso nicht verlassen. Zu meiner Schande muss ich gestehen: Ich warf ihn nicht raus. Noch mochte ich ihn zu gern, und ich hoffte, der Mann, in den ich mich verliebt hatte, würde wieder zum Vorschein kommen.

Was er dann auch tat – mit einer anderen. Er suchte sich tatsächlich eine Jüngere und machte mit mir Schluss. Ich wäre ihm zu alt geworden, die Neue sei weniger faltig und verbraucht. Man kann also getrost sagen, dass ich für das bisschen Glück, das ich mit Lorenz hatte, genug bezahlt habe. Vielleicht war ich zu gutmütig und habe ihm in meiner Angst, ihn womöglich zu bemuttern, zu viele Freiheiten gelassen. Aber eine Beziehung ist für mich immer mit Freiraum verbunden. Vielleicht hätte ich ihm zuvorkommen sollen. Aber heute denke ich, dass alles gut ist, so, wie es ist. Ich hatte eine größtenteils schöne Zeit mit Lorenz und verdanke ihm die Erkenntnis, dass Männer – egal welchen Alters – früher oder später immer wieder zu den Riesenbabys werden, die ihre Mütter aus ihnen gemacht haben. Nichts gegen die Mütter. Ich hoffe nur, die nächsten Generationen machen es anders.

Glücklich verheiratet

Otto (29), Techniker, Lugano,
über
Carla (50), Chefsekretärin, Vicenza

Ich war 21 Jahre jung, als ich Carla vor acht Jahren kennenlernte. Seit ich 17 war, hatte ich ein Faible für ältere Frauen gehabt. Ich war neugierig, spontan und kostete das Leben aus. Eine feste Bindung war ein Begriff, mit dem ich nichts anfangen konnte, die meisten meiner Altersgenossinnen allerdings schon. Also tobte ich mich mit älteren Frauen aus. Und wenn auch eine Affäre die nächste ablöste, so war ich doch im Grunde meines Herzens monogam. Ich betrog meine kurzzeitigen Partnerinnen nie. Dass ich die eine um zehn Uhr abends verließ, um am nächsten Morgen neben einer anderen aufzuwachen, kam schon mal vor. Aber lügen und betrügen, das war nicht mein Ding. Ich war einfach abenteuerlustig. Heute hat sich das etwas gelegt, aber ich möchte diese Zeit nicht missen. Und Carla war definitiv ein Höhepunkt in einer Reihe amüsanter und lehrreicher Begegnungen mit dem anderen Geschlecht.

Ich hatte gerade von einem Fußballclub zum anderen gewechselt und nutzte den Freitagabend, um mit meinen neuen Kumpels der örtlichen Stammkneipe einen Besuch abzustatten. Am nächsten Tag stand das große Pokalspiel an, weshalb es ziemlich ruhig zuging. Eine Seltenheit. An jenem Abend war auch Carla anwesend. Ihre Freundin hatte was mit einem aus meiner Mannschaft am Laufen. Wir unterhielten uns ein bisschen über dies und das, und ich genoss es, mit der 42-Jährigen zu flirten. Meine Kumpels feixten und grölten mir die üblichen unreifen Schweinereien zu, zu denen sie sich herausgefordert fühlten. Ich aber war ehrlich fasziniert von Carla. So fasziniert, dass ich sie fragte, ob sie denn vergeben sei. »Ich bin glücklich verheiratet«, meinte sie leichthin, und mir entgingen sowohl der ironische Unterton als auch das säuerliche Lächeln. »Aha«, antwortete ich dümmlich und beschränkte mich darauf, weiterhin harmlos mit ihr herumzuflirten, wie wir das bereits seit Stunden taten.

Am nächsten Tag war sie wieder da, um sich das Fußballspiel anzuschauen. In der Umkleidekabine klärte mich einer der Jungs darüber auf, dass Carlas Ehe wohl doch nicht so glücklich war, und ich rüstete mich innerlich für die Begegnung mit ihr, entschlossen, sie zu erobern. Mein ohnehin sehr ausgeprägtes Selbstbewusstsein war von einem spektakulären Tor, mit dem ich unserer Mannschaft zum Sieg verholfen hatte, noch mehr angespornt worden, und ich war mir sicher, dass dies mein Glückstag war.

Und es ließ sich auch alles sehr vielversprechend an. Der Alkohol floss in Strömen, ich wurde als der Held der Stunde gefeiert, die rassige Italienerin warf mir heiße Blicke zu, kurzum: Ich badete in Aufmerksamkeit. Leider auch in Bier, was meine Attraktivität wohl etwas abschwächte. Aber hey, noch war ich in Kampfstimmung, Otto der Eroberer, und Carla schien durchaus mit meinem Alkoholkonsum mithalten zu können. Irgendwann war ihr kalt, und sie kuschelte sich an mich. Ich fühlte mich bereits am Ziel meiner Wünsche, schließlich hatte ich mitbekommen, dass sie all ihre Freundinnen nach Hause geschickt hatte und allein mit dem Auto da war. Ich konnte natürlich nicht mehr fahren, und so bot sie mir an, mich nach Hause zu bringen. Zwischen ihrem Angebot und dem Antritt der Heimreise sollten allerdings noch einige Stunden vergehen.

Dass ich dem Bier derart übermäßig zugesprochen hatte, sollte ich bald bereuen. Bereits auf dem Weg zu Carlas Auto wurde mir recht schnell klar, dass aus der heißen Nacht mit der feurigen Mutti wohl nichts mehr werden könne. Betreten wies ich sie darauf hin. »Du

Ich aber war ehrlich fasziniert von Carla. So fasziniert, dass ich sie fragte, ob sie denn vergeben sei.

kannst mich gern nach Hause fahren, aber ich werde dir nicht das geben können, was ich gern würde«, lallte ich. Sie lächelte und versprach mir eine zweite Gelegenheit. Eine zweite Runde, wie sie es scherzhaft nannte. Sie verbrachte die Nacht trotzdem bei mir, und am nächsten Morgen war mein Kater fast so groß wie meine Enttäuschung über mich selbst. Da hatte ich mich wohl überschätzt. Kleinlaut nahm ich ihre Telefonnummer entgegen und gab ihr meine. Woraufhin sie in ihren schnittigen BMW stieg, mir noch einmal zuwinkte und wegfuhr. Ich hätte mich ohrfeigen können. So was durfte nicht noch einmal passieren. Mir war diese Klassefrau durch die Lappen gegangen, mit der ich mich doch so gut verstanden hatte. Ich beschloss, meine Feiergewohnheiten zukünftig etwas abzuändern, wenn die Chancen auf ein kleines Sexabenteuer gut standen.

Es sollte allerdings noch eine Weile dauern, bis sich eine neue Möglichkeit bot. Zu meiner großen Freude aber war es wieder Carla, die meinen Jagdinstinkt weckte. Nach einigen unverfänglichen Telefongesprächen und SMS tauchte sie drei Wochen später wieder am Rande des Fußballplatzes auf. Mein Herz machte einen Sprung, und ich beschloss, diesmal alles richtig zu machen. Mit siegessicherem Grinsen ging ich nach dem Spiel auf sie zu und sagte: »Versprochen ist versprochen. Ich schulde dir die zweite Runde.« Und dieses Mal machte ich alles richtig. Ich führte Carla zum Essen aus, machte ihr die Komplimente, die sie verdiente, hörte mir die Geschichten von ihrem Sohn an, der auch schon begeistert Fußball spielte, und ermunterte sie dazu, seine Leidenschaft zu fördern und zu teilen. Ich spielte den großen Charmeur, und sie musste eigentlich nicht viel mehr dazutun, als dazusitzen und gelegentlich zu nicken. Diesmal entkommst du mir nicht, dachte ich mir. Nach dem angenehmen Abend fuhren wir wieder zu mir, und ohne falsche Bescheidenheit kann ich behaupten, dass sie endlich auf ihre Kosten kam. Ich allerdings auch.

Carla war ein richtiges Biest im Bett – im besten aller Sinne. Sie hatte wohl eine längere Durststrecke hinter sich, ihr Mann vögelte nämlich lieber seine Sekretärin. Was uns lästige Schuldgefühle ersparte und mich verwunderte, denn die Frau war einfach grandios im Bett. Alles, wovon ich bisher nur geträumt hatte, ließ sie mit sich machen, und ich staunte, wie selbstbewusst und offen sie war. Ich war nicht gerade unerfahren, aber diese unverfrorene ältere Frau überraschte mich mit Dingen, die ich nur aus Pornos kannte, Dingen, die man sich wesentlich jüngere Frauen gar nicht zu fragen traut. Kurzum, ich glaube, wir verließen das Zimmer in ganzen drei Tagen nur für zwei oder drei Stunden. Zum Glück wohnte ich in einem Hotelzimmer,

> Carla war ein richtiges Biest im Bett – im besten aller Sinne. Sie hatte wohl eine längere Durststrecke hinter sich, ihr Mann vögelte nämlich lieber seine Sekretärin.

und so fiel mein Damenbesuch niemandem auf. Auch ihr Luxusschlitten war auf dem Parkplatz vor dem Hotel gut aufgehoben. Es sollte nämlich nicht bei einem Tête-à-Tête bleiben. Carla wurde zu meiner heimlichen Liebhaberin und ich zu ihrem heimlichen Liebhaber. Sie war verheiratet, und ich hatte nicht vor, sie jemandem aus meinem Umfeld zu präsentieren. Zu groß war der Altersunterschied und zu klein das Interesse an ihr. Nicht, dass ich mich für sie geschämt hätte. Ich wusste nur, dass dieses Abenteuer von beschränkter Dauer sein würde, und so wollte ich niemandem davon erzählen. Und obwohl ich mich gut mit ihr verstand, so war mir doch klar, dass sie ein gänzlich anderes Leben führte als ich.

Manchmal besuchte ich Carla nun auch in ihrer Heimatstadt. Was mir im Nachhinein etwas beschämend vorkommt: Ich übernachtete bei ihr, in ihrem Ehebett. Natürlich war mir klar, dass ihr Mann sich auch in fremden Betten vergnügte, aber ein mulmiges Gefühl hatte ich dabei schon. Ihr schien es nichts auszumachen, und ich fragte nicht viel. Das schätzte sie sehr an mir. Ich war ein aufmerksamer Zuhörer, zuvorkommend und höflich, interessiert, aber nicht neugierig. Und auch von mir erzählte ich ihr nur das Nötigste. Ich wollte nicht, dass sie sich verliebte, denn dann hätte ich ihr wehtun müssen. So vergingen einige Monate.

Einmal, ich erinnere mich, als wäre es gestern gewesen, zeigte sie mir ein Schloss in der Nähe der Stadt. Wir fuhren spät am Abend dorthin und trieben es am Fuße der Schlossmauern, mitten in der Wildnis. Unnötig anzumerken, dass ich begeistert war von meiner Liebhaberin, die so erfahren war und dabei noch so gut aussah. Sie sah aus wie dreißig – früh am Morgen und ungeschminkt natürlich nicht mehr ganz, aber das war mir egal. Und ihr auch. Ihr Alter und die Tatsache, dass sie Mutter war, hinderten sie nicht daran, sich jugendlich zu kleiden und zu verhalten. Und sie machte im Minirock eine bessere Figur als so manche 25-Jährige. Ich war total scharf auf sie, und ihre Experimentierfreudigkeit sorgte dafür, dass unsere Affäre eine ganze Weile andauerte. Carla ließ mich einfach nicht kommen, bevor sie nicht auf ihre Kosten gekommen war. Sie achtete darauf, dass ich meinen Spaß hatte, ohne ihr eigenes Vergnügen zu vergessen oder es hintanzustellen. Außerdem sagte sie mir genau, was sie sich im Bett wünschte – was nach meinen bisherigen Erfahrungen eine Seltenheit war. Das ist es nämlich, was wir Männer uns wünschen: eine Frau, die sagt, was sie will im Bett. Und was sie nicht alles wollte! Wir liebten uns von vorne, von hinten, in allen erdenklichen Stellungen, unter Zuhilfenahme aller möglichen Spielzeuge und Berücksichtigung sämtlicher Körperöffnungen.

Meine Mutter war von meinem Techtelmechtel natürlich nicht begeistert. Ein wandelnder feuchter Traum hat auch selten das Zeug zur Schwiegertochter, das war mir schon klar. Aber als ich Mama klargemacht hatte, dass ich nicht vorhatte, Carla zu heiraten, meinte sie beschwichtigend: »Du wirst schon wissen, was du tust.« Oh ja, das wusste ich. Ins Grübeln kam ich erst nach ungefähr einem halben Jahr. Unsere aufregende Sexbeziehung schien sich zunehmend in eine Richtung zu entwickeln, die mir gar nicht behagte. Der Sex nahm ab, die Gespräche zu. Irgendwann besuchte ich Carla nicht mehr so oft. Wir trafen uns nur noch alle drei Wochen, und natürlich fiel ihr das auf. Sie fragte mich nach dem Grund, und ich zögerte nicht, mit der Wahrheit herauszurücken: »Schau mal, nimm es nicht persönlich, aber solange ich diese …

Affäre mit dir am Laufen habe, kann ich keine normale Beziehung führen. Und das wäre schon mein Wunsch, irgendwann.«

Ihrer bestürzten Miene entnahm ich, dass sie sich bereits in etwas hineingesteigert hatte, das meine Auffassung von einer lockeren Affäre weit überstieg. Verdammt. Aus der coolen Sexgeschichte mit dem »Jungen aus den Bergen«, wie sie mich immer scherzhaft nannte, war etwas Komplizierteres geworden. Ich war nicht mehr nur ein Zeitvertreib mit Orgasmusgarantie, ich war zu einer Bezugsperson für sie geworden. Damit kam ich nicht zurecht. Ihre Gespräche drehten sich schon länger um Themen wie ihre Unzufriedenheit im Job und in ihrem Zuhause, und eine innere Stimme in meinem Kopf raunte mir zu: »Renn! Lauf, so schnell du kannst!« Trotzdem erlag ich immer wieder der sexuellen Anziehung zwischen uns. Und obwohl ich ihr in aller Deutlichkeit klarmachte, dass das zwischen uns nie mehr werden würde als eine fixe Beischlafgeschichte, schien sie sich nicht damit abfinden zu wollen.

Bis sie es überraschenderweise doch tat. Sie war wieder einmal zu Besuch gekommen, weil ich Trottel nicht hatte widerstehen können und sie angerufen hatte. Ich holte sie vom Bahnhof ab und nahm an, wir würden gleich zu mir fahren. Da hielt sie mich zurück und meinte: »Ich möchte unsere Beziehung so in Erinnerung behalten, wie sie war. Kein Sex mehr. Ich möchte dir ›Auf Wiedersehen‹ sagen. Oder einfach nur Ciao.« Nun war es an mir, überrascht zu sein. Zu meinem ehrlichen Bedauern kam eine Prise Erleichterung. So schön es mit Carla gewesen war, hatte ich mich doch körperlich und neuerdings auch seelisch etwas verausgabt. Ich sehnte mich nach der Normalität einer festen Beziehung, nach Gefühlen, die nicht durch Ehemänner

Ich war nicht mehr nur ein Zeitvertreib mit Orgasmusgarantie, ich war zu einer Bezugsperson für sie geworden. Damit kam ich nicht zurecht.

und Altersunterschiede beeinträchtigt waren, nach Ruhe und innerem Gleichgewicht.

Ich habe Carla nie mehr wiedergesehen, aber ich bin ihr heute noch dankbar für alles, was ich von ihr gelernt habe. Ihre Nummer habe ich nach meiner Hochzeit gelöscht, und meine heutige Frau musste mir erst einmal beibringen, nicht das ganze sexuelle Repertoire in einer einzigen Nacht aufzubrauchen. Ich musste mich erst daran gewöhnen, mir Zeit zu lassen. Mit Carla war die Zeit immer knapp gewesen, und wir hatten in unsere Wochenenden alles an Leidenschaft und sexuellem Erfindungsgeist gepackt, zu dem wir fähig waren. Nun gehe ich es ruhiger an. Wenngleich einige der Tipps und Tricks meiner älteren Meisterin auch meine Frau begeistern ...

TOY BOY 27

Warme Füße

Irma (32), Studentin, Madrid,
über
José Bulli (25), Student, Madrid

Gestatten, mein Name ist Irma. Ich bin 32 Jahre alt und schreibe gerade meine Doktorarbeit in Neurowissenschaft (etwas, was ich niemandem empfehle, da es mit viel Schufterei, Strapazen und … Versuchsratten verbunden ist). Geboren, aufgewachsen und wohnhaft in Madrid, führe ich seit einem Jahr eine Beziehung, die mich verzaubert und die unwahrscheinlicher nicht sein könnte! Auch wenn es mir fast unmöglich schien, habe ich immer daran geglaubt, jemanden kennenzulernen, mit dem ich mich wohlfühlen, alt werden und gemeinsame Erfahrungen machen kann. Und da Männer eine kürzere Lebenserwartung als Frauen haben, habe ich immer gescherzt, dass mein idealer Partner jünger als ich sein müsste, damit er mir nicht zu früh wegstirbt. Und schau einer an, nun bin ich mit einem 25-Jährigen zusammen. Das Ganze begann folgendermaßen:

Es war 2008, ein Jahr voller Partys, Saufgelage und wüster Sexgeschichten. Zum Teil, weil ich gerade eine Beziehung auf äußerst schmerzhafte Weise beendet hatte, zum Teil, weil es manchmal unterhaltsam ist, sich eine Zeit lang dem Laster und der Schlamperei hinzugeben. Allerdings wird einem auch das sündhafteste aller Leben irgendwann langweilig, und ich legte mein Augenmerk zunehmend auf meine Freundschaften. Eine Freundschaft zählt mehr als vier One-Night-Stands, und ich sah mit Wohlwollen, dass sich mein Freundeskreis rapide zu vergrößern schien. Im Herbst veranstaltete ich das »Casting« für meinen zukünftigen Wohnungsgenossen, und der Zufall wollte es, dass Consuelo, eine 20-jährige Lesbe, bei mir einzog. Nicht die ideale Person, um einen zu verkuppeln, nicht wahr? Aber das war ja auch nicht meine oberste Priorität. Und trotzdem ergab es sich, dass ich durch sie auf José Bulli stieß. Consuelo stellte mich nämlich Carolina vor, einer Freundin, die ich heute fast schon als meine Schwester bezeichnen würde. Durch Carolina lernte ich Isis kennen, Isis stellte mich ihrem Mitbewohner Mauri vor – mit dem ich sogleich eine Affäre begann.

Bei Mauri zu Hause schließlich begegnete ich zum ersten Mal José Bulli, als er sich gerade von seinen Freunden verabschiedete, um nach Amsterdam zu reisen. Alle nannten ihn José Bulli, weil er einen alten VW-Bus fuhr, in dem er aß, schlief – praktisch lebte. Als ich ihn sah, dachte ich sofort: Was für ein sexy Hippie, den würde ich nicht von der Bettkante stoßen! Allerdings war ich ja mit Mauri zusammen und José Bulli gleich wieder aus meiner Reichweite verschwunden, sodass ich die nächsten Monate nicht mehr an den langhaarigen, bärtigen Hippie dachte. Ich ging zwei Monate mit Mauri aus, bevor wir unseren Beziehungsstatus wieder auf »Freundschaft« setzten.

> *Was für ein sexy Hippie, den würde ich nicht von der Bettkante stoßen!*

Es sollte 2009 werden, ehe ich José Bulli wiedersah, und zwar bei einem Treffen mit unserer gemeinsamen Freundin Isis anlässlich seiner Rückkehr aus Holland, wo er einen Teil seiner Ausbildung als Flugzeugmechaniker absolviert hatte. Viel später gestand er mir, dass er sich schon an jenem Tag von mir angezogen gefühlt hatte, obwohl eine Beziehung für ihn nicht infrage kam, da ich »in einer ganz anderen Liga spielen« würde. Und das sagte er mir – einer Frau die immer einen ganzen Rucksack voller Komplexe mit sich herumschleppte, die glaubte, nie sympathisch, interessant oder schön genug zu sein … Da wir also beide unsere Komplexe pflegten, statt miteinander zu reden, passierte nichts zwischen uns außer ein paar freundschaftlichen Unterhaltungen über gemeinsame Interessen – von denen wir erstaunlich viele hatten.

Zwischen mehr Partys, mehr Saufgelagen und mehr Ratten (Scheißdoktorarbeit) verstrich das Jahr. Ich hatte ein paar Geschichten mit Jungs aus unserer Clique laufen, und José hatte sich eine Freundin angelacht. Er, das Blumenkind, der Bäume-Umarmer, hatte sich ausgerechnet in eine Soldatin verliebt, was Anlass zu viel Heiterkeit und auch dem einen oder anderen bissigen Kom-

mentar unsererseits gab. Leider wurde die Gute in ein Einsatz-
gebiet am anderen Ende der Welt geschickt und ließ nie wieder
von sich hören. Ich war überglücklich.

Die Abreise seiner Freundin war nicht der einzige unglückliche
Umstand, der eine glückliche Wendung für mich bedeutete: José,
der begeisterte Kletterer und Bergsteiger, zog sich nämlich eine
Knieverletzung zu. Der Arzt verordnete ihm Ruhe und keinen
Sport für ein paar Wochen, was dazu führte, dass er mehr Zeit mit
mir und unseren gemeinsamen Freunden verbrachte. Ich könnte
sein Knie heute noch küssen! Wir unternahmen viel zusammen,
allerdings immer im großen Kreis unserer Freunde. So war ich
etwas aufgeregt, als wir uns zum ersten Mal allein verabredeten.
Ich war gerade von einem dreiwöchigen USA-Aufenthalt zurückgekehrt und verzweifelt auf der Suche nach jemandem, der mir
half, die Reise-Rückkehr-Depression leichter zu ertragen, und der
Einzige, der zur Verfügung stand, schien José Bulli zu sein! Wir
verabredeten uns im *Retiro*, Madrids größtem Park, tranken ein
Bier und unterhielten uns. Vor allem sprachen wir über das Reisen,
eine gemeinsame Leidenschaft von uns. Für uns beide hatte es fast
den höchsten Stellenwert in unserem Leben, und beide, so stellten
wir fest, hatten wir den Plan, ein paar Jahre als Nomaden zu verbringen und hinzufahren, wohin es uns beliebt.

So kam es, dass in meinem Kopf ganz langsam ein Film ab-
zulaufen begann. Der Film von José Bulli und mir, einem glücklichen Pärchen, das in einem VW-Bus um die Welt fährt. An jenem
Nachmittag schon erhielt dieser Film aber den ersten kleinen Riss,
nämlich, als José mir sein Alter verriet. Ich hatte bereits gewusst,
dass er jünger war als ich, so wie alle meine anderen Freunde, aber
nicht gedacht, dass er so jung wäre: dreiundzwanzig Jahre! Nicht,
dass José älter ausgesehen hätte, aber auch nicht gerade wie ein …
Kind. Meine romantischen Vorstellungen erhielten einen leichten
Dämpfer. Obwohl wir offenbar auf der gleichen Wellenlänge lagen. Dazu hatte ich allerdings eine Theorie: Ich glaube, José war

einfach reifer als der Durchschnitt seiner Altersgenossen, und ich unreifer als andere 30-Jährige, sodass wir uns irgendwie in der Mitte trafen.

Von da an sahen wir uns öfter, auch allein, und der romantische Film in meinem Kopf war nicht mehr aufzuhalten. Obwohl erst einmal gar nichts passierte. Wenn wir auf irgendwelchen Partys waren, war ich immer zu sehr damit beschäftigt, mit allen zu reden und herumzuflitzen wie ein Springball, sodass ich mich am Ende mit niemandem richtig unterhalten hatte. Einmal fiel mir dieses zwanghafte Verhalten auf, weil ich ausgerechnet José, der eher ruhig war und die Abende mit Gesprächen in irgendeiner Ecke verbrachte, links liegen gelassen hatte. Ich hätte mich ohrfeigen können! Was musste ich auch immer so hyperaktiv herumdüsen, der musste mich ja für total oberflächlich halten. Also beschloss ich, mich beim nächsten Mal etwas zurückzuhalten. Und wieder hatte ich Glück im Unglück. Meine Mutter erkrankte, nichts Schlimmes, aber schlimm genug, um mich in einen Zustand der Sorge und der Grübeleien zu versetzen. So war meine Laune etwas getrübt, als ich bei dem nächsten Event, einer Geburtstagsfeier meiner Freundin Laura, eintrudelte. Die Feier fand in einer Bar statt, die direkt neben meiner Wohnung im Zentrum von Madrid lag, und so hatte ich keine Ausrede, zu Hause zu bleiben. José saß wie gewohnt am Rande der feiernden Grüppchen und unterhielt sich mit jemandem, und so setzte ich mich einfach dazu.

Von da an sahen wir uns öfter, auch allein, und der romantische Film in meinem Kopf war nicht mehr aufzuhalten.

Irgendwann waren es nur noch wir zwei, die redeten und redeten. Wir bekamen erst mit, dass die Fete zu Ende war, als alle anderen aufbrachen, um in einem Club weiterzufeiern. Ich hatte absolut keine Lust dazu. Weil ich mich aber weiterhin mit José unterhalten wollte, lud ich ihn auf ein letztes Bier zu mir nach

Hause ein. Er äußerte leichte Zweifel, weil er mit dem Moped hier war und nicht noch mehr trinken konnte. Weil es aber in der Großstadt – und besonders in Madrid, der Stadt der *Marcha*, der nicht enden wollenden durchfeierten Nächte – durchaus üblich ist, dass Freunde mit zentral gelegenen Wohnungen sich am Samstag- oder Sonntagmorgen ihren Weg zwischen Schnapsleichen, -flaschen und vollen Aschenbechern bahnen müssen, schlug er seine Bedenken in den Wind und kam mit zu mir. Natürlich wurden selbst wir des Redens müde, und die Worte gingen in Umarmungen über, die Umarmungen in Küsse, die Küsse in Berührungen, und irgendwie schafften wir es gerade noch von der Wohnzimmercouch

Die Worte gingen in Umarmungen über, die Umarmungen in Küsse, die Küsse in Berührungen ...

in mein Bett. Ich möchte jetzt nicht in die Details gehen, nur so viel: José überraschte mich. Es überraschte mich, wie sehr mir der Sex mit ihm gefiel. Ich war entspannt und sehr vertraut im Umgang mit ihm. Normalerweise waren meine sexuellen Erlebnisse zu jener Zeit zwar ganz nett, aber immer mit einem flauen Gefühl »danach« verbunden. Der erste Gedanke nach dem Sex war häufig: Wie schön wäre es jetzt, allein einzuschlafen. Oder noch schlimmer: Hat es ihm gefallen? Langweilt er sich jetzt? Was könnte ich tun, damit er sich wohlfühlt?

Mit José war alles anders, er schlief ein, ich schlief ein, und er blieb noch den ganzen nächsten Tag und die nächste Nacht. Meine flüchtigen Abenteuer bis zu diesem Zeitpunkt hatten im Allgemeinen zu zwei Arten von Gedankengängen geführt, von denen beide ziemlich erdrückend waren:

Was für eine Zeitverschwendung, ich wäre besser im Bett geblieben oder ausgegangen. Was für ein anstrengender Typ. – Diese Gedanken kamen mir, wenn der fragliche Bettgefährte mir nicht wirklich gefiel und mich trotzdem wiedersehen wollte (es schien ein Naturgesetz zu sein, dass Typen, die mir nicht gefielen, nachher tausendmal anriefen).

Was bin ich aufgeregt, wird er wohl anrufen? Soll ich ihn anrufen? Rufe ich ihn heute an? Oder soll ich bis Mittwoch warten? Was sollte diese eine Äußerung von ihm wohl bedeuten? – Das fragte ich mich, wenn mir der Typ gefiel und der romantische Film in meinem Kopf bereits in Gang war. Natürlich besagte das Naturgesetz in diesem Fall, dass sich der Mann nie mehr bei mir meldete.

Diesmal war es anders. Ich schwebte die ganze Woche wie auf Wolken und dachte an ... nichts. Ich machte keine gedanklichen Verrenkungen, ich war einfach nur glücklich. Am Mittwoch kam eine SMS von José: »Ich habe mich sehr wohlgefühlt mit dir, vielen Dank. Ich hätte Lust, jetzt bei dir zu sein und dich zu umarmen, während du einschläfst.« Und schon legte mein krankes Gehirn wieder los. Auch ich hatte mich sehr wohlgefühlt, und seine liebevollen Worte freuten mich. Andererseits hatte ich mich bereits an mein wildes Singledasein gewöhnt und keine Ahnung, wie ich eine ernsthafte Beziehung führen sollte. Ich hatte ein wenig das Vertrauen darauf verloren, mich noch einmal zu verlieben, und ich dachte sofort an die tausend Gründe, die eine Beziehung zum Scheitern bringen konnten. Ja, ich war ein gebranntes Kind. Der romantische Film in meinem Kopf war kein Zeichen dafür, dass ich mit jemandem zusammen sein wollte, sondern eine Art Flucht vor der Realität, das wurde mir langsam klar.

Es bedurfte einigen guten Zuredens von Josés Seite und meinen Freundinnen, bis ich den Sprung wagte.

Ich traf mich nun öfter mit José, und unser Zusammensein war geprägt von Momenten trauter Zweisamkeit, die immer wieder abgelöst wurden von hysterischen Attacken meiner verdrehten Gehirnwindungen: Oh mein Gott! Ich gefalle ihm wirklich! Er will, dass das mit uns etwas Ernstes wird! Angst!

Im November schlug er mir vor, ihn auf seiner Argentinienreise im Januar zu begleiten. Und ich war hingerissen. Zum einen, weil er mich bei sich haben wollte, zum anderen, weil er tatsächlich zu glauben schien, dass wir in zwei Monaten noch zusammen sein würden.

Diese Dynamik wiederholte sich einige Male. José schien mit Riesenschritten weiter in Richtung feste Beziehung zu gehen und riss mich einfach mit. Er zeigte mir seine Zuneigung ohne Einschränkungen, schlug gemeinsame Unternehmungen vor, plante für die Zukunft, und ich lernte, mich selbst zu mögen und mich davon zu überzeugen, dass das alles kein Traum war. Vielleicht hatten meine Ängste und seine mangelnde Angst mit dem Altersunterschied zu tun. Ich hatte zwei lange Beziehungen hinter mir, die sehr schmerzhaft und kompliziert verlaufen waren. Es war manchmal nicht möglich gewesen, mit dem jeweiligen Partner zu leben, aber auch nicht ohne ihn. Das bekannte Dilemma. Es hatte immer wieder scheußliche Szenen gegeben, Vorkommnisse, nach denen ich mir geschworen hatte: »Nie wieder!« Daher meine Angst. José, mein José Bulli, wie ich ihn immer noch liebevoll nannte, hatte sieben Jahre weniger Erfahrung als ich, und sieben Jahre sind eine lange Zeit. Er war noch unerschrocken und unbeschwert, während ich unter dem Syndrom litt, das Psychologen als »aversive Konditionierung« bezeichnen. Dabei ist Menschen wie Tieren gemein, dass versucht wird, einmal erlittenen Schmerz zu vermeiden, sobald sich eine Situation einstellt, die jener vor Eintreten des Schmerzes ähnelt. Also in meinem Fall eine glückliche Beziehung.

Allerdings war José auch kein unbeschriebenes Blatt: Er war gereist, hatte studiert, interessierte sich für unzählige Dinge ... und mir wurde immer klarer: Die geistige Reife hängt nicht von den Jahren ab, die seit deiner Geburt vergangen sind, sondern von den Erfahrungen, mit denen diese Jahre gefüllt waren.

Um beim Thema »Ängste« zu bleiben: Im Guten wie im Schlechten habe ich eine ausgeprägte Fantasie. Und so beschränkten sich meine bösen Vorahnungen nicht nur auf die unmittelbare Zukunft, sondern auch auf Ereignisse, die später wohl eintreten würden.

Was, wenn ich Kinder haben wollte? Meine biologische Uhr würde wohl zu ticken anfangen, wenn er noch nicht bereit für Familienplanung sein würde. Was, wenn ich in die Wechseljahre komme und er noch ein attraktiver Mittvierziger sein würde? Wir würden vielleicht keinen – oder keinen guten – Sex mehr haben, und er würde sich nach Frauen seines Alters – oder noch jüngeren – umschauen! All diese Horrorszenarien malte ich mir in den schrecklichsten Farben aus. Nein, ich hatte gerade nichts Besseres zu tun. Das Gute war, dass wir mehr als einmal darüber sprachen, und mir wurde klar, dass für José all diese Dinge nicht so problematisch waren wie für mich. Nicht, dass er sich damit nicht befassen wollte, er nahm Probleme nur erst in Angriff, wenn sie sich wirklich abzeichneten, und nicht, wenn sie noch in weiter Ferne lagen.

Außerdem können Beziehungen auch den Bach runtergehen, wenn beide Partner gleich alt sind, die Kinderfrage kann auch zwischen Gleichaltrigen zu Diskussionen führen, und nichts im Leben ist sicher. Man muss immer hart für eine Beziehung arbeiten, und mit José hatte ich zum ersten Mal Lust, in uns als Paar zu »investieren«. Aber zurück zu unserer Geschichte. Es erwartete uns nämlich bereits die nächste Hürde.

Wir hatten eine traumhafte Zeit in Argentinien verbracht, waren zurückgekehrt und zusammengezogen, als das nächste Abenteuer auf dem Programm stand. Ich sollte für ein halbes Jahr nach Kanada, um meine Studien dort weiterzuführen. Das war bereits beschlossene Sache gewesen, als ich José kennengelernt hatte, und er hatte kein Problem damit. Auch ich dachte, dass ich mit der Situation umgehen könnte, aber natürlich machte mir meine Paranoia wieder einen Strich durch die Rechnung. Als ich im März 2010 nach Montreal aufbrach, ging es meiner Mutter wieder schlechter. So

Was, wenn ich in die Wechseljahre kommen und er noch ein attraktiver Mittvierziger sein würde?

war ich in der ersten Zeit in Kanada etwas deprimiert, und die täglichen Unterhaltungen mit José über Skype schienen nicht auszureichen, um die Leere in mir zu füllen. So kehrten die Ängste und Sorgen wieder, und ich überlegte, ob es nicht besser wäre, die Beziehung zu beenden. Und anstatt rational zu bleiben und die Tatsache, dass wir uns körperlich nicht mehr nahe waren, als Grund für die leichte Entfremdung anzunehmen, redete ich mir ein, dass wir uns auseinandergelebt hätten und es besser wäre, eine Beziehungspause einzulegen. Zumindest solange ich weit weg von ihm wäre. José war natürlich nicht begeistert, aber was blieb ihm anderes übrig, als meine Entscheidung zu akzeptieren?

> *So kehrten die Ängste und Sorgen wieder, und ich überlegte, ob es nicht besser wäre, die Beziehung zu beenden.*

Bereits vor meiner Abreise und der darauffolgenden Krise hatte er geplant gehabt, mich in Montreal zu besuchen. Als etwa drei Monate verstrichen waren, rief er mich an und sagte: »Ich habe immer noch Lust, dich zu besuchen. Wäre es dir recht, wenn ich trotzdem komme?« Zu dieser Zeit war ich schon etwas besserer Laune, ich war motiviert, hatte neue Freunde gefunden und genoss das Leben in dem fremden, schönen Land. Ja, ich wollte ihn sehen, und wenn ich auch dachte, dass wir als Paar nicht funktionieren, hoffte ich doch, unsere Freundschaft aufrechterhalten zu können. Eine für meine Verhältnisse sehr eigenartige Überlegung. Die »normale« Irma wäre nämlich erpicht darauf gewesen, nach einem derartigen Bruch allein zu sein und nichts mehr mit dem Typen zu tun zu haben. Im Nachhinein denke ich, dass ich ihn wohl immer noch liebte, auch wenn ich es mir nicht eingestehen wollte. So willigte ich begeistert ein, und José Bulli buchte einen Flug im Juni.

Die erste Hälfte seines Aufenthalts in Montreal verbrachten wir mit wilden Diskussionen. Ich erklärte ihm die Gründe, weshalb ich glaubte, dass unsere Beziehung keine Zukunft hätte, er wies all meine Argumente zurück. In Wirklichkeit war alles, was uns voneinander unterschied, die Perspektive: Dinge, die mir als unlösbare Riesenprobleme erschienen, waren für ihn optimierbare Details. Und ehe ich wusste, wie mir geschah, drehte sich mein Blickwinkel um 180 Grad. Plötzlich waren wir gar nicht mehr so verschieden.

Die Zeit, die uns noch verblieb, verbrachten wir verliebt wie am Anfang unserer Beziehung, ohne noch lange zu diskutieren und nachzugrübeln. Er kehrte nach Spanien zurück, und meine letzten drei Monate in Kanada vergingen wie im Flug. Ich freute mich unheimlich darauf, ihn zu Hause wiederzusehen. Sein Besuch hatte dazu geführt, dass auch unsere Unterhaltungen besser wurden, die Kommunikation, die mir eingeschlafen erschienen war, war wieder lebendig und amüsant, und ich konnte mit ihm wieder über alles reden. Mir wurde bewusst, dass ich mich bei meiner Ankunft in Kanada verschlossen hatte – und auch José den Zugang zu meinem Innersten verwehrt hatte. Ich hatte einfach nicht erwarten können, dass José nach vier Monaten Beziehung bereits einen umfassenden Einblick in das Labyrinth meiner Gedanken hatte, und das hatte mich frustriert. Ich hatte etwas vergessen, was eigentlich zu den Maximen in meinem Leben gehört: »Es gibt keine Telepathie.« Wenn wir kommunizieren und uns öffnen, lernen wir uns richtig kennen, und es hatte sich herausgestellt, dass José darin offenbar viel besser war als ich. Als ich im September nach Madrid zurückkehrte, lief die Beziehung weiter, und das besser als zuvor.

Ein Jahr ist seither vergangen, und heute schreibe ich diese Zeilen in einem gottverlassenen Dorf in Cáceres, wo Josés Mutter lebt. Meine Füße wärme ich am Küchenherd, José sitzt hinter mir und liest ein Buch. Ich habe warme Füße und eiskalte Hände, aber das mit den Händen ist nicht so schlimm. Sobald ich mit dem Schreiben fertig bin, stecke ich sie unter Josés Pullover, um sie zu wärmen.

Arbeiten, wo andere Urlaub machen

Julian (35), Übersetzer, Wien,
über
Renée (52), Physiotherapeutin, Lyon

Im Frühsommer 1997 tat ich zum ersten Mal etwas, das sich später zu einer nicht unwichtigen Phase meines Lebens ausweiten sollte: Ich verbrachte den Sommer als Animateur im Ausland. Im Jahr davor hatte ich gerade noch den Schulabschluss geschafft und im direkten Anschluss meine acht Monate Präsenzdienst für das Vaterland geleistet. Den bisherigen Erfolgsweg des geringsten Widerstandes wollte ich im Herbst als Student der Rechtswissenschaften weiter beschreiten, und zwar an der Universität in der Stadt, in der auch meine Eltern sich niedergelassen hatten. Das entledigte mich der Mühe, eine Wohnung und einen Job zu finden, mit dem ich diese Wohnung hätte bezahlen können. Nun startete ich mit der ganzen Unternehmungslust meiner 21 Jahre in diesen Sommer, der der letzte ohne Verantwortung, aber voller Abenteuer und süßem Nichtstun sein sollte.

Der Weg, der mir hierzu geeignet erschien, war wie auch bisher einer, den jemand anders bereits für mich beschritten hatte. In diesem Fall war das meine ältere Schwester, die schon zwei Jahre vor mir die Schule abgeschlossen hatte und nun bereits ihre dritte Sommersaison bei dem französischen All-inclusive-Anbieter angestellt war, bei dem wir schon als Kinder mehrere Urlaube verbracht hatten. Das Bewerbungsgespräch, das ich noch während des Militärdienstes absolviert hatte, war geradezu verdächtig gut gelaufen. Nachdem ich bewiesen hatte, dass ich tatsächlich alle Sprachen, die ich in meinem Lebenslauf angegeben hatte, so fließend sprach wie angekündigt, war die einzige Frage, die ich zu beantworten hatte, die, in welchem Bereich ich zu arbeiten wünschte. Wenngleich mir die Mittdreißigerin, die das Gespräch mit mir führte, zu verstehen gab, dass das noch lange nicht hieß, dass dies auch mein Bereich werden würde. So war ich angenehm überrascht, als mein Wunsch mir erfüllt wurde: Zehn Tage vor meiner Abreise wurde mir telefonisch mitgeteilt, dass ich den Sommer als Barkeeper an der dalmatinischen Küste in Kroatien verbringen würde.

Mit der Stellung als Barmann verband ich eine Aura des Weltmännischen, Erfahrenen und sogar ein wenig Gefährlichen. Film, Fernsehen und Literatur hatten mir das Bild des Barkeepers vermittelt, der um die Leiden und Lügen der Menschheit Bescheid weiß, sich aber vornehm heraushält – zu abgebrüht, um noch selber mitzumischen. Wenn mir klar gewesen wäre, wie dieses Image überhaupt zustande gekommen ist, wie leicht ein Barmann es wirklich hat, nie mitzumischen, hätte ich mich um einen anderen Job bemüht. Es liegt nun einmal in der Natur des Barmannberufs, immer dann nicht arbeiten zu müssen, wenn alle anderen ihrer Arbeit nachgehen, und immer

Hier im Club wurde meine ganze Welt auf den Kopf gestellt.

dann am meisten zu tun zu haben, wenn andere ihren wohlverdienten Feierabend genießen. Und ihn damit verbringen, die Art ungezwungene Gespräche zu führen, die später oft zu ebenjenen zwischenmenschlichen Verwicklungen führen, die dem Barmann am folgenden Abend meistens im Suff, oft unter Tränen, gebeichtet werden.

Und was waren das für Verwicklungen! Ich war ein richtiger Grünschnabel, und meine bisher gesammelten Erfahrungen hatten mich gelehrt, dass Wochen, oft Monate voll konzentrierten, einfallsreichen, häufig mit wenigen Eingeweihten besprochenen Werbens unerlässlich waren, um auch nur in die engere Auswahl derer zu kommen, die als Begünstigte der Reize eines bestimmten Mädchens infrage kamen. Meine Anstrengungen diesbezüglich hatten mir bestätigt, dass nur Hartnäckigkeit und Einfallsreichtum den Weg zum Erfolg ebneten.

Hier im Club wurde meine ganze Welt auf den Kopf gestellt. Von Frauen und Mädchen, die mir aufgrund ihrer Schönheit, ihrer Ausstrahlung und vor allem aufgrund der genetischen oder materiellen Überlegenheit ihrer offiziellen Partner unnahbar erschienen, erfuhr ich, dass ein Lächeln, ein Kompliment und ein Glas Hochprozentiges oft völlig ausreichend waren, sie zu der Art von »Fehltritten« zu verleiten, die nur bei Entdeckung bereut wurden. Alleinerziehende Mütter, glücklich verheiratete Ehefrauen, Teenies in Begleitung der Eltern sowie die besseren Hälften glücklicher Beziehungen: Sie alle schienen nur allzu bereit, dem wachsamen, oft auch arglosen oder gar vertrauensvollen Blick ihrer Ehemänner, Kinder und Partner zu entkommen, um sich im unverhohlenen Balzverhalten der braun gebrannten Surf-, Segel- und Tennislehrer zu sonnen und deren plumpen Anmachversuchen (und zwar viel häufiger, als ich für möglich gehalten hätte) auch nachzugeben.

Was mich besonders beeindruckte, war gar nicht so sehr die astronomisch hohe Erfolgsquote dieser bezahlten Platzhirsche, als vielmehr die Tatsache, dass sie aus ihren niederen Absichten gar keinen Hehl zu machen schienen, sondern im Gegenteil gerade diese zur Schau stellten – und damit auch noch punkteten! Für mich war Sex bis dahin der Preis gewesen, den ein Mädchen für die Treue und Verschwiegenheit ihrer Partner bezahlte. In einer glücklichen, treuen Beziehung konnte ein Mädchen sogar Spaß am Sex empfinden – wenn auch niemals im selben Ausmaß wie ihr Partner. Dazu nahm ich den Begriff der Hingabe noch viel zu wörtlich, das Mädchen »gab« etwas im Austausch für anderes. Dass für viele, vielleicht gar alle Mädchen ein Verlustgeschäft, bei dem sie nur gaben und scheinbar nichts zurückerhielten, gar nicht als solches wahrgenommen wurde und im Gegenteil auch noch erstrebenswert war, schien mir undenkbar. Das Verhalten dieser Frauen und Mädchen erschien mir würdelos und billig, und ich rümpfte im Geiste die Nase darüber, während ich sie gleichzeitig begehrte.

Ich konzentrierte deshalb mein Werben auf die Tennislehrerin, die von all diesem Treiben Abstand hielt und mit der ich nur deswegen ins Gespräch gekommen war, weil ihre Bestellungen an der Bar immer von einer Flut präziser Anweisungen begleitet wurden, die sich zu merken nur ich mir die Mühe machte. Meine »Untergebenen« an der Bar waren allesamt erfahrene – manchmal sogar kriegserfahrene – Kroaten in den Vierzigern, die meinen beruflichen Anweisungen zwar so lange folgten, wie sie nicht zusätzliche Arbeit bedeuteten, denen meine Sorgen aber allenfalls zur Belustigung gereichten.

Die Tennislehrerin – Corinna – erwies sich als empfänglich für meine Annäherungsversuche. So konnte ich sie mehr als zwei Wochen lang für gestohlene Augenblicke hinter der Bar – während der Arbeitszeit! – und sogar in meiner Hütte verbrachte Nächte gewinnen. Diese führten zwar nie zum vollzogenen Geschlechtsverkehr, wohl aber zum Austausch von Körperflüssigkeiten. Was diesen Nächten wenig später den Garaus machte, war ihre Kürze. Corinna war ein gewissenhaftes Mädchen, das jeden Morgen pünktlich um acht an der Rezeption der Tennisplätze stand, um den reibungslosen Ablauf der Kurse zu garantieren. Meine eigene Aufgabe bedeutete, dass ich frühestens um vier Uhr morgens die Bar verlassen konnte, um im Nachtclub am Strand mit den wenigen Übriggebliebenen etwas zu trinken und mich dann durch die Dunkelheit und die verräterischen Geräusche, die aus den Strohhütten drangen, zu meiner eigenen Hütte zurückzuschleichen, wo Corinna bereits seit Stunden schlief.

Wenig später und nicht allzu schweren Herzens eröffnete mir Corinna, dass das alles so keinen Sinn habe und dass sie für gemeinsame Nächte nicht

Die Tennislehrerin – Corinna – erwies sich als empfänglich für meine Annäherungsversuche.

mehr zur Verfügung stehe. Ich sah mich nun in meinem keimenden Verdacht, dass Frauen nur auf Arschlöcher stehen, bestätigt und strafte die Frauenwelt mehrere Tage lang mit Nichtachtung, was mir würdevoll und auch wohltuend dramatisch vorkam. Natürlich fiel meine Rache niemandem auf, schon gar nicht den Frauen.

Nur einer meiner Mitarbeiter, ein rundlicher Kroate, der wegen seiner Gabe, die Gäste nett zu unterhalten, von seinen Kollegen oft als »Showmaster« gehänselt wurde, gab mir unmissverständlich, aber freundlich zu verstehen, dass nicht Frauen, die Spaß suchen, sondern Männer, die das schockiert, sich würdelos verhalten. Ich gab es also auf, meine Enttäuschung alle Frauen spüren zu lassen, und begnügte mich damit, mit einigen wenigen Mädchen zu flirten und gelegentlich hinter einem Baum, einer Hütte oder – in einem speziellen Fall – einer Mülltonne einen Kuss und ein bisschen Gefummel abzustauben.

Inzwischen war es bereits August, und die Saison näherte sich ihrem Höhepunkt. Die größere Anzahl von Gästen bedeutete für die Mitarbeiter vor allem Unangenehmes: Animateure, die bisher allein in ihrer eigenen Strohhütte, mit allen damit verbundenen Möglichkeiten, gelebt hatten, mussten sich nun aussuchen, wer mit ihnen eine Hütte teilen sollte. Für jene, die bereits eine »Saisonfreundin« unter den anderen Mitarbeitern gefunden hatten und nicht damit rechneten, vor Ende des Sommers noch etwas Besseres abzubekommen, war das eine leichte Aufgabe. Für die, die entweder aus einem Mangel oder auch aus einem Überschuss an Möglichkeiten nicht bereit waren, den Sommer mit nur einem Partner des anderen Geschlechts zu beschließen, bedeutete dies eine lästige Umstellung. Andererseits brachte die Hochsaison nicht nur mehr Gäste mit sich, sondern auch mehr Mitarbeiter. Meine Tennislehrerin Corinna bekam für die hektische Zeit eine Assistentin zur Seite gestellt, deren Aufgabe es war, die Teilnehmerzahlen in Anfänger- und Fortgeschrittenenkursen so zu koordinieren, dass Unterricht mit nur einem Lehrer weiterhin möglich war, während Corinna ebendiese Kurse unterrichtete.

Renée, so der Name der Assistentin, war eher unscheinbar. Ihre durchaus sportliche Figur war etwas zu kurz und etwas zu füllig bemessen, um unter den Raubtieren des Clubdorfes Aufmerksamkeit zu erregen. Ihr Gesicht mit dem praktischen Haarschnitt darüber wirkte eher mütterlich als aufreizend, und ihre kühlen, aber nicht bissigen Kommentare ermutigten wenige, sich ihr gegenüber von der Schokoladenseite zu zeigen. Darüber hinaus war ihre Anwesenheit im Dorf für sich allein schon rätselhaft: Als Physiotherapeutin mit eigener Praxis in Paris war sie auf den Lohn, der ihr als »Au-pair-Animateurin« ausbezahlt wurde – neben Kost und Logis nämlich gar nichts –, nicht angewiesen. Mit ihren 37 Jahren war sie auch deutlich älter als die überwältigende Mehrheit der Animateure. Erfahrungsgemäß blieben nämlich nur jene, die den Absprung verpassen und sich ihrer Existenz als hauptberufliche Alkoholiker ohne Umschulungsmöglichkeit ganz hingeben wollten, jenseits der dreißig im Clubleben.

Renée wurde bald zum Stammgast an der Bar, da ihr Tagesprogramm ihr zwar nicht genug Freizeit bot, untertags größere Sprünge zu machen, ihr aber doch erlaubte, sich genau zu den Zeiten an der Bar einzufinden, in denen ich am wenigsten Gäste hatte, aber dennoch anwesend sein musste. Natürlich wusste ich, mit wem sie die meiste Zeit ihrer Arbeitstage verbrachte, und so erfuhr ich bald, dass Corinna unseren gemeinsamen Nächten nicht etwa deswegen ein Ende bereitet hatte, weil sie zu kurz waren, sondern weil ich es nicht verstanden hatte, diese kurzen Nächte mit etwas anderem als mit ungelenkem Gegrapsche und emotionalem Geraune zu füllen. Es war die mit Abstand größte Kränkung, die ich in meinem jungen Leben bisher erfahren hatte: Ebendiese gefühlvollen Flüstereien, diese keuschen und doch fordernden Berührungen hatten mir doch bisher immer die größten Erfolge bereitet, genau sie waren immer meine Stärke gewesen! Dass diese wirkungsvollen Instrumente sich nun in freier Wildbahn als Behinderung entpuppten, war mir unerträglich. Meiner Bitterkeit begegnete Renée mit Belustigung, was mich noch mehr kränkte. Sie zeigte aber auch Mitgefühl und ermutigte mich, mich doch unverfrorener zu verhalten und mehr zu fordern, statt nur zu betteln. Im Brustton der Überzeugung teilte ich Renée mit, dass keine – keine! – Frau, die mich interessierte, jemals auf eine solche Forderung eingehen würde. Freundlich antwortete Renée, dass ich sicher recht hätte: keine, die mich interessierte!

Kurz darauf war der schlimmste Ansturm im Clubdorf vorüber, und der Clubchef bedankte sich bei seinen Mitarbeitern mit einer Party, die vor den Gästen streng geheim zu halten war. Diesmal war sogar ich eingeladen, obwohl ich natürlich erst meine Aufgaben zu erledigen hatte und somit zur Party nachkommen musste. Kurz nachdem ich an den Tennisplätzen angekommen war, sah ich, wie Corinna, mit der ich eingangs noch ein paar Worte gewechselt hatte, um sie für meine neu gefundene Coolness zu begeistern, die Party mit einem notorisch polygamen Kollegen verließ. Diese Schmach, die auch anderen nicht verborgen geblieben war, konnte ich nur mit Whiskey-Cola betäuben, was ich dann mit mäßigem Erfolg auch tat. Als zu fortgeschrittener Stunde der obligatorische Vorschlag von einem Mitglied des harten Kerns kam, doch ein paar Flaschen mit an den Strand zu nehmen und dort weiterzufeiern, war ich für alles zu haben. Feiern am Strand beinhalteten nämlich gemeinsames Nacktbaden.

Renée griff sich eine Flasche irgendwas und mich an der Hand. Unterwegs zum Strand drückte sie mich plötzlich seitlich in die Büsche und ließ die anderen an uns vorüberziehen. Dann führte sie mich zurück auf den Weg und schlug die entgegengesetzte Richtung ein, bis wir an einer gar nicht so versteckten Bucht angekommen waren. Natürlich ahnte ich, was im Busch war, und begann, kaum lagen wir im Sand, ihr zu sagen, wie lange ich mich schon nach ihr verzehrte, woraufhin sie kurz laut lachte und meinen Schwanz in den Mund nahm.

Woraufhin sie kurz laut lachte und meinen Schwanz in den Mund nahm.

Noch ehe ich wusste, wie mir geschah, drangen glühende Fäden durch meinen ganzen Leib bis in die äußersten Gliedmaßen und wurden dann sachte durch meinen Schwanz langsam wieder nach draußen gezogen. Ich weiß bis heute nicht, was sie da mit mir anstellte, aber es fühlte sich an, als stülpte sie mich von innen nach außen. Sekundenbruchteile bevor alles in einem voreiligen Verströmen enden konnte – sie hatte das noch vor mir gespürt –, ließ sie mich los, schwang sich auf mich und fing an, mich zu reiten, als gehe es ums nackte Überleben. Den Orgasmus erarbeitete sie sich mit dem ganzen Leib – und einem Gesichtsausdruck, den ich bis dato nur von Gewichthebern beim Stemmen kannte. Mein eigener Höhepunkt war wie ein Frontalzusammenstoß, unerwartet, kurz und so heftig, dass ich Minuten später noch ganz benommen war. Aber zum Benommensein ließ mir Renée keine Zeit, sie war bereits wieder vollständig angezogen und blickte auf den nackten bibbernden Leib zu ihren Füßen herab. »Habe ich dich um irgendwas gebeten?«, fragte sie mich lächelnd, aber forsch. Ich verstand nicht und verneinte. »Siehst du!« Dann verschwand sie.

Lustig ist das Studentenleben

Jo (25), Student, Paris,
über
Simone (38), Kneipenbekanntschaft, Paris

Le Marais war großartig. Hier im 3. und 4. Arrondissement von Paris tummelten sich Künstler, bunt gemischte Migrantengemeinschaften und das lebhafte Völkchen der Schwulen und Lesben. Ich hatte echtes Glück, ausgerechnet in diesem Viertel eine Bude für meinen Studienaufenthalt gefunden zu haben, und Christophe, mein Mitbewohner, war auf meiner Wellenlänge: Student im gefühlten 13. Semester, Weiberheld und immer zum Feiern aufgelegt. Ich hatte vor, alles aus meinem Jahr in Paris herauszuholen und das süße Leben auszukosten: die Nächte, die Drogen, die Frauen. Vor allem die Frauen. Und – warum nicht – auch die Männer.

Nicht, dass ich schwul bin. Ich würde mich selbst noch nicht einmal als bisexuell bezeichnen. Ich finde nur, man sollte alles ausprobieren, um seine Vorlieben kennenzulernen. Genau das hatte ich vor, und zwar, solange ich noch jung und knackig war. Mein erstes Techtelmechtel mit einem Schwulen war etwas enttäuschend ausgefallen. Sagen wir es mal so: Seit jenem Erlebnis achtete ich immer darauf, keine kratzigen Bartstoppeln zu haben, wenn ich eine Frau lecke. Ist ja ekelhaft. Außerdem hatte mich der Kerl von dem verbreiteten Klischee befreit, dass Männer besser blasen als jede Frau. Trotzdem ließ ich mich nicht entmutigen. Neuer Mann, neues Glück. Nummer zwei, ein blutjunger hübscher Typ, war sich nicht sicher, ob er überhaupt schwul war, und so musste ich ihn sanft überreden. Das Gefummel, zu dem es schließlich kam, war jedoch weit von meiner Vorstellung von Sex entfernt. Ich lebte seit etwa einem Monat in Paris, als ich endlich dazu kam, meine Fantasien auszuleben. Roger, ein englischer Austauschstudent, war auf eine durchaus männliche Art hübsch, gepflegt und erfahren im Umgang mit Möchtegern-Homos. Er verstand meine Neugier auf diese ganz eigene, bunte Welt, meinen Drang, liebestechnisch alles auszuleben, und verurteilte mich deshalb nicht. Vielleicht war er auch nur rattenscharf. Jedenfalls nahm ich ihn mit nach Hause, wo wir es in allen möglichen Stellungen miteinander trieben. Meine damalige Freundin hatte darauf bestanden, dabei zu sein, und weder Roger noch ich hatten ein Problem damit. Allerdings schien sie doch etwas schockiert angesichts unseres Einsatzes zu sein. Ich muss sagen, ich hatte meinen Spaß dabei, meine Neugier war für den Moment gesättigt, und die Geschichte hatte den angenehmen Nebeneffekt, dass meine

> *Ich setzte mich auf den freien Barhocker und sagte: »Ich würde mich gern mit dir unterhalten, aber viel lieber würde ich wissen, wie du küsst.«*

Freundin ziemlich bald danach von der Bildfläche verschwand.

Unentschlossen zog ich bald darauf wieder einmal durch die Schwulenkneipen. Ich war nicht auf der Suche nach einem Mann, aber ich hatte die Atmosphäre in den Clubs und Bars lieb gewonnen und ließ mich immer wieder gern überraschen. In einer verrauchten Bar setzte ich mich an den Tresen und musterte eine etwa dreißigjährige dunkelhaarige Frau, die zwei, drei Meter von mir entfernt neben einem vielleicht fünfzigjährigen Typen stand. Der Kerl sah unheimlich verlebt aus, und ich beschloss, zwei Theorien einer guten Freundin von mir auf die Probe zu stellen. Die erste Theorie besagte, dass eine männliche Begleitung eine Frau nicht unbedingt daran hinderte, mit einem anderen Mann zu flirten. Also rückte ich forsch näher. Der Mann verschwand plötzlich und kam nicht wieder. Wäre er noch mal aufgetaucht, hätte das den Reiz vielleicht erhöht. So war es ein Kinderspiel.

Ich beschloss, die zweite Theorie zu testen. Die schien mir schon wesentlich interessanter. Meine Freundin hatte nämlich gemeint: »Wenn du eine Frau als Mann interessierst und die Stimmung okay ist, musst du gar nicht so viel herumlabern, um sie ins Bett zu kriegen.« Ich setzte mich auf den freien Barhocker zu ihrer Rechten und sagte: »Ich würde mich gern mit dir unterhalten, aber viel lieber würde ich wissen, wie du küsst.« Sie schaute mich schockiert an, zog eine Augenbraue hoch und wandte sich ab. Ich schwieg und musterte ihren Rücken. Fünf Minuten später hatte ich ihre Zunge in meinem Hals. Wir verbrachten ein ganzes Wochenende in ihrer Wohnung. Es stellte sich heraus, dass die Gute bereits 38 war. Im Gegensatz zu ihrer Kneipenbegleitung hatte sie sich allerdings sehr gut gehalten, war leicht verrückt und sehr experimentierfreudig im Bett. Eine willkommene Abwechslung. Allerdings hatte ich vorerst keinen Bedarf nach einer Wiederholung.

Drei Monate später traf ich Simone wieder. Es war ein lauer Sommerabend, ich war auf Erkundungstour in einem etwas außerhalb gelegenen Viertel, als sie mit ihrem Auto vorbeifuhr und mich wild anhupte. Ob sie mich denn nach Hause bringen sollte. Sollte sie. Als sie allerdings vor meiner Haustür fragte, ob sie noch mit reinkommen dürfte, wies ich sie ab. Ich hatte keine Lust auf eine Affäre, und man weiß ja, wohin das führt. Ich wollte nicht mit den Gefühlen anderer Menschen spielen, und leider hatte ich die Erfahrung gemacht, dass Frauen nur allzu oft die Abgebrühte spielen und sich am Ende doch verlieben. Und da schützt Alter oft vor Torheit nicht. Ich bedankte mich für die Mitfahrgelegenheit, gab ihr einen freundschaftlichen Kuss auf die Wange und ging ins Haus, wo ich die Tür sorgfältig hinter mir abschloss.

Als ich am nächsten Morgen aufwachte und mein Blick auf Simone fiel, die neben mir lag, war ich dann doch etwas überrascht. Hatte mir meine Erinnerung einen Streich gespielt? Ich dachte angestrengt nach, ob ich jetzt schon an Gedächtnislücken litt, beschloss, sie erst mal nicht zu wecken, und tapste in die Küche. Christophe saß in Boxershorts am Küchentisch und rauchte einen Joint. Ich nickte ihm zu, nahm den Milchkarton aus dem Kühlschrank und setzte mich zu ihm. Ich musste erst einmal meine Gedanken ordnen. »Na«, lehnte er sich mit verschwörerischer Miene in meine Richtung und blaffte mitten in meine wirren Überlegungen hinein, »heiße Nacht gehabt?« Verblüfft starrte ich ihn an. »Ich mag diese verrückten Weiber«, fuhr er fort, »die Alte ist zwar nicht ganz dicht, aber ich denke mal, ihr habt sicher Spaß gehabt.« Ich war immer noch etwas verwirrt und bat ihn um Aufklärung. Christophe lachte: »Du, die stand um vier Uhr morgens vor der Tür und sagte, sie müsste dich sehen. Und so schlecht sieht sie ja nicht aus, da dachte ich mir, vielleicht hast du ja wirklich ein Rendezvous mit Mademoiselle …«

Es stellte sich heraus, dass das Mädel meine Abfuhr wohl nicht so gut verkraftet hatte und daher allein ausgegangen war. Gegen Morgen dann war ihr die grandiose Idee gekommen, mich noch mal aufzusuchen. So war sie zu mir gefahren, hatte sich in den Innenhof geschlichen und war von dort aus in den zweiten Stock heraufgekraxelt, um zum Aufzug zu gelangen. Über eine Galerie war sie dann mit etwas Kletterübung bis direkt vor unserer WG-Tür gelandet, wo ihr der ahnungslose Christophe die Tür öffnete. Was für ein Aufwand! Fast ein bisschen stolz grinste ich Christophe an, der nur den Kopf schüttelte angesichts meiner magnetisierenden Wirkung auf das weibliche Geschlecht. Dann überlegte ich: Wenn sie schon mal hier ist … und trollte mich wieder in mein Zimmer.

Gut, das war vielleicht nicht sehr nett. Aber was würden Sie tun, wenn sich jemand bis in Ihr Bett stalkt? Die Polizei rufen? Ich beschloss einfach, das Beste aus der Situation zu machen, und Simone hatte ja schließlich auch etwas davon. Ich konnte ja nicht ahnen, was folgen sollte. In den darauffolgenden Wochen mogelte sie sich in

»Die Alte ist zwar nicht ganz dicht,
aber ich denke mal,
ihr habt sicher Spaß gehabt.«

unser Haus, belästigte die Nachbarn, plakatierte den Treppenaufgang mit Nachrichten und bombardierte mich mit SMS. Bis ich ihr schließlich – Sie ahnen es? – wirklich mit der Polizei drohte. Da erst hörte der Terror auf, und ich beschloss, nie wieder etwas mit einer älteren Frau zu haben. Die spinnen doch.

Jeder Mensch gehört sich selbst

*Jane (57), Bankerin, Berlin,
über
Tom (41), Arbeiter, Berlin*

Tom sagte nie: »Ich liebe dich.« Er sagte immer: »Ich schätze dich.« Oder: »Ich mag dich sehr.« Deswegen habe ich ihn so sehr geliebt.

Das Problem mit uns alten Weibern – und besonders den Witwen unter uns – ist ja, dass wir oft die große Liebe bereits hinter uns haben. Und je länger sie zurückliegt, umso romantischer und verklärter wird das Bild, das wir von unseren seligen Männern haben. Da kann einfach kein Mensch mit all seinen Macken und Fehlern mithalten. So war es mir jedenfalls immer ergangen. Mein verstorbener Mann war sechs Jahre älter als ich gewesen, und die 18 Jahre unserer Beziehung waren der Himmel auf Erden gewesen. Als er starb, war ich fünfzig und dachte, ich sei fertig mit dem Leben. Ich zog mich total zurück und wollte nichts wissen von den Menschen, am allerwenigsten von den Männern.

Was in so einem Fall passiert, wenn man nicht ein kompletter Soziopath ist: Die Freundinnen lassen nichts unversucht, um einen aus diesem Loch herauszuholen. So auch »meine« Mädels. Allerdings hätten sie mich an jenem Tag vor sechs Jahren nicht unbedingt auf dieses primitive Bauernfest schleppen müssen, um mich aufzumuntern. Na ja, wenigstens kam ich auf meine Kosten, was die Sehenswürdigkeiten betraf.

Ein äußerst ansehnliches Exemplar der Gattung Mann sprach mich an. Wunderschöne grüne Augen, ein strahlendes Lächeln, kein Gramm Fett zu viel, knackiger Hintern, Waschbrettbauch, dunkle Haare – und etwa zwanzig Jahre zu jung. Verdammt. Aber oha, der Kerl hatte sich vor fünf Minuten vorgestellt – er hieß Tom – und griff mir schon an den Hintern. Na, dem hab ich aber was erzählt. Halb geschmeichelt, halb empört fing ich ein Gespräch mit ihm an und fand heraus, dass er sich brennend für mich interessierte. Höflich, aber bestimmt wies ich ihn auf meine 51 Lenze hin. Er zuckte mit den Schultern und meinte leichthin, er stehe auf ältere Frauen. Na toll. Ich war mir meiner Ausstrahlung durchaus bewusst und stolz auf meine immer noch knackige Figur.

Eine Affäre à la Mrs Robinson war trotzdem undenkbar für mich. Obwohl ich zugeben muss, dass dieser aufmerksame junge Mann gewisse unziemliche Gedanken in meinem Kopf in Gang gesetzt hatte, die sich auch in den nächsten Tagen nicht so leicht verscheuchen ließen.

So ging ich an jenem Tag allein und nachdenklich nach Hause. Ich kam mir vor wie diese Comicfiguren, in deren Kopf Engel und Teufel sich bekriegen. Es spreche alles gegen eine Affäre mit einem jüngeren Mann, sagte meine Vernunft, beziehungsweise mein engelhaftes Gewissen. »Warum eigentlich?«, machte sich meine teuflische Abenteuerlust bemerkbar, »nur weil man über fünfzig ist, darf man keinen Spaß mehr haben, oder wie? Und gefälligst nur mehr mit Typen vögeln, die aussehen, als ob sie tagelang auf der Wäscheleine gehangen hätten, mit labbriger, faltiger Haut und Altersflecken an den unmöglichsten Stellen, schütterem Haar, schlechten Zähnen und arthritischen Fingern?«

Ach, es war wie in den Comics. Das Teufelchen setzte sich durch, und ich stürzte mich in das Abenteuer mit einem jüngeren Liebhaber. Ich dachte mir einfach, was soll's, ich bin alt genug, um zu wissen, was ich tue, unabhängig genug, um auf keinen Versorger angewiesen zu sein, und freiheitsliebend genug, um mich nicht in den Kerl zu verlieben. Tom ließ in diesen Tagen, in denen ich mit mir rang, nicht locker und lud mich ständig ein. Wir verabredeten uns zu unverfänglichen Treffen, diese harmlose

Er sah mir einfach zu gut aus, und ich schämte mich der Gedanken, die sein knackiger Körper in mir weckte.

Phase des Kennenlernens dauerte ungefähr einen Monat. Ich war noch nicht bereit für Sex mit Tom. Er sah mir einfach zu gut aus, und ich schämte mich der Gedanken, die sein knackiger Körper in mir weckte. Ab und zu wallten nämlich immer noch mütterliche Gefühle in mir auf, die ich nur schwer unterdrücken konnte. Es war ein Widerspruch, den ich heute noch nicht verstehe: Auf der einen Seite fand ich ihn scharf wie keinen anderen, auf der anderen dachte ich oft: Er könnte dein Sohn sein. Wohl eine Art letzter Schutzmechanismus, bevor ich mich vollends zum Narren machte.

Ich weiß nicht mehr genau, wie es dann zu unserem ersten Mal kam, auf das Tom sorgfältig hingearbeitet hatte. Wir waren bei mir zu Hause, und auf einmal nahm er mich in die Arme, nicht wie sonst immer, zärtlich und liebevoll, sondern wollüstig stöhnend. Bei mir brachen alle Dämme, nix mehr Muttergefühle, es war Lust pur, die mich erfasste. Mein Schamgefühl verflog, ich konnte mich gar nicht schnell genug aus meinen Kleidern schälen, während Tom bereits nackt und erregt vor mir stand. Ich hörte auf, mich zu fragen, was der Junge wohl für einen Knacks hatte, dass er auf alte Frauen stand, verbannte die Stimme aus meinem Kopf, die mir zuflüsterte »Was würden die Leute denken?« und ließ mich fallen. Tom war ein traumhafter Liebhaber. Er wusste genau, wo er mich küssen und berühren musste, er war zärtlich und doch bestimmt und vermied alle Anfängerfehler, die manchmal sogar noch bei Männern in meinem Alter auftraten. Sie wissen schon, unnötiges Geschlabber an relativ unsensiblen Körperteilen, Rammelmeiernummern von der Dauer eines Werbespots, rohes Gekneife und Herumgetatsche und womöglich auch noch mangelnde Körperhygiene in Verbindung mit einem Selbstbild in den goldensten Farben. Man macht ja die unglaublichsten Erfahrungen im Laufe eines sexuell erfüllten Lebens, und ich war daher sehr erfreut über Toms Qualitäten als Liebhaber. Erfreut, begeistert, hingerissen – und irgendwann süchtig. Nachdem wir mein riesiges Doppelbett sozusagen »eingeweiht« hatten und mein doofes Gewissen endlich verstummt war, konnte ich gar nicht genug kriegen von Tom – und er auch nicht von mir.

Wir trieben es wie die Karnickel, Tag und Nacht, wo immer es sich ergab und mit einer stürmischen Hingabe, mit der ich auf meine alten Tage nicht mehr gerechnet hatte, die allerdings auch ihren Tribut forderte. Sex auf dem Küchentisch ist sexy, aber schon mit zwanzig eine Herausforderung für den Rücken. Und da ich bei dieser spontanen Aktion unten lag, ging ich drei Tage lang schief durch die Gegend, sehr zum Amüsement meiner Freundinnen. Tom war voller Energie, und er steckte mich an. So etwas hatte ich noch nie erlebt.

Ich hatte überhaupt noch nie einen jungen Liebhaber gehabt, alle Männer vor ihm waren fünf, zehn, ja sogar 16 Jahre älter gewesen. Ich hatte immer gedacht, ich brauchte einen älteren Mann, der mir meinen Freiraum lässt. Reifere Männer sind da nämlich lockerer. Ich bin keine eifersüchtige Frau, ich glaube daran, dass kein Mensch eines anderen Menschen Eigentum ist. Ich gehöre mir, so wie mein Partner (wie das schon klingt! »Mein« Partner!) sich selbst gehört. Und ich hatte gelernt, dass jüngere Männer oft eifersüchtig und besitzergreifend sind. Strolche waren sie ohnehin alle, meine Pappenheimer, da war auch Tom keine Ausnahme. Auch er hatte nebenher Affären mit anderen Frauen, wie sie alle meine Exmänner gehabt hatten. Das machte mir allerdings nichts aus. Ich hatte keinerlei Besitzansprüche an ihn und hütete mich davor, an irgendeine Zukunft für uns zwei zu glauben. Das machte die ganze Geschichte noch aufregender: die Gewissheit, dass sie nicht für ewig war.

Mein Junge, wie ich ihn zärtlich nannte, war obendrein noch ein herzensguter Mensch. Nicht dass hier das

> *Das machte die ganze Geschichte noch aufregender: die Gewissheit, dass sie nicht für ewig war.*

falsche Bild entsteht. Ich betrachtete ihn durchaus nicht nur als meinen Stecher, wir unternahmen auch viel gemeinsam, führten tiefgründige Gespräche, und ich mochte ihn wirklich gern. Vielleicht liebte ich ihn sogar. Ja, ich glaube, ich liebte ihn ganz sicher. Er war aber auch einfach bezaubernd manchmal.

Einmal, es war auf einer Silvesterfeier, machte er einer ungefähr achtzig Jahre alten Dame so charmant den Hof, dass sie das Fest auf Wolken schwebend verließ. Ich glaube, an dem Abend fühlte sie sich wie 18. Ich lernte Toms Familie kennen, und ich kann mich noch gut daran erinnern, wie seine Mutter zu mir sagte: »Wenn du meinen Bub nimmst, schenke ich dir unser halbes Haus.« Ich antwortete lächelnd: »Ich würde ihn ja nehmen, aber er will mich nicht.«

Und es war die Wahrheit. Tom wollte mich nicht. Er schätzte mich, er mochte mich, aber er liebte mich nicht. Auch er konnte manchmal unsensibel sein, versprach anzurufen und meldete sich nicht, was Männer eben so tun. Seine junge Freundin, mit der er zusammen war und eine Zukunft plante, nahm ich wortlos in Kauf. Es setzte mir auch nicht zu, ich war nur etwas traurig darüber. Ich hätte nie mit ihr getauscht, es hatte alles seine Richtigkeit so, wie es war. Die beiden führten eine stürmische Beziehung mit Höhen und Tiefen, mal hasste er sie, mal liebte er sie. Ich war ein sicherer Hafen. Er liebte mich nicht, respektierte mich aber. Wenn er wieder einmal »herumstreunte« und sich mit anderen (außer mir und seiner dreißigjährigen Freundin) traf, verabredete auch ich mich mit anderen Männern und zog mich ein bisschen sexy an, wenn ich ihn dann wiedersah. Dann wurde er eifersüchtig und machte mir wieder den Hof. Eigentlich ganz einfach.

Tom gab mir viel mehr als seinen jungen, willigen Körper. Er war mir ein Freund und ist es heute noch. Manchmal bezeichne ich ihn im Stillen als »meinen Retter«, denn so erscheint er mir noch heute. Er hat verhindert, dass ich nach dem Tod meines Mannes in Depressionen versank, hat meine vorgefestigte Meinung vom »richtigen« Alter korrigiert und mich gelehrt, das Leben so zu

> *Seine junge Freundin, mit der er zusammen war und eine Zukunft plante, nahm ich wortlos in Kauf.*

nehmen, wie es kommt. Trotzdem fand die Geschichte nach etwa zwei Jahren ein Ende. Die Tatsache, dass wir beide ständig scharf wie Affenscheiße waren, forderte ihren Tribut. Ich war irgendwann spindeldürr. Ich wog nur mehr fünfzig Kilo, weil ich gar keine Zeit mehr zum Essen fand. Außerdem bekam ich nicht genug Schlaf, oft hörten wir gegen fünf Uhr morgens mit dem Sex auf, und eineinhalb Stunden später musste ich bereits wieder aufstehen und in die Bank gehen, um zu arbeiten. Unsere Liaison zehrte mich aus, und obwohl es eine geile Zeit war, die ich nicht missen möchte, war es an der Zeit, das Ganze zu beenden. Es war Tom, der das tat. Ich hätte wohl nicht die Kraft dafür gefunden, so lieb hatte ich ihn gewonnen.

Irgendwann sagte er zu mir: »Du bist eine wunderbare Frau, aber es passt einfach nicht mehr mit uns.« Da weinte ich, aber nicht vor ihm. Ich wartete, bis ich wieder allein war, dann flossen die Tränen. Ich hätte meine rechte Hand für ihn gegeben. Ihm hatte ich das nie gesagt, aber meine Gefühle für ihn waren tiefer, als er dachte.

TOY BOY 31

Der ganze Weg umsonst

Sibylle (41), Architektin, Düsseldorf,
über
Robbie (22), Student, Düsseldorf

Menschen, die ich gerade erst kennengelernt habe, wundern sich oft darüber, wie ich dazu komme, so viele deutlich jüngere Männer zu treffen. Dazu muss ich sagen, dass mein Freundeskreis auch jünger ist als ich. Das hilft natürlich ungemein. Wenn all deine Freundinnen zehn Jahre jünger sind als du und die dann wiederum zehn Jahre jüngere Bekannte haben, dann ist so ein Altersunterschied von zwanzig Jahren nicht mehr im Bereich des Unmöglichen.

Einen jüngeren Freundeskreis hat man, wenn man selbst jünger aussieht oder eben Interessen hat, die sich von denen der übrigen Vierzigjährigen deutlich unterscheiden. Als erfolgreiche Architektin, die sich ihren Erfolg hart erarbeitet hat, hatte ich nie viel Zeit zum Ausgehen, und so hole ich das seit ungefähr sechs, sieben Jahren nach. Außerdem habe ich mich auch gut gehalten, ganz objektiv betrachtet. Mein Busen übersteht noch problemlos die Bleistiftprobe*, mein Arsch ist fest, und meine Oberschenkel sind weitgehend dellenfrei. Der kurz geschnittene Wuschelkopf ist nicht nur praktisch, sondern hat etwas Jugendlich-Freches, und ich bin nicht auf den Mund gefallen, weiß aber auch, wann es Zeit ist, die Klappe zu halten. Hat man das erst einmal von seinen früheren Beziehungen mit älteren Männern gelernt, ist der Umgang mit Jüngeren ein Kinderspiel, was ich gar nicht abwertend meine. Natürlich bedarf es noch etwas Feingefühl und weiblicher Berechnung, um einen jungen Kerl abzuschleppen, aber seien wir mal ehrlich: So unheimlich schwierig ist das in keinem Alter.

Ich hatte also eine Menge jüngerer männlicher Bekannter in meinem weiteren Freundes- und Bekanntenkreis, allerdings bisher noch keine Affäre. Ungefähr vor zwei Jahren beschloss ich, diesem Zustand ein Ende zu setzen und sozusagen Neuland zu betreten. Meine Beziehung zum fünf Jahre älteren Marco, einem erfolgreichen Arzt, war gerade in die Brüche gegangen, und weil die

---

* Darunterklemmen. Fällt er zu Boden, besteht kein Grund zur Beunruhigung.

Tatsache, dass er seine Schlange nicht im Käfig behalten konnte, wesentlich dazu beigetragen hatte, lechzte ich nach Bestätigung.

Meine Freundinnen standen in dieser Sache hinter mir. Die meisten von ihnen hatten ihre Sexgeschichte mit einem Jüngeren schon hinter sich, und sie wollten mich ohnehin ständig mit irgendwelchen Typen verkuppeln. Allerdings

Mein Busen übersteht noch problemlos die Bleistiftprobe, mein Arsch ist fest, und meine Oberschenkel sind weitgehend dellenfrei.

plante ich, mich von den altbekannten Gesichtern fernzuhalten und es dem Zufall zu überlassen, mir einen frischen, knackigen, sagen wir Zwanzigjährigen zu schicken.

Der Zufall meinte es gut mit mir. Ich war mit einigen Freundinnen auf einem stinklangweiligen Ball. Und zwar einem jener Bälle, die vor allem von Studenten besucht werden. Was den Vorteil hat, dass die Männer dort nicht nur anwesend sind, weil sie von ihren Frauen dazu gezwungen werden, sondern weil es Gratisalkohol in Strömen gibt. Am Rande der Tanzfläche, wo ich mich zugegebenermaßen eher selten herumtreibe, erregte ein Blondschopf meine Aufmerksamkeit. Ich gesellte mich ungeniert zu seiner Gruppe und fing ein Gespräch an.

»Hi«, lächelte ich ihn an, »wir kennen uns, glaub ich, vom Sehen.«

»Ja, genau«, war seine Antwort, »ich jobbe als Verkäufer in der Boutique, in der du neulich warst.«

Dieses ständige Geduze war mir ja ansonsten ein Dorn im Auge, aber ich beschloss, diesmal eine Ausnahme zu machen. Das erleichterte den Flirt, und außerdem war der Typ wirklich noch sehr grün hinter den Ohren. Ich verwickelte ihn in ein unbefangenes Gespräch über Klamotten, Partys und Musik und erfuhr, dass er Wirtschaft studierte und einen sehr, sehr ausgeprägten Sinn für Humor besaß. Kurz gesagt: Die Zeit verging wie im Flug, und als der letzte Song gespielt wurde, saßen wir längst in einer Ecke und laberten über Gott und die Welt. Der Kleine brachte mich zum Lachen, und er sah noch dazu ganz und gar nicht übel aus. Nicht unbedingt mein Typ mit den blonden kurzen Haaren und den grünen Augen, aber hübsch. Wir verließen den Saal mit einer bunt gemischten Meute feierwütiger Teenies (seine Leute) und ein paar angeschickerten, kichernden Dreißigjährigen (meine Leute). Ich trug meine Pumps in der Hand. Zum offensichtlichen Altersunterschied zwischen mir und Robbie, wie er sich vorgestellt hatte, kam nämlich auch noch ein nicht unerheblicher Größenunterschied dazu. Aber das war mir egal. Ich hatte für mich schon beschlossen, dass dies mein erster Toy Boy sein sollte. Ich hatte ihm zu verstehen gegeben, dass ich an ihm interessiert war. Nun war es an der Zeit, die Zügel aus der Hand zu geben. Denn egal, wie alt ein Mann ist, er möchte immer noch gern selbst erobern. Das hat sich leider seit der Steinzeit nicht geändert.

Robbie brachte mich mit seinem Auto nach Hause und verabschiedete sich etwas ungelenk mit einem altmodischen Handkuss. Zwei Stunden später kam die obligatorische SMS, mit der er mir schöne Träume wünschte. Zwei Tage später rief er mich an, und wir telefonierten eine geschlagene Stunde miteinander. Als ich auflegte, hatte ich Tränen in den Augen, so sehr brachte er mich zum Lachen mit seinen Witzen. Zwei Wochen später lud er mich zu sich nach Hause ein.

Er war todkrank, das heißt, er hatte die Grippe, und seine Eltern waren gerade verreist. Mama war also nicht da, um ihn zu umsorgen. Na toll, dachte ich, meine erste »richtige« Verabredung mit ihm hatte ich mir etwas anders vorgestellt. Trotzdem war er am Telefon so süß und überzeugend gewesen, dass ich meinen Stolz überwand und zu ihm fuhr. Er erwartete mich in seinem auf Backofentemperatur vorgeheizten Wohnzimmer, beziehungsweise dem seiner Eltern. Mir war schon etwas mulmig zumute, und ich fühlte mich wie ein unrechtmäßiger Eindringling. Dann aber schalt ich mich eine dumme Kuh und wartete neugierig ab, was der Junge wohl an Trümpfen ausspielen würde, um mich ins Bett zu kriegen. Wir tranken ein Glas Sekt, sein Fieber war ja auch schon abgeklungen, wie er mir versicherte, und es dauerte nicht lange, da steckte seine Zunge in meinem Hals. Oha.

Er grinste siegessicher, strich mir über die Wange und meinte ganz ruhig: »Du bist mir kein bisschen zu alt, wenn du das meinst.«

»Du bist aber auch überhaupt nicht schüchtern«, japste ich entgeistert, als ich wieder Luft bekam.

Er grinste siegessicher, strich mir über die Wange und meinte ganz ruhig: »Du bist mir kein bisschen zu alt, wenn du das meinst.«

Dann küsste er mich wieder, und ich genoss es. Das war genau das, wonach ich mich gesehnt hatte. Aufmerksamkeit. Zärtlichkeit. Bewunderung.

Dann zog sich alles doch sehr in die Länge. Der Gesprächsfaden riss ebenso wenig ab wie seine Küsse, die mir langsam etwas zu süß und zärtlich wurden. Es schien, als wüsste er nicht mehr so recht, wie es nun weitergehen sollte. Schließlich kam er auf den Punkt. »Willst du bei mir übernachten?«, fragte er mich gespielt gelassen. Mir war mittlerweile der Verdacht gekommen, dass Robbie wohl doch nicht so cool war, wie er tat, weshalb ich ihn zurückfragte: »Bist du sicher? Ich meine, willst du mit mir schlafen? Wir können auch nur kuscheln.«

»Och, jetzt hast du schon den ganzen weiten Weg auf dich genommen«, meinte er verschmitzt, und meine Bedenken lösten sich in Luft auf. Er umarmte mich und begann langsam damit, mich auszuziehen. Dabei verspürte ich – ich muss es ehrlich zugeben – eine gewisse Scham. Ich wusste ja nicht, wie viele Frauen er vor mir ausgezogen hatte, und ich nahm an, dass unsere Statistiken nicht unbedingt übereinstimmten. So viele Männer hatte ich auch nicht gehabt, aber es fühlte sich doch irgendwie wie Verführung Minderjähriger an. Und im Gegensatz zu manchen anderen Frauen machte mich das nicht im Geringsten scharf.

Werd jetzt bloß nicht nervös, Junge, sonst krieg ich noch das Bedürfnis, dich in den Arm zu nehmen und dir ein Gutenachtlied zu singen, dachte ich noch, da werkelte Robbie auch schon angestrengt an der Kondomverpackung herum. Na toll. »Soll ich dir helfen?«, fragte ich bereitwillig und richtete mich auf. Wie mein Busen wohl in dem Licht aussah? Seinem Blick nach nicht allzu schlecht. Was machte er da? Das durfte doch nicht wahr sein. Zitterte er etwa? Ich warf einen Blick in Richtung seiner Boxershorts, wo eindeutig nichts zitterte, und fragte sachlich: »Gehst du das nicht etwas zu übereilt an? Ich meine, bevor du dich da mit der Kondompackung anstrengst, sollten wir vielleicht zusehen, dich etwas zu … motivieren.«

Falsch, ganz falsch. Bestürzt guckte er zuerst mich, dann seinen kleinen Robbie an, der eindeutig gegen ihn zu arbeiten schien. »Das ist mir noch nie passiert«, entfuhr es ihm. Na ja, mir auch nicht. Vielleicht war ich wirklich zu alt für ihn. Während ich hin und her überlegte, ob es an mir lag, und er sich immer noch mit dem bescheuerten Kondom abmühte, wuchs in mir die Erkenntnis, dass aus der heißen Nacht mit meinem Toy Boy wohl nichts mehr werden würde. Seufzend tat ich das, was ich schon vor Stunden hätte tun sollen. Ich nahm ihn in den Arm. »Muss das Fieber sein«, nuschelte er an meinem Ohr. Ich befürchtete schon, er würde jetzt weinen, strich ihm tröstend über den Kopf und schwor mir: Nie mehr einen Jüngeren!

Der Eiermann

Moritz (57), Maler, Trient,
über
Johanna (wohl um die 85), Altdorf

Moritz! Mooooooritz!« Wie ich es hasste. Nicht nur, dass ich mit einem äußerst dämlichen Namen gestraft war (wir schrieben immerhin das Jahr 1972, da hieß noch kein Mensch so), meine Großtante musste mich auch noch gefühlte fünfzigmal am Tag mit ihrer schrillen Stimme rufen, damit ich irgendwelche doofen Unternehmungen mit ihr – oder Erledigungen für sie – machte. Ich machte die Zigarette aus und nahm einen Kaugummi aus meiner Hosentasche. Genau wie die Zeit, die hier in diesem Kaff im tiefsten Allgäu stehen geblieben zu sein schien, hatte auch ich mich in den Augen meiner Verwandten nicht mehr weiterentwickelt, seit ich zwölf gewesen war.

Die ländliche Idylle war mir nicht ständig so zuwider. Die Sommerferien bei meiner Großtante hatten auch sehr viele schöne Seiten. Ich ging gern im See baden, unternahm ausgedehnte Fahrradtouren und machte mich auf dem Bauernhof nützlich. Dinge, die ich zu Hause nicht tun konnte, und die meine Eltern auch nicht unbedingt billigten. Ich sollte groß Karriere machen, es war alles schon geplant. Abitur, Medizinstudium, Arbeit im Krankenhaus, in dem mein Vater Oberarzt war. Es hätte mich nicht gewundert, wenn meine Eltern auch schon die passende Frau für mich ausgesucht hätten. Dabei war ich 18. Eine 18-jährige Jungfrau, der die Mädchen zwar nachliefen, deren Skepsis sie aber vor amourösen Verwicklungen bewahrt hatte. Zu sehr schielten mir die Ladys nach dem Geld und Status meines Vaters, und da ich nicht einmal mit Sicherheit wusste, ob ich das Abitur überhaupt bestehen würde, war ich dankbar für die sommerliche Pause von all dem Stress.

»Mooooooooritz!«

Verdammt noch mal, ich war ja schon unterwegs. Tante Anna war ein herzensguter Mensch, aber sie konnte schon sehr penetrant sein. Als ich am Haustor ankam, stand sie schon im Eingang und fuchtelte mit zwei Schachteln herum. »Du musst doch zum Fräulein Johanna, ihr frische Eier bringen!« Na, dann. Das war eine

Erledigung, die ich nur allzu gern übernahm. Das »Fräulein Johanna«, wie sie meine Großtante freundlich nannte, war eine flotte Mittvierzigerin, die seit dem frühen Tod ihres Mannes ganz allein in einem Haus am Dorfrand wohnte und sich die Witwenrente mit gelegentlichem Kellnern in der örtlichen Kneipe aufbesserte. Ich mochte es, wenn ich mit meiner Großtante dort einkehrte, zum einen, weil das »Fräulein« mich wie die anderen Erwachsenen behandelte, zum anderen, weil sie einen wirklich sehr anregenden Vorbau hatte, der meine jugendliche Fantasie ungemein beflügelte. Außerdem hatte sie mir einmal, unentdeckt von den wachsamen Blicken meiner Aufpasserin, ein Bier ausgeschenkt.

Ich nahm die Eier in Empfang, grinste meine Tante an und radelte los. »Sag ihr einen schönen Gruß«, rief sie mir noch nach, »und sei höflich. Du weißt, die Frau hat es nicht leicht, so ganz allein in dem großen Haus.« Oh ja. Die arme alleinstehende Frau Johanna. Sie hatte mich oft genug mit verheißungsvollen Blicken bedacht, die mich hoffen ließen, vielleicht irgendwann bei der hübschen rehäugigen Dame zu landen. Das waren wahrscheinlich nur Hirngespinste, ermahnte ich mich auf dem Weg zu ihr. Ich hatte erst vor kurzem den Film *Die Reifeprüfung* gesehen und war … beeindruckt gewesen. Dass Johanna ihn kannte, schien mir unwahrscheinlich, alte Leute sahen sich doch sicher keine solchen Filme mehr an. Ich musste über mich und meine sexuellen Tagträume lachen. Es wurde wohl wirklich Zeit, mir eine Freundin zu suchen.

Johanna war gerade dabei, im Garten herumzufuhrwerken, also lehnte ich mein Fahrrad an den Holzzaun und beobachtete sie dabei. Sie pflanzte gerade irgendwas ein – war das Salat? – und ich starrte auf ihre feingliedrigen Hände. Viel zu schöne Hände, um damit in der schmutzigen Erde zu wühlen. Was dachte ich mir da schon wieder? Ich schalt mich einen notgeilen Teenie, räusperte mich, und sie blickte auf. Als sie mich sah, ging ein Lächeln über ihr Gesicht. Dasselbe freundliche Lächeln, mit dem sie mich in der

Bar immer begrüßte, nicht herablassend, sondern offen und aufmerksam. Kein Lächeln, wie es mir die anderen »Erwachsenen« schenkten und das so viel hieß wie: »Na, Junge? Du bist aber groß geworden.«

Ich streckte ihr die Schachteln entgegen. »Ihre Eier.« Wurde ich jetzt etwa verlegen, weil ich sie in der vertrauten Umgebung ihres Heims sah? In einem so intimen Moment wie bei der Gartenarbeit? So ein Blödsinn. »Oh, danke. Sag doch deiner Tante einen ganz lieben Gruß von mir. Sag mal«, sie musterte mich, »möchtest du vielleicht was zu trinken? Ich hab Limo … oder was anderes?« Sie zwinkerte mir zu. Folgsam trottete ich ihr zum Haus nach.

In ihrer Küche wippte ich verlegen auf einem der Barhocker hin und her, während sie munter drauflosplapperte. Ich nickte nur ab und zu und beschränkte mich auf ein paar wenige Sätze. Diese Frau machte mich nervös, und wenngleich sie nicht den Eindruck machte, es absichtlich zu tun, war ich auf der Hut. Plötzlich hielt sie inne und schaute mich durchdringend an. »Mache ich dich etwa nervös?«, fragte sie unschuldig. Na toll. Ich nickte wie ein hypnotisiertes Kaninchen. »Aber warum denn? Ich könnte ja deine Mutter sein!«, rief sie lachend aus. Ich fühlte mich dumm. Und bemüßigt, sie zu korrigieren, weiß der Teufel warum. »Johanna, das finde ich nicht. Zumindest sehen Sie nicht so aus.«

Sie schaute mich aus großen Augen an, und an ihrem Blick erkannte ich die Wendung, die ihre Gedanken nahmen. Und zwar genau in die Richtung, aus der mein Kopfkino von eng umschlungenen nackten Körpern in der Sommerhitze kam, das ich schon eine gefühlte Ewigkeit auszuschalten versuchte. Sie kam auf mich zu, und ich hatte kein Blut mehr übrig, das mir in den Kopf steigen konnte. Leider. Zum Glück. Ein Umstand, von dem sich das »Fräulein« ohne lange zu fackeln sogleich selbst überzeugte. Mit einem beherzten Griff in meinen Schritt. Ich glaubte, gleich ohnmächtig zu werden. Ihr Mund war ganz nah an meinem Ohr, und sie flüsterte: »Du bist ja schon ein großer Junge.« Ich schwöre, das hat sie gesagt. Wie in einem Film. Meinem Film, den ich schon geraume Zeit in meinem Kopf abspulte, immer und immer wieder.

Ich stöhnte auf. »Weißt du, du bist ein hübscher Kerl. Noch nicht ganz Mann, aber das wird schon. Und ich stehe auf dieses italienische Flair«, zwinkerte sie mir zu, während sie sich die Schürze auszog. Ich konnte nicht anders, ich fiel ihr

Ich glaubte, gleich ohnmächtig zu werden. Ihr Mund war ganz nah an meinem Ohr, und sie flüsterte: »Du bist ja schon ein großer Junge.«

förmlich in den Ausschnitt. Rückblickend wundere ich mich, wie man so tollpatschig und unbeholfen und dennoch ein so großer Glückspilz sein konnte, denn an diesem Sommernachtmittag in der beschaulichen Idylle des Landlebens führte Fräulein Johanna Berger mich in die Liebe ein. Na ja, Liebe, Sex, mit 18 zieht man die Grenzen da nicht so eng. Sie entkleidete sich vollständig gleich dort, in ihrer sonnendurchfluteten Küche, und ich kam aus dem Staunen nicht heraus, eine richtige Frau vor mir zu haben. Nicht nur aus Fleisch und Blut, sondern auch noch so – weiblich.

Die Mädchen in meiner Klasse waren noch alle etwas halbgar, ganz zu schweigen davon, dass die außer Kichern nicht viel zur Kommunikation beitrugen, geschweige denn sich aufs Flirten verstanden. Johanna war eine Meisterin, sie verführte mich mit einem Augenaufschlag, und was ihre geschickten Hände mit mir anstellten, hatte ich mir gewünscht, seit ich sie in der Gartenerde herumgraben gesehen hatte.

»Hast du Angst?«, fragte sie mich geradeheraus. Ich wusste nicht, ob ich Angst hatte, also fragte ich schüchtern zurück: »Sollte ich?« Sie lachte, und wenn ich heute daran zurückdenke, schäme ich mich für mein 18-jähriges Ich. Denn als Nächstes fragte ich sie doch glatt: »Wie alt sind … äh, bist du denn überhaupt?« Sie tadelte mich aber nicht, wahrscheinlich wollte sie den kleinen Altersunterschied nicht auch noch betonen, indem sie mich zurechtwies, sondern antwortete leichthin: »46, mein Lieber. Ist dir das zu alt?« – »Äh, nein«, beeilte ich mich zu versichern, »das ist … also eigentlich, ich meine, das ist genau richtig. Genau richtig, würde ich sagen. Also jetzt gerade.« Und das waren die letzten Worte, die für eine lange Zeit gesprochen wurden.

Meine Großtante wunderte sich, warum ich so lange weggeblieben war. Ich murmelte irgendwas von »Hilfe bei der Gartenarbeit«, woraufhin sie mich wohlwollend anblickte und meinte: »Guter Junge.« Sie konnte ja nicht wissen, dass der gute Junge nicht von der Gartenarbeit so verschwitzt war, sondern von wildem Matratzenmambo (ja, früher nannte man das so, da war das noch cool) mit der unersättlichen Johanna. Ich grinste in mich hinein. Ich fühlte mich wie der König der Welt. Ich hatte zwar keine Ahnung gehabt, was ich mit der Frau anstellen sollte, aber anscheinend hatte es ihr sehr gut gefallen. Natürlich hatte sie mich auf die wichtigsten Dinge hingewiesen, vor allem auf das oberste Gebot: Die Frau musste ihren Spaß haben, dann würde der Mann auch auf seine Kosten kommen. Oh, und sie hatte recht behalten. Ich war jetzt ein richtiger Mann. Ein Liebhaber. Vielleicht sogar ein guter. Ein Naturtalent, sozusagen.

»Äh, Tante Anna?«

»Ja, mein Junge?«

»Sie lässt danken für die … Eier.«

Ende mit Schrecken

Florinda (32), Angestellte, Hamburg,
über
Daniel (21), arbeitslos, Hamburg

Es hatte als Freundschaft angefangen, und es wäre wohl besser gewesen, wir hätten es dabei belassen. Daniel war mein Schüler, ich war 28 und arbeitete als Lehrerin an einer Fachschule. Er war 17 und beeindruckte mich trotz seines aufsässigen Verhaltens mit seinem Allgemeinwissen, seinen Interessen, die eher einem Dreißigjährigen entsprachen, und seiner Weltanschauung. Wir hatten uns immer viel zu sagen, was sowohl den anderen Lehrern als auch der Schuldirektion missfiel. Aber ich setzte mich zur Wehr und verteidigte diese seltsame Freundschaft. Ja, ich fühlte mich zu meinem Schüler hingezogen, aber nicht auf die Art, die von anderen vermutet wurde. Uns verband das, was oft so schmalzig als »Seelenverwandtschaft« beschrieben wird und doch bei Tageslicht nichts anderes ist als die Summe aller gemeinsamen Interessen und Meinungen. Kurzum, wir trafen uns auch noch sporadisch, als ich nicht mehr unterrichtete. Mein Ausflug in die Welt der Pädagogik hatte nur ein Jahr gedauert, und die Enttäuschungen, mit denen ich dort konfrontiert worden war, hatten mich zermürbt und den Gedanken an eigene Kinder in weite Ferne rücken lassen. Das klingt pathetisch, ich weiß, aber allen, die sagen, Lehrer hätten ein tolles Leben mit den vielen Ferien und so, rate ich, einen Monat lang selbst zu unterrichten. Denn das bringt alles wieder in die richtige Perspektive.

Wie dem auch sei, ich traf mich alle paar Monate mit Daniel auf ein Bier, bei dem wir unsere Erlebnisse und Problemchen besprachen. Ich versuchte, ihm die ältere Freundin zu sein, er bewunderte mich für meine ganze Art, wie mir damals schon auffiel. Ich bewunderte ihn auch, für seine tiefgründigen Gedanken, seine »alte« Seele, seinen ständigen Kampf gegen sich selbst, die Gesellschaft und die Menschen, die ihn am meisten liebten. Ich hätte mich damals schon umdrehen, loslaufen und nie mehr zurückblicken sollen. Daniel war nämlich nicht nur aufsässig, sondern schien tatsächlich gegen alles anzukämpfen, was gut für ihn war. Und so kam zur Bewunderung und der gleichen Wellenlänge noch eine Prise Mitgefühl hinzu. Eine Art Mitgefühl, die mich noch dazu bringen sollte, ihm Dinge zu verzeihen, die ich einer anderen Person nie durchgehen lassen hätte.

Drei Jahre nach unserem ersten Aufeinandertreffen in der Schule lud Daniel mich zu sich nach Hause ein, da seine Eltern verreist waren. Ich war von meiner hektischen Arbeit ausgelaugt und brauchte dringend Ruhe. Dass er mit seiner Familie in einer paradiesischen Ecke etwas außerhalb von Hamburg wohnte, ruhig und ländlich, passte mir hervorragend in den Kram, und wenngleich mir etwas mulmig zumute war, besuchte ich ihn übers Wochenende. Und es trat genau das ein, vor dem mich meine Freundinnen gewarnt hatten: Wir führten lange Gespräche, lachten viel miteinander und lagen uns irgendwann in den Armen. Das Gästebett blieb unberührt, und ich wachte in den Armen meines Exschülers auf. Verwirrt und beschämt schreckte ich hoch.

»Guten Morgen, Frau Lehrerin«, säuselte er mit einem Grinsen, das eine Spur zu schüchtern war, um als verwegen durchzugehen. »Ach du Scheiße«, war mein Kommentar. Es war eine schöne Nacht gewesen, wir hatten gekuschelt, und aus den harmlosen Umarmungen war plötzlich mehr geworden. Etwas, was sich vielleicht schon länger angestaut hatte, vielleicht aber auch plötzlich aufgetaucht war. Körperliche Anziehung, Leidenschaft, Neugier, die Lust, Grenzen auszutesten. Er hatte einen schönen, durchtrainierten Körper, wie sich das für einen Zwanzigjährigen gehörte,

> Das Gästebett blieb unberührt, und ich wachte in den Armen meines Exschülers auf.

und ich musste lachen, als er ihn nun vor mir verstecken wollte. Ich sah ihn an, wie er vor mir stand, mit den Händen seine Blöße bedeckend, und ich sagte: »Ein bisschen spät, um prüde zu sein, findest du nicht?« Da musste auch er lachen und entspannte sich etwas.

Später, als wir wieder angezogen am Küchentisch saßen, schwiegen wir uns an. Es war eine schöne Nacht gewesen, die Fremd- und Neuartigkeit der Lage hatte uns beide überrascht und nachdenklich gemacht. Wie hatte das bloß passieren können? Da bahnte sie sich auch schon an, die Diskussion, die wir beide nicht führen wollten. »Wie soll das jetzt weitergehen mit uns?«, stieß Daniel plötzlich hinter seiner Kaffeetasse hervor. Ich lächelte ihn – wie ich hoffte – beruhigend an. »Wie meinst du das, mit uns?« – »Na ja, ich will dir keine falschen Hoffnungen machen, aber du weißt schon, dass eine Beziehung zwischen uns nicht möglich ist. Ich bin nicht reif genug, ich kann dir nichts bieten, mein Leben unterscheidet sich wesentlich von deinem. Und ich mache mir Sorgen, dass wir jetzt unsere Freundschaft ruiniert haben.« – »Aber nicht doch«, erwiderte ich, »schau mal, ich hatte zwar nicht die Absicht, mit dir Sex zu haben, aber es war doch schön. Und genau dabei sollten wir es belassen.«

Er atmete auf. Mir kam jedoch ein seltsamer Gedanke. »Glaubst du, diese … Anziehung war immer schon da, und wir haben sie bloß nicht bemerkt? Also, du weißt schon, damals vor drei Jahren?« Er starrte mich entsetzt an und schüttelte dann den Kopf. »Ich will dich ja nicht beleidigen, aber nein, das wäre mir nie aufgefallen. Ich hatte ja eine Freundin und du einen Freund. Und sei mir nicht böse, ich fand dich nie so scharf, dass ich unbedingt mit dir ins Bett gewollt hätte.« – »Na ja, einmal hast du einen Annäherungsversuch gemacht.« Ich hatte den Vorfall schon beinahe vergessen gehabt. Er dachte nach. »Da war ich betrunken.« Aha. »Nun, für mich gilt dasselbe«, seufzte ich. »Ich meine, ich habe immer wahrgenommen, dass du attraktiv bist, aber bis gestern warst du einfach ein Kumpel für mich. Also dürfte es uns nicht schwerfallen, dieses Verhältnis wiederherzustellen. Ich kann mit einer Beziehung gerade auch nichts anfangen, schon gar nicht mit so einer komplizierten, wie sie es zwischen uns wäre.« – »Gut.« Wir grinsten uns an.

Daniel überredete mich, noch eine Nacht zu bleiben, schließlich war Sonntag und die Ordnung zwischen uns wiederhergestellt. Dass wir uns am frühen Abend bereits wieder zwischen den Laken wälzten, taten wir beide als Ausrutscher ab. Als wir danach nebeneinanderlagen und die Decke anstarrten, fragte ich ihn: »Sag mal, ist das jetzt eigentlich eine Genugtuung für dich, dass du deine alte Lehrerin gevögelt hast?« Entrüstet richtete er sich auf: »Ist das dein Ernst? Für so mies hältst du mich?« – »Na ja, du warst immer gut darin, Menschen zu lenken. Vielleicht hattest du ja von vornherein die Absicht gehabt, mich zu verführen, als du mich auf ein Wochenende zu dir eingeladen hast, um einmal ... auszuspannen.« Vorwurfsvoll blickte er mich an. »Das war überhaupt nicht so«, empörte er sich. Dann lenkte er ein: »Gut, ich habe meinen Freunden gesagt, sie sollen mich nicht stören, damit wir Zeit für uns haben. Und vielleicht hatte ich tatsächlich den einen oder anderen Hintergedanken. Aber ich habe das doch nicht von langer Hand geplant.« Hm. Okay. Ich umarmte ihn beschwichtigend. »Alles klar. Hab ja nur gefragt.«

Am nächsten Morgen packte ich meine Sachen und verabschiedete mich von meinem ... ja, was? Kumpel? Fickfreund? Wir hatten uns darauf geeinigt, zum Status quo zurückzukehren und das, was geschehen war, nicht zu wiederholen. Ich war erstaunlich glücklich über diese Übereinkunft. Es war ein herrlich entspanntes Wochenende gewesen, ich war ausgeruht, beschwingt und zufrieden. Daniel hatte mich in jeder Hinsicht verwöhnt und war sehr bedacht darauf gewesen, mich den Alltag vergessen zu lassen. Und genau das hatte ich getan. Ich hatte einen Ausflug in eine Welt gemacht, die nicht die meine war, ich hatte sozusagen von verbotenen Früchten genascht, und dieser kleine Zwischenfall mit meinem gut aussehenden Exschüler hatte in meinem Alltag nichts verloren. Auf keinen Fall wollte ich mich auf eine Beziehung mit einem unreifen Kerl einlassen, den ich gut genug kannte, um zu wissen, dass das Probleme geben würde. Also gab ich ihm einen herzlichen, ausgedehnten Abschiedskuss und verließ die Wohnung, ohne zurückzublicken. Er schien auch glücklich zu sein. Glücklich und erleichtert.

Am späten Nachmittag saß ich bereits wieder am Schreibtisch. Hin und wieder schweiften meine Gedanken ab und ich grinste. Daniel hatte mir gutgetan. Gegen sechs Uhr abends klingelte mein Handy. Daniel war dran. Lächelnd nahm ich das Gespräch an und ging aus dem Büro, um in Ruhe zu telefonieren. Da überrumpelte er mich schon mit einer Schimpftirade. Warum ich nicht auf seine SMS geantwortet hätte, wieso ich nicht zurückgerufen hätte, was das überhaupt sollte und überhaupt: »Wenn du nichts mehr mit mir zu tun haben willst, dann sag es doch einfach, statt nicht ans Telefon zu gehen!« Ich brauchte eine Weile, um ihm zu erklären, dass weder seine Nachrichten noch seine Anrufe bei mir eingetroffen waren. Da wurde er plötzlich wieder ganz verlegen. »Okay, dann glaub ich dir das einfach mal. Der Punkt ist der, dass ich … na ja, dass ich dich vermisse. Das liegt nur an diesem blöden T-Shirt, das du anhattest und hier vergessen hast. Ich komme mir so bescheuert vor. Weißt du, es riecht noch nach dir. Und ich muss einfach den ganzen Tag schon an dich denken und werd noch ganz verrückt. Kommst du mich nächstes Wochenende wieder besuchen?«

Ich fand diese Idee gar nicht übel. Und so fing unsere Beziehung an, der Altersunterschied war für mich kein Thema, und ich hatte ihn wirklich sehr gern. Beziehungen, die sich aus Freundschaften entwickeln, sind meiner Meinung nach solider als Liebe auf den ersten Blick, und obwohl wir uns schon eine ganze Weile kannten, gab es noch vieles zu entdecken. Natürlich waren Familie und Freunde nicht begeistert, aber das veränderte sich im Laufe der

Zeit. Wir waren so glücklich miteinander, dass auch die schärfsten Kritiker irgendwann verstummten. Fragte uns jemand nach unserem Alter, sagten wir denen, die wir kannten, die Wahrheit. Fremde bekamen die Antwort »26« zu hören und begnügten sich damit. Daniel wirkte durch seine grüblerische Art älter, und ich hatte mich gut genug gehalten, um als Mitt-

> Daniel wirkte durch seine grüblerische Art älter, und ich hatte mich gut genug gehalten, um als Mittzwanzigerin durchzugehen.

zwanzigerin durchzugehen. Schwieriger wurde es bei Themen wie Arbeit, Lebensziele und Zukunftsplanung. Da lagen Welten zwischen uns. Daniel hatte noch nie in seinem Leben Pläne geschmiedet, da er immer wieder von seinen selbstzerstörerischen Phasen eingeholt wurde, in denen er nicht mehr leben wollte, alles als sinnlos betrachtete und sich vollkommen von seiner Umwelt abkapselte. Irgendwie gelang es mir, ihn dieses Verhalten vergessen zu lassen, und er fasste neuen Lebensmut. Was er jedoch immer noch als überflüssig betrachtete, war die Notwendigkeit, einer geregelten Arbeit nachzugehen, eine Ausbildung zu absolvieren oder irgendetwas in diese Richtung zu unternehmen. Klar, er lebte bei seinen Eltern, konnte es sich leisten, auf der faulen Haut zu liegen und jeden Tag so zu nehmen, wie er war. Eine Eigenschaft, die mich zwar faszinierte und die ich bewunderte, die aber manchmal zu Streitereien führte, weil mein Leben so viel voller war mit Beschäftigungen und sozialen Verpflichtungen. Aber wir schafften die Gratwanderung.

Er zog zu mir, wir fuhren gemeinsam in Urlaub, selbst die einzige größere Krise meisterten wir schließlich mit langen Gesprächen und dem guten Vorsatz, nicht vor unseren Problemen davonzulaufen. Das war nämlich nicht nur sein, sondern auch mein Problem. Ich war immer schon ein Mensch gewesen, der Beziehungen bei der geringsten Unstimmigkeit lieber beendete, als meinen Stolz zurückzustellen, auf den anderen zuzugehen und sich damit auseinanderzusetzen. Wir führten also eine ziemlich reife Beziehung, wie ich dachte, wir gingen respektvoll miteinander um, und unsere Liebe wuchs jeden Tag. Ein Jahr lang lebten wir eine harmonische Beziehung und umschifften alle Klippen, die sich uns entgegenstellten.

Bis die »Kleinigkeiten«, die mich schon anfangs gestört hatten, immer größer wurden. Daniel redete von Kindern und hatte immer noch keine geregelte Arbeit. Er bezeichnete mich als die Frau seines Lebens, und ich fragte mich, woher er das wissen wollte, denn auch ich war mir manchmal nicht sicher. Seine Unerfahrenheit hielt ihn nicht davon ab, mir die tollsten Versprechungen zu machen, und unser Verhältnis bekam immer mehr Risse, je öfter er die Erwartungen enttäuschte, die er in meinen Kopf gepflanzt hatte. Ich redete mir selbst gut zu, versuchte, rational zu sein und daran zu denken, dass er jung und beeinflussbar war, dass er nicht wissen könne, was er wolle, aber es wurde zusehends mühsamer, mit ihm zusammen zu sein und seine Stimmungsumschwünge abzuwehren. Ich hatte zwei Möglichkeiten: Entweder konnte ich die Vorhaben, von denen er sprach, belächeln oder sie ernst nehmen. Ich entschied mich für Letzteres. Ich wollte meinen Partner, meinen Geliebten, nicht belächeln, ich wollte an ihn glauben. Auch wenn es mir immer schwerer fiel, weil er seine Versprechungen selten einlöste.

Er war wie ein Feuerwerk an Emotionen, von himmelhoch jauchzend bis zu Tode betrübt, und das mehrmals am Tag. Hatte mich seine gefühlsbetonte Art zunächst zu ihm hingezogen, so wurde sie immer mehr zur Last. Ich konnte mich nicht auf ihn verlassen, das wusste ich, und trotzdem wünschte ich es mir so sehr, dass ich der Illusion erlag, er würde schon noch zu seinem inneren

Ich wollte meinen Partner, meinen Geliebten, nicht belächeln, ich wollte an ihn glauben.

Gleichgewicht finden. Irgendwann ging es nicht mehr, und seltsamerweise war es Daniel, der eine Beziehungspause vorschlug. Ich hatte so sehr um ihn gekämpft, dass mir nicht aufgefallen war, dass ich ihn schon lange verloren hatte.

Ob die Beziehung an zu hohen Erwartungen oder zu geringer Kompromissbereitschaft gescheitert ist und inwiefern sein seelisches Ungleichgewicht dazu beigetragen hat, weiß ich nicht. Ob der Altersunterschied etwas damit zu tun hat, genauso wenig. Daniels letzte Äußerung »Vielleicht bin ich noch zu unreif für eine Beziehung« habe ich schließlich schon aus dem Mund gestandener Vierzigjähriger gehört. Was sicher ist, ist die Tatsache, dass unsere Beziehung etwas Besonderes für mich war und bleibt. Weil Daniel mich so nahm, wie ich war. Auch wenn ich dazu nicht imstande war. Das Leben besteht aus kleinen, flüchtigen Glücksmomenten. Man kann sie nicht einrahmen und an die Wand nageln, um sie immer und immer wieder zu fühlen.

Ich bereue dieses Abenteuer nicht, ich habe viele Warnsignale in den Wind geschlagen, um die Liebe zu diesem emotionalen, leidenschaftlichen, extremen Menschen voll auszukosten, und es ist mir heute noch lieber, meine Zeit mit einem Seelenverwandten zu teilen als mit einem Ernährer. Aber so schön es ist, die Welt mit der Unschuld eines Kindes zu betrachten, so wichtig sind doch auch die Eigenschaften, die man erst im Laufe der Jahre erlernt, ein Leben lang. Verantwortungsgefühl, Selbstbewusstsein, Toleranz und die Bereitschaft, eigene Fehler einzugestehen.

Danksagung

Ich danke 32 Menschen für ihre Offenheit und ihr Vertrauen, meiner Lektorin Maren Konrad für ihre Geduld und meinen Eltern für die Unterstützung. Ihr seid die Besten! Ich danke meinen Freunden für das Feedback und Mutmachen (ein spezielles Dankeschön geht an Silvia Gantioler), allen auf neon.de und meinen Bloggerfreunden für Lob und Kritik. Ein großes Dankeschön dem Menschen, ohne den ich dieses Buch nie geschrieben hätte. Für den Beistand, die Geduld und die schönen Zeiten.

DIE AUTORIN

Bettina Conci, geboren 1978 in Südtirol und freiberufliche Autorin, Werbetexterin und Übersetzerin, fand nach einigen Jahren in sicheren Jobs und Beziehungen mit gleichaltrigen Männern zum Schreiben – und zu einem jüngeren Mann. Diese beiden Erfahrungen verbindet sie in ihrem ersten Buch über das Thema des »umgekehrten Alters-unterschieds«.

Bettina Conci
TOY BOY
33 Geschichten über grandiosen Sex,
heiße Affären und ungewöhnliche Beziehungen

ISBN 978-3-89602-592-0
© Schwarzkopf & Schwarzkopf Verlag GmbH, Berlin 2011
Lektorat: Maren Konrad

KATALOG
Wir senden Ihnen gern kostenlos unseren Katalog.
Schwarzkopf & Schwarzkopf Verlag GmbH
Kastanienallee 32, 10435 Berlin
Telefon: 030 – 44 33 63 00
Fax: 030 – 44 33 63 044

INTERNET | E-MAIL
www.schwarzkopf-schwarzkopf.de
info@schwarzkopf-schwarzkopf.de